本书为国家社科基金重大项目"边疆民族地区濒危少数民族档案文献遗产保护及数据库建设"（17ZDA294）阶段性成果之一。为四川省社科规划2019年度项目"基于评估的档案文献遗产精准保护策略研究——以四川省为例"（SC19C019）的最终成果。

档案文献遗产
精准保护模式研究

赵 跃 等著

中国社会科学出版社

图书在版编目（CIP）数据

档案文献遗产精准保护模式研究 / 赵跃等著 . —北京：中国社会科学出版社，2022.5
ISBN 978-7-5227-0179-0

Ⅰ.①档… Ⅱ.①赵… Ⅲ.①档案保护—研究—中国②文献保护—研究—中国 Ⅳ.①G273.3②G253.6

中国版本图书馆 CIP 数据核字（2022）第 073914 号

出 版 人	赵剑英
责任编辑	许　琳
责任校对	李　硕
责任印制	郝美娜

出　　版	中国社会科学出版社
社　　址	北京鼓楼西大街甲 158 号
邮　　编	100720
网　　址	http://www.csspw.cn
发 行 部	010-84083685
门 市 部	010-84029450
经　　销	新华书店及其他书店

印刷装订	北京市十月印刷有限公司
版　　次	2022 年 5 月第 1 版
印　　次	2022 年 5 月第 1 次印刷

开　　本	710×1000　1/16
印　　张	15.75
字　　数	243 千字
定　　价	98.00 元

凡购买中国社会科学出版社图书，如有质量问题请与本社营销中心联系调换
电话：010-84083683
版权所有　侵权必究

目 录

第一章 绪论 ……………………………………………………… (1)
  第一节 研究背景与意义 ………………………………………… (1)
    一 研究背景 …………………………………………………… (1)
    二 研究意义 …………………………………………………… (3)
  第二节 文献遗产评估研究进展 ………………………………… (6)
    一 价值评估研究进展 ………………………………………… (6)
    二 破损评估研究进展 ………………………………………… (19)
    三 风险评估研究进展 ………………………………………… (27)
  第三节 研究思路与方法 ………………………………………… (33)
    一 研究思路 …………………………………………………… (33)
    二 研究方法 …………………………………………………… (34)
  第四节 本书创新之处 …………………………………………… (36)

第二章 概念解析与理论基础 ………………………………… (38)
  第一节 概念解析 ………………………………………………… (38)
    一 档案文献遗产 ……………………………………………… (38)
    二 档案文献遗产保护 ………………………………………… (39)
    三 档案文献遗产集成评估 …………………………………… (41)
    四 档案文献遗产精准保护 …………………………………… (44)
  第二节 理论基础 ………………………………………………… (45)
    一 风险管理理论 ……………………………………………… (45)
    二 流程再造理论 ……………………………………………… (49)
    三 分级保护理论 ……………………………………………… (51)

第三章 档案文献遗产保护中评估工作的开展现状调查 …………(54)

第一节 调查概况 ……………………………………………(54)
 一 调查目的 ……………………………………………(54)
 二 调查方法 ……………………………………………(54)

第二节 调查结果 ……………………………………………(55)
 一 评估类型 ……………………………………………(55)
 二 评估目的 ……………………………………………(58)
 三 评估方式 ……………………………………………(59)

第三节 问题分析 ……………………………………………(64)
 一 评估流程粗糙，专业人员不足 ……………………(64)
 二 调查统计不详，数据获取单一 ……………………(65)
 三 决策工作缺位，评估效果较差 ……………………(66)

第四章 档案文献遗产精准保护模式构建的必要性与可行性 ………(67)

第一节 档案文献遗产精准保护模式构建的必要性 ………(67)
 一 利用有限资源实现保护可持续发展的基本要求 …(67)
 二 从粗放式保护走向精细化保护的必要条件 ………(69)
 三 推进档案文献遗产保护与开发一体化的重要前提 …(70)

第二节 档案文献遗产精准保护模式构建的可行性 ………(72)
 一 保管政策的支持 ……………………………………(72)
 二 保管条件的改善 ……………………………………(74)
 三 保护理论的成熟 ……………………………………(76)

第五章 国内外典型文献遗产评估模型分析与借鉴 …………(79)

第一节 典型价值评估模型 …………………………………(79)
 一 澳大利亚意义评估模型 ……………………………(79)
 二 UNESCO 的名录评定模型 …………………………(84)
 三 中国的古籍普查定级模型 …………………………(90)
 四 国内外价值评估模型小结 …………………………(94)

第二节 主要破损评估模型 …………………………………(98)
 一 大英博物馆馆藏状况调查模型 ……………………(99)

二　欧盟羊皮纸破损评估模型 …………………………………… (105)
　　三　中国馆藏档案破损定级模型 ………………………………… (113)
　　四　国内外破损评估模型小结 …………………………………… (117)
第三节　经典风险评估模型 ………………………………………… (120)
　　一　加拿大自然博物馆的文化财产风险分析模型 ……………… (120)
　　二　土耳其新世纪大学的 5×5 风险矩阵模型 ………………… (126)
　　三　中国的档案安全风险评估模型 ……………………………… (131)
　　四　国内外风险评估模型小结 …………………………………… (133)

第六章　基于评估的档案文献遗产精准保护模式构建 …………… (138)
第一节　精准保护模式构建的目标 ………………………………… (138)
　　一　构建以价值为导向的档案文献遗产精准保护模式 ………… (139)
　　二　构建面向可持续性的档案文献遗产精准保护模式 ………… (141)
　　三　构建以数据为基础的档案文献遗产精准保护模式 ………… (143)
第二节　精准保护模式构建的原则 ………………………………… (145)
　　一　科学保护原则 ………………………………………………… (145)
　　二　决策导向原则 ………………………………………………… (146)
　　三　便于操作原则 ………………………………………………… (147)
第三节　精准保护模式构建的维度 ………………………………… (148)
　　一　价值维度 ……………………………………………………… (149)
　　二　载体维度 ……………………………………………………… (151)
　　三　环境维度 ……………………………………………………… (153)
第四节　精准保护模式内核的阐释 ………………………………… (155)
　　一　精准保护模式的核心要素 …………………………………… (157)
　　二　精准保护模式的构成模块 …………………………………… (162)
　　三　精准保护模式的主要特点 …………………………………… (166)

第七章　基于评估的档案文献遗产精准保护模式实现 …………… (168)
第一节　档案文献遗产集成评估要素设计 ………………………… (168)
　　一　意义评估要素与分级标准 …………………………………… (168)
　　二　破损评估要素与分级标准 …………………………………… (178)

三　风险评估要素与分级标准 …………………………………（184）
第二节　档案文献遗产集成评估流程设计 ………………………（189）
　　　一　评估前准备 ……………………………………………（191）
　　　二　评估主环节 ……………………………………………（192）
　　　三　评估后行动 ……………………………………………（197）
第三节　档案文献遗产集成评估工具开发 ………………………（198）
　　　一　档案文献遗产集成评估数据库的设计 ………………（198）
　　　二　档案文献遗产集成评估系统的设计 …………………（208）
第四节　档案文献遗产精准保护模式实现的保障 ………………（225）
　　　一　转变观念，提高认识 …………………………………（225）
　　　二　加强领导，落实责任 …………………………………（227）
　　　三　争取经费，确保投入 …………………………………（228）
　　　四　内调外借，保障人力 …………………………………（230）
　　　五　制定机制，灵活应对 …………………………………（231）

附录　档案馆馆藏评估工作开展情况调查提纲 ……………………（233）

参考文献 ………………………………………………………………（236）

后　记 …………………………………………………………………（244）

第一章 绪论

第一节 研究背景与意义

一 研究背景

文献遗产占据世界文化遗产的很大比例，是民族、语言和文化多样性的重要体现，也是连接过去、现在和未来的"记忆之桥"。但不论是何种载体的文献遗产，都是十分脆弱的，如果不妥善保护，它们将永远消失。[①] 因此，保护文献遗产，尽可能延长其寿命，是人类在守护记忆、传递历史、传承文明过程中最具意义的活动之一。21世纪以来，传统文献遗产保护已基本形成以原生性保护（包括预防性保护、治疗性保护与修复）、再生性保护相结合的文献遗产保护技术体系，和以保存政策、保存规划、保管制度、保存评估、人才培养、应急管理、灾害管理、安全管理、风险管理等为支撑的文献遗产保护管理体系。

近些年来，随着可持续发展理念在遗产领域的发酵，文献遗产保护的可持续发展也引起关注。在文献遗产领域，有学者倾向于从社会可持续发展的角度来理解文献遗产保护的可持续发展，强调高效、节能、低碳、环保等绿色发展理念。[②] 除此之外，本书还倾向于从文献遗产以及文献遗产保护自身出发来理解其内涵，强调文献遗产自身的可持续性以

[①] Abdelaziz A., "Memory of the World": Preserving Our Documentary Heritage, Museum International, 1997, 49 (1): 40–45.

[②] Lowe C. V., Partnering Preservation with Sustainability, The American Archivist, 2020, 83 (1): 144–164.

及文献遗产保护事业的可持续发展①。而要实现文献遗产的可持续性以及文献遗产保护事业的可持续发展，除了需要人、财、物等保护资源的持续投入，还要以文献遗产价值为核心，全面调查评估文献遗产的破损状况以及威胁文献遗产持续性的潜在风险因子，利用有限的保护资源实现文献遗产的精准保护。

国外记忆机构很早就认识到保护资源的有限性，一直在强调并探索如何更好地利用有限的资源，确保部分价值较高、破损较重或风险较大的文献遗产得到优先治疗、修复与保护。为此，他们开发了各种调查与评估的方法与工具，将调查数据与评估结果作为保护决策以及保存政策制定的重要依据。国内由档案机构主导的档案文献遗产保护，自中华人民共和国成立，尤其是改革开放以来，随着旧馆改造与新馆建设的推进，保管保护设施设备与技术方法的更新换代，保管保护制度、标准、规范的建立与完善，科学化、规模化、智能化水平得到提升，基本实现档案文献遗产从抢救性保护向常规化保护的过渡。但从保护方法来看，我国档案文献遗产保护工作形成的是一种比较粗放的被动式保护模式，倾向于档案文献遗产保存环境和条件的整体改善以及受损文献遗产的局部治疗和修复。这种保护模式对于短期内迅速提升档案文献遗产保护的整体水平具有重要价值，但单纯注重硬件改善、技术革新和破损修复的保护模式，从长远来看，并不符合可持续发展的要求。

2015年，国家档案局与财政部联合发布的《"十三五"时期国家重点档案保护与开发工作总体规划》② 在宣告我国国家重点档案抢救工作基本完成的同时，也标志着我国档案文献遗产保护工作进入常规化、主动式的保护阶段。在常规化保护阶段，要实现档案文献遗产保护工作从被动式保护向主动式保护的过渡③，在很大程度上需要对馆藏档案文献

---

① Kaminyoge G., Chami M. F., Preservation of archival heritage in Zanzibar Island National Archives, Tanzania, Journal of the South African Society of Archivists, 2018, 51: 97 – 122.

② 国家档案局、财政部：《国家档案局 财政部关于印发〈"十三五"时期国家重点档案保护与开发工作总体规划〉的通知》，[2019 – 07 – 15]，http://zfxx.ningbo.gov.cn/art/2015/12/30/art_2446_751056.html。

③ 刘家真、廖茹：《我国古籍、纸质文物与档案保护比较研究》，《中国图书馆学报》2012年第4期。

遗产的价值构成与高低、破损状况与程度、潜在风险因子与影响程度等进行全面的调查与评估，在调查数据与评估结果的基础上，实现档案文献遗产的精准保护[①]，从根本上提升档案文献遗产保护的决策能力和管理水平。随着《纸质档案抢救与修复规范 第 1 部分：破损等级的划分》（DA/T 64.1 - 2017）、《纸质档案抢救与修复规范 第 2 部分：档案保存状况的调查方法》（DA/T 64.2 - 2017）、《档案馆安全风险评估指标体系》等规范性指导文件的发布，如何将国家层面的档案文献遗产保护顶层设计转变为具有可操作性的实施方案，促进精准保护的实现，是当前档案文献遗产保护研究当中亟须关注的重要议题。因此，本书将引入国外遗产保护领域的"意义评估""破损评估""风险评估"等理论与方法，探索构建基于评估的档案文献遗产精准保护模式。

二 研究意义

当前，在我国档案文献遗产保护生态当中，处于模拟态的传统档案文献遗产保护空间正在被新兴的数字态、数据态档案文献遗产挤压。模拟态档案文献遗产保护要实现可持续发展不仅要从节约资源、节约能源的绿色档案馆着手，还要谋求利用有限资源实现档案文献遗产精准保护的方法和策略。本书以档案文献遗产保护模式为研究对象，探讨基于评估的档案文献遗产精准保护模式，对于档案文献遗产保护理论与实践创新具有重要的价值。

（一）理论价值

作为中国文献遗产保护领域最早建成的学科，档案保护学研究各种环境因素对我国档案制成材料的损坏、损坏原因及变化规律，科学制定保护档案的技术方法和标准[②]。经过几十年的发展，在档案保护技术方法的研究当中取得了巨大的成就。但相较国外文献遗产保护领域的研究，在管理理论与方法的研究中并未取得重大突破。本书着眼于档案文献遗产保护模式的创新性研究，将具有以下理论和学术价值。

[①] 周耀林、姬荣伟：《文献遗产精准保护：研究缘起、基本思路与框架构建》，《图书馆论坛》2020 年第 6 期。

[②] 张美芳、唐跃进：《档案保护概论》，中国人民大学出版社 2013 年版，第 15 页。

1. 有利于拓宽档案文献遗产保护的研究视野，发现并深化档案文献遗产保护研究增长点。几十年来，模拟态档案文献遗产保护技术方法的研究已比较成熟，趋于饱和。国家档案局尽管在近年来相继发布了关于保存状况调查、安全风险评估的规范性文件，但如何更好地开展调查与评估工作还缺乏足够的研究。本书以基于评估的保护管理方法研究为突破口，全面梳理了国内外文献遗产保护领域关于调查与评估的研究成果，探索一种适用于我国基层档案馆的评估理论和方法，有助于拓宽档案文献遗产保护的研究视野，引导学界对遗产意义评估、破损状况评估和馆藏风险评估等研究主题的进一步关注。

2. 有助于发展档案文献遗产保护的学科理论，充实和完善档案文献遗产保护的理论体系。几十年来，我国档案文献遗产保护领域的学者倾注了大量精力研究如何解决保护实践中面临的各类问题，形成了很强的技术性、应用性学科特征，但档案文献遗产保护学科理论建设却相对滞后，鲜有档案文献遗产保护的原创性理论成果问世。本书提出档案文献遗产精准保护的理念与目标，探索构建了基于评估的档案文献遗产精准保护模式，有助于发展档案文献遗产保护的学科理论，弥补档案文献遗产保护管理理论研究的不足，充实和完善档案文献遗产保护理论体系。

3. 有利于完善档案文献遗产保护的学科体系，形成技术与管理并重的保护学科知识体系。几十年来，我国档案文献遗产保护学科体系是以技术为基础构建起来的体系，材料模块、环境模块、技术模块占了很大比重，而管理模块相对较弱，这种学科体系在当前的档案文献遗产保护高等教育当中暴露出诸多问题。本书将遗产保护领域的意义评估、破损评估和风险评估等知识模板引入档案文献遗产保护领域，探讨档案文献遗产精准保护模式实现背后的知识支撑，同时研究当中还涉及国外保存政策、保存规划、保存管理、风险管理等模板的知识内容，有利于完善我国档案文献遗产保护的学科体系，形成技术与管理并重的保护学科知识体系。

（二）现实意义

经过几十年保管基础设施的建设投入、保管装具设备的更新换代、保护技术方法的改进优化、保管保护制度规范的建设完善、抢救性修复工作的持续推进，我国档案文献遗产保护正从单纯依靠资源投入的被动式保护模式过渡到依靠防治水平提升和管理效能提升的主动式保护模式。当前，实践当中如何才能实现这种保护模式的转变仍缺乏可操作的方案。因此，本书对精准保护模式的研究将具有重要的现实意义。

1. 为国家档案文献遗产调查评估工作的整体推进提供参考。近年来，国家档案局相继发布馆藏档案保存状况调查、破损分级的行业标准和安全风险评估指标体系，为档案机构馆藏档案文献遗产调查与评估工作指明了方向，但目前如何进一步深入推进调查评估工作开展还在摸索当中。本书在引入国外遗产领域意义评估、破损评估和风险评估的理论方法和实践经验的同时，结合我国档案机构的保管保护工作实际，探索适合我国国情的馆藏档案文献遗产调查评估一体化集成评估流程和方法，由此获得的评估结果，对于明确档案文献遗产的意义及价值高低、破损现象及破损程度、潜在威胁因子及风险等级具有重要参考价值，这对于从整体上推进国家重点档案保护与开发工作，促进档案机构的馆藏档案文献遗产评估工作具有重要的现实意义。

2. 为档案机构探索档案文献遗产保护的可持续发展提供思路。近年来，尽管我国经济社会发展较快，但不可否认的是，档案机构（尤其是地方档案机构）能够获取和支配的保护资源仍是极其有限的，实现档案文献遗产保护的可持续发展面临极大的压力。本书提出的精准保护模式，强调以评估为基础，建立长效的保护管理机制，让本身有限的保护资源得到优化配置，有助于促进地方档案机构馆藏档案文献遗产保护的可持续发展。

3. 为档案机构提升档案文献遗产保护水平提供可操作的方案。当前，我国档案机构保护档案文献遗产的能力得到很大程度的改善，但这种粗放、被动的保护工作模式不利于档案文献遗产保护的持续推进。本书提出并开发了利用保护数据库工具实现馆藏档案文献遗产的意义评估与价值分级、破损评估与破损分级、风险评估与风险分级的简易操作方案，为防治、修复与管理的精准介入和优先介入提供决策依据，依靠调查与评估提升决策能力和保护水平，实现粗放到精准、整体到个体的保护模式转变。

第二节 文献遗产评估研究进展

20世纪中叶之后,遗产保护逐渐走上职业化发展之路,以应对快速变化的遗产管理实践。到了20世纪末,随着遗产规模的变化,保护职业面临更大的挑战。因为馆藏在不断增加,但用于馆藏保管的资源却在逐渐减少。同样地,访客及其访问需求也在增长,但保护工作的资金却没有相应的增长。为了提升保护人员对馆藏管理决策的影响力,甚至改变管理层的态度和行为,保护人员越来越多地采用价值评估、破损评估和风险评估等保存评估工具来收集馆藏数据,以帮助机构确定保护的优先事项,获得更多资源或资金支持,更好地开展预防、治疗和修复工作。

一 价值评估研究进展

"我们无法永久保存一切"[①]是馆藏机构的共识。对任何遗产或记忆机构而言,为子孙后代保留一切都是不现实的。因此,一直以来,无论是博物馆、档案馆还是图书馆,其馆藏都是经过选择的,也就是说,有价值的馆藏资源才会被长期保存下去。然而,这种所谓的价值概念的本质是比较复杂的,模棱两可的,甚至是动态变化的,但对记忆机构而言,识别并评估价值又是其馆藏建设与管理过程中不可或缺的一环,因此,档案馆、博物馆和图书馆等机构一直以来都按照各自的方式在理解其馆藏的价值,这也导致对价值的理解、解释和实践的方法多种多样。关于价值评估,国内外存在不同的发展路线,但其中也有一些共同之处,以下将对国内外研究进展进行系统梳理。

(一)国外意义评估研究进展

1. 意义与意义评估的界定

意义(Significance)与意义评估(Significance assessment)是澳大利亚遗产保护与管理的两个核心概念,他们基于意义构建起来的一套遗产

---

① Russell R., Winkworth K., Significance 2.0: A guide to assessing the significance of collections, [2020-07-18], https://www.arts.gov.au/sites/g/files/net1761/f/significance-2.0.pdf.

保护与管理体系对世界文化遗产保护做出了很大的贡献。1979年，澳大利亚颁布文物古迹保护的准则《巴拉宪章》（Burra Charter），提出"文化意义"一词，并将其定义为"对象和收藏对过去、现在或未来世代的审美、历史、科学、社会或精神价值"，此宪章中的"文化意义"被视为"文化价值"的代名词。

澳大利亚遗产馆藏理事会（Heritage Collections Council, HCC）在2001年发布的《Significance: A Guide to Assessing the Significance of Cultural Heritage Objects and Collections》（以下简称"《意义1.0》"）中沿用宪章的定义[①]。2009年，澳大利亚遗产馆藏理事会发布的《意义2.0》对《意义1.0》的意义界定进行了扩充，认为意义除了可以定义为"对象和收藏对过去、现在和未来世代的历史、艺术、科学、社会或精神价值"，还可以简单提炼为"对象和馆藏对人和社区的价值和意义"。在简单的层面上，意义是一种讲述关于物品和藏品的引人注目的故事的方式，解释为什么它们很重要。这些标准或关键价值有助于表达对象或馆藏重要的原因。[②] 在欧洲，意义同样成为一个被接受的概念。英国国家保存办公室（National Preservation Office）在2005年开展的保存需求评估中，引入了意义的概念，将意义界定为"稀有性、国家重要性和对馆藏组织的特殊价值的结合"[③]。在2011年发布的欧洲标准《文化财保护：主要术语和定义》中意义被界定为"分配给一个对象的所有价值的组合"[④]。

在遗产保护实践当中，意义评估一般被认为是确定对象是否重要的过程，或者说是确定对象价值的过程。澳大利亚《意义1.0》和《意义2.0》对意义评估界定为"研究和理解对象和馆藏的意义和价值的过

[①] Russell R., Significance: A Guide to Assessing the Significance of Cultural Heritage Objects and Collections, [2020-07-18], https://significanceinternational.com/Portals/0/Documents/(significance)2001.pdf.

[②] Russell R., Winkworth K., Significance 2.0: A guide to assessing the significance of collections, [2020-07-18], https://www.arts.gov.au/sites/g/files/net1761/f/significance-2.0.pdf.

[③] Walker A., Foster J., Knowing the need: a report on the emerging picture of preservation need in libraries and archives in the UK, London: National Preservation Office, 2006: 10.

[④] BS EN 15898: 2011 - Conservation of cultural property. Main general terms and definitions, [2020-02-11], http://shop.bsigroup.com/ProductDetail/?pid=000000000030193702.

程"。评估过程探索所有对意义有贡献的因素,包括历史、背景、来源、相关地点、记忆以及类似项目的比较知识。它超越了传统的目录描述来解释项目为什么重要、如何重要以及它的含义。分析结果最后集成为一个意义陈述,这是一份关于该项目价值和意义的可读摘要。澳大利亚迪肯大学的杨(Young)认为"意义评估是评估文化遗产项目对于某些管理目的的相对重要性的定性技术"[1]。

2. 意义评估的目的

实践证明,价值是保护遗产的唯一理由,没有机构或国家会努力去保护不受重视的历史资产。《巴拉宪章》发布后,识别并保留文化意义逐渐发展为遗产保护的主要目标。[2] 从"遗产保护"向"遗产管理"转变的主要潜在力量之一,就是从单纯地关注遗产本身的物质结构转向关注遗产所传达的意义。近些年来,随着全球遗产专业人员的增加,文化遗产意义评估问题受到越来越多的关注。许多国家都已认识到评估遗产价值的重要性,"基于遗产意义的管理"或者"基于价值的遗产管理"模式已经形成,并且在当前的遗产保护学术话语中占主导地位。[3]

总体上看,开展遗产意义评估的终极目标是形成以价值为核心的遗产保护管理体系,实现保护、管理与开发的一体化。具体而言,开展意义评估的首要目的就是要充分理解和阐明对象或馆藏的内涵和价值[4],为后续的遗产保护、管理和开发提供基础。有学者认为意义评估的目的仍然是"识别和评估那些使一个遗产地对我们和我们的社会有价

---

[1] Young L., Significance assessment: How important is the material in your collection?[2020-02-11], http://www.unesco.org/new/fileadmin/MULTIMEDIA/HQ/CI/CI/pdf/mow/mow_3rd_international_conference_linda_young_en.pdf.

[2] Zancheti S. M., Hidaka L. T. F., Ribeiro C., et al., Judgement and validation in the Burra Charter Process: Introducing feedback in assessing the cultural significance of heritage sites, City & Time, 2009, 4 (2): 47-53.

[3] Clark K., Values-based heritage management and the Heritage Lottery Fund in the UK, APT Bulletin, Journal of Preservation Technology, 2014, 45 (2-3): 65-71; Fitri I., Ahmad Y., Ratna N., Local community participation in establishing the criteria for heritage significance assessment of the cultural heritage in medan, Kapata Arkeologi, 2019, 15 (1): 1-14.

[4] Young L., Significance assessment: How important is the material in your collection?[2020-02-11], http://www.unesco.org/new/fileadmin/MULTIMEDIA/HQ/CI/CI/pdf/mow/mow_3rd_international_conference_linda_young_en.pdf.

值的属性"①。价值是遗产属性确立的前提和基础,也就是说,意义评估的结果很有可能决定其是否会被视为遗产。② 评估意义的主要目的是制作一份简明扼要的意义陈述,这份意义陈述总结了一个遗产地或遗产对象的遗产价值,将影响管理层选择决策。③

意义评估的另一目的是区分遗产价值的大小,帮助机构做出"收"或"不收"的决定并指导保护决策和优先事项④,确保有限的保护资源能够优先或集中起来保护与开发价值更高的遗产。有学者表示即使同属国家博物馆馆藏文物,也是有意义层级之分的。也正是这些层级差异,在确定展览、决定采购或处置、确定保护优先次序等方面发挥着重要决策支持的作用。⑤ 档案馆和图书馆同样会根据自身的职能和使命选择和采集其认为有价值的材料进行保存,并且按照它们对价值的评定标准,凡是需要长久保存下去的肯定都是被判定为具有重要价值的,那么为什么还要进一步评估单个对象或馆藏集合的意义呢?答案同样是肯定的,同样是出于上述优化馆藏管理的目的。当前,意义评估的功能还可以进一步上升到制定各类保存、保护或开发规划当中。⑥ 一个基于意义的保护计划是做出关于保护什么和如何保护它的决定的有益的第一步,被认为是朝向更加透明和连贯的文化遗产管理方法的积极一步。⑦

---

① Fredheim L. H., Khalaf M., The significance of values: heritage value typologies re-examined, International Journal of Heritage Studies, 2016, 22 (6): 466-481.

② Manders M. R., Van Tilburg H. K., Staniforth M., Significance assessment, Bangkok: UNESCO Bangkok, 2012: 9.

③ Branch H., Assessing Significance for Historical Archaeological Sites and "Relics", New South Wales: Australia Heritage Council, 2009: 2.

④ Young L., Significance assessment: How important is the material in your collection? [2020-02-11], http://www.unesco.org/new/fileadmin/MULTIMEDIA/HQ/CI/CI/pdf/mow/mow_3rd_international_conference_linda_young_en.pdf.

⑤ Ford B., Smith N., The development of a significance-based lighting framework at the National Museum of Australia, AICCM bulletin, 2011, 32 (1): 80-86.

⑥ Walker A., Foster J., Knowing the need: a report on the emerging picture of preservation need in libraries and archives in the UK, National Preservation Office, 2006: 10.

⑦ Clark K., Values-based heritage management and the Heritage Lottery Fund in the UK, APT Bulletin: The Journal of Preservation Technology, Special issue on values-based preservation, 2014, 45 (2/3): 65-71.

此外，意义评估还有一个重要的战略性目的[①]，那就是让文献遗产被列入"名录"。遗产"名录"模式是联合国教科文组织推行的遗产保护与管理模式，在全世界有广泛的影响力。

1992年，联合国教科文组织遵循遗产名录模式，发起"世界记忆"计划，并遴选《世界记忆名录》。此后，在国家、区域以及国际层面的"世界记忆"计划逐渐发展成为一种战略工具。政府、社会公众（游客）等对《世界记忆名录》的关注度空前。各国图书馆和档案馆等文献遗产保管机构需要向资助者和利益相关者证明其特性与潜力，凭借其馆藏文献遗产入选国家或世界级名录而声名鹊起，提升知名度和影响力，获得相应的国家或国际地位。

3. 意义评估的方法

在遗产管理当中，按照《巴拉宪章》中制定的程序，调查、决策和行动的顺序是从理解文化意义开始的，然后制定政策，最后根据政策来管理遗产。因此，从保存规划角度来看，意义评估包括两个阶段，第一阶段包括收集和分析信息来评估意义，第二阶段涉及制定保存政策和执行策略。[②] 赞切蒂（Zancheti）等人建议这个过程必须遵循四个步骤来更好地理解文化的意义。首先，识别和定义遗址、其结构和关联，然后保护它并使其安全；其次，收集并记录足够的信息（无论是物理的、口头的还是文件形式的），以便理解遗址的意义；再次，评估意义；最后，准备并开发意义陈述。[③] 同样，利思戈（Lithgow）和撒克里（Thackray）在研究和理解遗址、文物对象和馆藏的意义和价值的过程中提出了三个主要步骤：第一，分析文物或资源；第二，了解它的历史和背景；第三，

---

① Young L., Significance assessment: How important is the material in your collection? [2020-02-11], http://www.unesco.org/new/fileadmin/MULTIMEDIA/HQ/CI/CI/pdf/mow/mow_3rd_international_conference_linda_young_en.pdf.

② Kerr J. S., The seventh edition conservation plan: a guide to the preparation of conservation plans for placevs of european cultural significance, Sydney: Australia ICOMOS, 2013: 4.

③ Zancheti S. M., Hidaka L. T. F., Ribeiro C., et al., Judgement and validation in the Burra Charter Process: Introducing feedback in assessing the cultural significance of heritage sites, City & Time, 2009, 4 (2): 47-53.

确定它对创造和/或关心它的社区的价值。[1] 弗雷德海姆（Fredheim）和哈拉夫（Khalaf）认为意义评估包括三个阶段：首先，确定相关遗产是什么（基本属性或特征）；其次，为什么它有价值；最后，它有多高的价值。[2]

当前，在澳大利亚，意义评估已经形成一套比较成熟的评估流程和方法。《意义2.0》中将如何评估意义分为五个步骤：分析对象，了解它的历史和背景，将它与类似的对象进行比较，根据标准评估意义，在意义陈述中总结价值和意义。在《意义2.0》发布之前，澳大利亚遗产馆藏理事会认识到图书馆和档案馆在其馆藏价值或意义评估中可能存在的不同之处，在档案馆和图书馆中，对意义或价值的评估通常始于对背景和来源的研究，而不是对实际记录的分析。这种背景研究可以确定职能、活动、个人、事件、关系和组织单位或实体（所有这些都可以被认为属于"来源"的大范围）。然后，档案馆或图书馆将努力确定需要创建和保存的重要文件，作为这些重大事件、活动或实体的证据。在2008年4月召开的一次研讨会上，他们认识到在评估意义时，理解、尊重和记录馆藏资料的背景（包括馆藏资料的事件、活动、现象、地点、关系、人员、组织和职能）至关重要，并在最终的《意义2.0》版本中加入了来源、背景和原则等方面的内容。

一直以来，人们都试图打破机构之间的差异，制定出一些通用的原则和程序来有形地评估材料的价值或意义，以便在选择过程中使用。从这个角度来看，澳大利亚无疑是最主要的践行者，他们开发出来的《意义2.0》适用于管理或持有藏品的所有馆藏组织、机构和所有者，并且旨在适用于评估所有类型的藏品，为整个澳大利亚的藏品管理人员提供框架和标准流程，以分析和传达藏品的意义和价值。尽管目前对于意义评估已经有了一定的研究成果，但研究还存在值得继续深入和拓展的空间，尤其是意义评估理念和模式引入文献遗产领域后面临的具体问题，例如意义评估模式与当前国内外文献遗产名录评选模式之间的关系，意义评估模式引入文献遗产领域后如何对文献遗产意义进行分级等问题都

---

[1] Lithgow K., Thackray D., The National Trust's approach to conservation, Conservation Bulletin, 2009 (60): 16-19.

[2] Fredheim L. H., Khalaf M., The significance of values: heritage value typologies re-examined, International Journal of Heritage Studies, 2016, 22 (6): 466-481.

值得进一步探索。

(二) 国内价值评估研究进展

我国遗产保护领域并未完全接受并使用"意义"这一术语，而更多是使用"价值"一词替代。尽管有学者试图将"意义"以及"意义评估"的国外经验引入国内，但收效甚微。① 当前，国内针对文献遗产价值评估的研究主要集中在文物定级、古籍定级以及档案分级鉴定三个方面。研究当中，国内学者对文物定级和古籍定级的关注较少，对档案分级鉴定的关注较多。但实践当中，文化部门主导的馆藏文物定级与古籍定级工作的开展却领先于档案部门主导的馆藏档案分级工作。在文物与古籍鉴定领域，鉴别主要是判断识别文物的真伪，包括对文物的年代、价值、作用等方面的判定，从而确定文物是否值得入藏；定级是对文物的地位、数量、质地、作用、价值等给予综合性、准确性的判定和评估，从而揭示出文物的深刻文化内涵。② 当前，我国档案鉴定主要是档案工作者对文件有无价值和价值大小的评估和预测，经过鉴定，有持续价值的那部分文件被归为档案，并赋予永久或定期的保管期限。而进一步评估永久保管的那部分档案的价值高低的档案分级鉴定工作却没有形成标准与最佳实践。

实践当中，《中华人民共和国文物保护法》《文物藏品定级标准》《古籍定级标准》《文物认定管理暂行办法》等法律和规范性文件让纸质文物、古籍等文献遗产的分级有法可依、有据可循。其中，馆藏文物的定级强调文物的历史、艺术和科学价值，而馆藏古籍的定级主要遵从历史文物性、学术资料性、艺术代表性的三性原则。通过文物或古籍价值的高低来进行分级，通过等级的认定进而明确其价值高低。在档案工作当中，1990 年颁布的《中华人民共和国档案法实施办法》对于"重点和珍贵档案必须采取有效措施予以保护"的规定，从档案鉴定的角度着手，围绕档案分级管理开展了初步的探讨，达成基本共识：国家档案馆馆藏档案分级管理的核心在于对馆藏档案中具有较高保存价值的档案再

---

① 聂云霞、徐芯滢：《公共数字遗产价值构成及其重要性评估》，《浙江档案》2016 年第 2 期；吴江华：《文献遗产"重要性"评估及其标准》，《档案学研究》2011 年第 2 期。

② 刘静贤：《论博物馆文物鉴定系统》，《博物馆研究》2008 年第 3 期。

次进行评估，按其历史价值、珍贵程度、载体形式、完整状况等进行等级划分。其目的在于优化档案管理资源配置，集中力量对更为珍贵、更具价值的档案进行保护和开发利用。① 这一思想在1999年修订的《中华人民共和国档案法实施办法》中得到体现，其明确规定"各级国家档案馆馆藏的永久保管档案分一、二、三级管理，分级的具体标准和管理办法由国家档案局制定"。此后，国内档案学者围绕档案分级鉴定问题进行了集中探讨。从研究内容上看，可以分为以下几个方面。

1. 档案分级的界定

在早期，有学者将档案分级管理简单理解为"甄别具有永久保存价值档案之间的价值差异，从而对不同价值的档案施以更为科学的管理"②。档案分级是根据档案价值鉴定的方法，直接地、具体地考察档案的来源、档案的形式特征、档案的内容、档案的数量，以及社会需要程度，从而确定档案的等级。③ 有学者认为档案定级鉴定就是按照有关的原则和标准，对档案自身价值及其延伸价值的大小进行鉴别和判断，以确定其珍贵和非珍贵程度。④ 有学者指出档案分级管理是指各级国家档案馆根据国家有关标准对本馆保存的永久档案实行区分等级，采取相应的管理措施的档案管理行为。⑤ 也有学者认为档案分级鉴定是对已划分保管期限后进馆的永久保管档案进行再次甄别，以其价值为基础分为一、二、三级，进而便于科学管理。⑥ 所谓馆藏档案分级鉴定，即在对档案价值进行判断和鉴别的基础上，将档案划分为不同的等级，显示档案不同的价值和珍贵程度。档案分级鉴定的主体是各级国家档案馆，鉴定的对象是馆藏永久保管的档案（包括长期和短期保管档案中经鉴定升格为永久保管的档案），鉴定的依据是档案的价值，鉴定的目的是确定馆藏

---

① 薛匡勇：《馆藏档案分级管理研究》，中国档案学会《档案事业科学发展：新环境 新理念 新技术：2008年档案工作者年会论文集上》，2008年，第138页。
② 段东升：《历史档案定级管理与馆藏档案的分级管理》，《中国档案》1997年第6期。
③ 潘玉民：《档案法学基础》，辽宁大学出版社2002年版，第214页。
④ 马长林：《关于档案定级鉴定的几点思考》，《上海档案》2002年第1期。
⑤ 潘玉民：《档案法学基础》，辽宁大学出版社2002年版，第211页。
⑥ 赵彦昌、周婷：《馆藏档案分级鉴定研究》，《辽宁大学学报》（哲学社会科学版）2009年第5期。

档案的不同等级，为实施分级管理提供依据。①

2. 档案分级的原因

长期以来，档案价值鉴定以划分档案的保管期限和确定档案存毁为目的，以宏观、粗线条的管理为主，缺乏对同一保管期限下，尤其是长久保存档案的价值细化研究，致使永久、长期档案多而不精，鱼目混珠、玉石不分、良莠不齐。基于此，傅荣校教授认为档案分级是有客观原因的：其一，永久保存档案本身时间跨度太大；其二，我国档案保管期限表作过多次修改，总体趋势是严格了鉴定标准，降低了永久档案的比例；其三，不同机关单位之间的永久保管档案价值差别太大。② 研究当中，国内学者对档案分级的理由或重要性已有比较清晰和全面的认识。首先，整体上看，档案分级是提升档案管理水平的一条重要创新路径，对于缓解现行档案价值鉴定理论的单一性与档案管理中的多样性之间的矛盾，缓解馆藏永久保管档案数量迅速增加与投入资金不足、档案管理水平低下之间的矛盾，解决档案依法管理与有效查处档案违法案件之间的矛盾等具有重要作用。③ 具体而言，档案分级对于档案保护、档案修复、档案安全管理、应急响应与档案抢救、档案数字化、档案资源开发、档案展览、档案宣传等方面工作的开展具有重要的支撑作用。例如，通过档案分级鉴定，有限的资金和人力资源向更具价值的档案倾斜，一旦碰到突发事件，可以优先进行重点抢救，使损失降到最低。

3. 档案分级的原则

档案价值高低的判定与档案是否有价值的判定有本质的区别，因此，档案分级鉴定不能完全参考档案鉴定的原则。档案价值的高低，与档案载体形式、形成时间、背景、来源、记录内容等方面特征息息相关。当前，学界提出的档案分级原则主要包括④：①高龄原则（或时间原则）。

---

① 吴绪成、刘晓春：《馆藏档案分级管理的若干思考》，《湖北档案》2006年第11期。
② 傅荣校：《档案鉴定理论与实践透视：基于效益和效率思路的研究》，中国档案出版社2007年版，第227—231页。
③ 李玉华、管先海：《关于地市级档案馆馆藏永久档案分级管理的思考》，《档案管理》2012年第6期。
④ 马长林：《关于档案定级鉴定的几点思考》，《上海档案》2002年第1期；赵彦昌、周婷：《馆藏档案分级鉴定研究》，《辽宁大学学报》（哲学社会科学版）2009年第5期；吴绪成、刘晓春：《馆藏档案分级管理的若干思考》，《湖北档案》2006年第11期。

这一原则的提出主要基于国外"年龄鉴定论",该理论认为"高龄案卷应当受到尊重",也就是说年代越久远的档案往往越重要,应当受到保护。这就促使在档案分级鉴定时将形成时间的长短作为一个衡量价值高低的依据。②来源原则。这一原则主要考虑档案的来源,将档案形成者的重要性和反映事件的重要性作为衡量价值大小的依据。档案内容反映的对象,包括机构、人物、事件、活动、工程、项目等涉及重大事件、重点项目、重要人物时,其价值就不能等同一般档案。③稀有原则。这一原则主要在已经具备重要价值的前提下,进一步通过比较档案载体形式、记录内容的罕见程度来衡量档案价值的高低。

4. 档案分级的标准

通过什么标准来评估档案价值的高低,同样是国内档案学者在档案分级研究当中关注的焦点问题。在早期,有学者曾提出建立我国档案分级鉴定标准体系的思路,强调职能、年龄、效益、双重价值等方面的鉴定标准。[①] 有学者提出了包括年龄标准、地区或职能标准、人物级别标准、内容标准、数量控制标准、其他标准等在内的档案分级标准。[②] 有学者提出地市级档案馆馆藏永久档案实施分级鉴定的标准:①时间标准,以馆藏永久档案的形成时间早晚和形成时所处的历史时期是否特殊为标准;②内容标准,以馆藏永久档案记载和说明的内容的重要和独特显著程度为标准;③来源标准。以馆藏永久档案形成者的级别高低、影响大小、典型与否为标准;④外形标准,以馆藏永久档案的载体材料、记录方式、笔迹、图案等外形特征为标准;⑤珍稀标准,以馆藏永久档案的载体形态和记录内容的珍贵稀有程度为标准。

还有学者参考《文物藏品定级标准》,提出一种模糊列举式的定级标准:凡永久档案中具有特别重要历史、科学、文献价值的档案为一级档案;凡永久档案中具有重要历史、科学、文献价值的档案为二级档案;凡永久档案中具有比较重要历史、科学、文献价值的档案为三级档案。[③]有学者认为按照《档案法实施办法》的有关规定,依据各级国家档案馆

---

① 朱琪:《民国档案分级鉴定的构想与对策》,《四川档案》2001年第6期。
② 马长林:《关于档案定级鉴定的几点思考》,《上海档案》2002年第1期。
③ 潘玉民:《档案法学基础》,辽宁大学出版社2002年版,第215页;赵彦昌、周婷:《馆藏档案分级鉴定研究》,《辽宁大学学报》(哲学社会科学版)2009年第5期。

馆藏永久档案的特点，综合考虑档案的来源、内容、形式、形成时间和地方特色等因素，兼顾档案的政治性、历史性和全面性要求，可将馆藏永久档案划分为一级、二级、三级。一级档案为珍品档案，主要指那些珍贵稀少、年代久远、载体特殊、独具特色，或在全国具有代表性、典型性、首创性、不可替代性及重要文物价值的档案，其数量应控制在馆藏永久档案总数的5%以内，原则上凡是入选《世界记忆名录》和《中国档案文献遗产名录》的档案都应作为一级档案保管；二级档案为重要档案，主要指那些反映本地政治、经济、文化、宗教等方面具有地方特色、时间较早、内容丰富的档案，其数量应控制在馆藏永久档案总数的30%以内；三级档案主要指馆藏档案中除一、二级档案以外的其他应永久保管的有一定参考价值的档案。①

5. 档案分级的方法

1997年，段东升提出了馆藏档案分级管理的初步设想："各级国家档案馆成立档案价值鉴定组织，依照国家有关标准、办法，根据馆藏档案的实际情况，划分保管等级，施以不同的整理、编目、保护和开发利用措施"②。后来，部分国内学者对如何开展档案分级鉴定发表了一些观点。早期，有学者以民国档案分级鉴定为例，提出先确定全宗等级再确定全宗内档案等级的方法。③ 有学者提出为了确保档案分级认定的权威性，馆藏档案分级要采取认定和审批的机制，并建议一级档案的认定由国家级认定机构负责，并报国家档案局审批；二级档案的认定由省级认定机构负责，并报省级档案行政管理部门审批。④

有学者提出将行政级别特征与主题内容等特征有机结合的档案分级方法。⑤ 馆藏档案实体按档案形成机关行政级别分为中央级、省级和市县级三个级别，由于这三个级别的档案分别保存于中央级档案馆、省级档案馆、市县级档案馆，因而，可以将中央级档案馆、省级档案馆、市

---

① 吴绪成、刘晓春：《馆藏档案分级管理的若干思考》，《湖北档案》2006年第11期。
② 段东升：《历史档案定级管理与馆藏档案的分级管理》，《中国档案》1997年第6期。
③ 朱琪：《民国档案分级鉴定的构想与对策》，《四川档案》2001年第6期。
④ 吴绪成、刘晓春：《馆藏档案分级管理的若干思考》，《湖北档案》2006年第11期。
⑤ 杨立人：《试论馆藏档案分级标准的选择与运用——兼与馆藏文物分级标准比较》，《档案学研究》2015年第6期。

县级档案馆的馆藏档案分别定为一级、二级、三级。在此基础上，运用主题内容等特征对同一级别机关形成的档案做局部调整。例如，将主题内容等特征较为突出的省级和市县级档案馆的永久档案相应调高一级，而将主题内容等特征较为一般的中央级、省级档案馆的档案调低一级。与馆藏档案的行政分级相比，按主题内容等特征分级是一项较为复杂的工作，主观性强使其难度加大，如果能依托现有的档案工作成果，必然有助于该项工作的开展。

近年来，记忆工程正逐步开展，由于记忆工程主要针对历史档案，因而，馆藏历史档案在以主题内容等特征分级时可以吸收其成果。[①] 具体方法是：将入选《世界记忆名录》《世界记忆亚太地区名录》，以及《中国档案文献遗产名录》的省级和市县级档案馆馆藏档案也列为一级档案；将入选省级档案文献遗产名录的市县级档案馆永久档案也列为二级档案。这种局部的调整与馆藏档案行政分级相结合，有利于建立一套完整的馆藏档案分级体系，并建立馆藏永久档案分级目录：①中央级档案馆馆藏档案、省级档案馆中主题内容等特征较为突出的档案，以及入选《世界记忆名录》《世界记忆亚太地区名录》和《中国档案文献遗产名录》的地方级档案馆历史档案列入一级目录；②省级档案馆馆藏档案、市县级档案馆中主题内容等特征较为突出的档案，以及入选省级档案文献遗产名录的市县级档案馆历史档案列入二级目录；③除列入一级、二级目录的少数档案之外，市县级档案馆馆藏永久档案均列入三级目录。当然，每一级别的馆藏档案还可以进行细分，例如，一级目录中入选《世界记忆名录》的档案、入选《世界记忆亚太地区名录》的档案，以及入选《中国档案文献遗产名录》的档案分别为 A 级、B 级、C 级。再如，三级档案可细分为 A 级、B 级：市级档案馆馆藏档案为 A 级，县级档案馆馆藏档案为 B 级。

还有学者从馆藏档案分级保护的角度，提出各档案机构按照馆藏档案的重要程度（稀缺性、时间跨度和信息价值）和自身的馆藏特点来确定分级标准的具体参数，例如最稀缺、时间跨度最长、价值最大的对象

---

① 杨立人：《试论馆藏档案分级标准的选择与运用——兼与馆藏文物分级标准比较》，《档案学研究》2015 年第 6 期。

赋值为 3 分,三项总得分大于或等于 8 分的列为一级,总得分小于等于 5 分的列为三级,其余为二级。对于各个小项依照什么办法给出具体分值,作者倾向的方法如下:立足本馆实际,选出一份典型档案进行赋值,并作为定级参照体。由档案馆工作人员或外聘专家组成认证小组,选出馆藏品中具有代表性的档案进行讨论赋值,加以认证定级,其余藏品以此为参照,赋值定级。全国范围内,各层级的档案馆特色各异,所藏档案时间跨度和信息价值差别较大,所以不能执行统一的标准。[①]

总之,价值评估是国内外遗产机构共同关注的研究领域。尽管对于遗产价值的认识方面,存在一些共性,但总体上看国内外在遗产价值评估方面有着不同的路径。一直以来,人们都试图打破机构之间的差异,制定出一些通用的原则和程序来有形地评估材料的价值或意义,以便在选择过程中使用。从这个角度来看,澳大利亚无疑是最主要的推动者,它们开发出来的《意义 2.0》适用于管理或持有藏品的所有馆藏组织、机构和所有者,并且旨在适用于评估所有类型的藏品,为整个澳大利亚的藏品管理人员提供框架和标准流程,以分析和传达藏品的意义和价值。意义评估既能对单个对象的价值进行评估,也能针对一个馆藏集合的价值进行评估,其在遗产领域的广泛适用性,正在影响图书馆、档案馆对其馆藏文献的价值评估和选择模式。当前,在研究与实践当中,意义评估的定义、目的、流程、方法和标准等方面已经取得明显的进展,尽管如此,在研究当中仍存在不足之处。

首先,关于文献遗产,尤其是档案文献遗产意义评估的研究明显不够,还存在诸多亟待解决的问题,导致文献遗产意义评估还没有形成相对完善的实践方案。当前,意义评估已经对"世界记忆工程"及相关的中国档案文献遗产工程等产生了重要影响,但档案文献遗产意义评估能否适用于档案机构仍需要深入探讨。档案文献遗产意义评估与档案鉴定这两条不同的路径能否找到"融合点"也需要进一步探索。其次,当前意义评估的核心成果在于通过评估而得到的"意义陈述",这份陈述能够阐释文献遗产在各个价值方面的具体表现,能够证明一份遗产或一个馆藏为什么具有世界意义、国家意义、地方意义或社群意义,对于申报

---

① 王成:《馆藏档案分级保护实现方式的研究》,《北京档案》2011 年第 2 期。

各个级别的记忆名录具有重要的价值。可见,意义评估的结果是有"分级"意义的,但是关于意义分级的研究成果比较少见。澳大利亚新南威尔士州在遗产意义评估当中,提到了意义分级的做法[①]。因此,基于意义评估的档案文献遗产分级研究也是需要进一步探索的问题。

国内档案领域很早就认识到档案分级管理的重要性,并上升到法律的层面。然而,档案分级是一个看似简单,却十分复杂的问题。实践告诉我们,要判定档案是否有价值、是否有持久价值相对容易,但要区别比较档案价值高低,很难找到具有普适性的评估标准。尽管"国家重点档案"以及"中国档案文献遗产名录"、"省级档案文献遗产名录"在一定程度上可以被视为另一种形式的档案分级,但这种分级是粗线条的,只能将它们与其他档案区别开来进行专门管理和对待,并不适用于对一个机构内所藏档案的分级。当前,档案界提出了一些颇有参考价值的档案分级鉴定标准和方案,试图借助已有的"年龄鉴定论""职能鉴定论"等传统档案鉴定理论来实现馆藏档案的分级,也有部分学者提出参考文物定级标准或结合档案文献遗产工程来确定分级方案,但总体上看,国内档案分级标准与定级方案至今没有达成共识。当前,国内学者在探讨档案分级标准和方案的时候,很少考虑档案的遗产价值,也缺乏对意义评估的适用性进行分析,提出的档案分级方案最终是将档案按分级标准归为不同的级别,缺乏对为什么具有价值的定性分析。然而,相比于文物和古籍,档案文献遗产以及档案文献遗产的保管保护工作都有其特殊性,要在实践当中推进档案文献遗产的意义评估,还需要更进一步的探索。

二 破损评估研究进展

馆藏状况调查与评估是一个实践性很强的领域。20世纪70年代开始,图书馆、档案馆、博物馆等机构开始关注自然和人为因素所造成的馆藏破损状况,并尝试通过对馆藏受损情况的调查评估,区分破损程度,

---

① NSW Heritage office, Assessing heritage significance,[2020-02-11], https://www.environment.nsw.gov.au/-/media/OEH/Corporate-Site/Documents/Heritage/assessing-heritage-significance.pdf.

以确定优先治疗和修复的顺序，并以此寻求保护资金的资助或更好地开展保存规划。后来，馆藏调查评估逐渐演变成为馆藏保护管理的重要方法与工具。当前，国内外在馆藏破损评估领域已经积累了大量实践与研究成果，以下将分别对国外与国内的文献进行回顾。

（一）国外破损评估研究进展

在国外，早期的研究集中在馆藏状况调查的目的、方法和结果方面，主要是针对纸张的酸度、脆性以及书籍的整体物理状况进行调查，保存管理人员利用调查所得数据制定针对快速恶化的材料的保存策略。[1] 到了20世纪90年代，作为分析工具的馆藏状况调查在博物馆界发扬光大，并随着大英博物馆基恩（Keene）项目组的发展而得到普及。[2] 发展至今，馆藏状况评估逐渐成为一种针对全部馆藏以及特定馆藏（如手稿、档案、善本、地图）状况评估的重要方法。[3] 破损评估作为馆藏状况评估中的关键内容，受到国外记忆机构的重视，并积累了一定的研究成果。

1. 馆藏破损评估的相关概念辨析

在馆藏保存管理实践中有几种不同类型的调查或评估活动，用于描述这类活动的术语可谓是五花八门，其中有代表性的术语主要有五个（见表1-1）：（1）馆藏评估（Collections assessment），联机计算机图书馆中心（Online Computer Library Center，OCLC）将其界定为"系统、有目的地收集有关档案馆藏的信息"[4]。馆藏评估涉及的调查范围和对象最

---

[1] Starmer M. E., McGough S. H., Leverette A., Rare condition: Preservation assessment for rare book collections, RBM: a journal of rare books, manuscripts, and cultural heritage, 2005, 6 (2): 91-107.

[2] Keene S., Audits of care: A framework for collections condition surveys, Knell S. J., Care of Collections, London: Psychology Press, 1994: 60-82; Taylor J., Stevenson S., Investigation subjectivity within collection condition surveys, Museum Management and Curatorship, 1999, 18 (1): 19-42.

[3] Starmer M. E., McGough S. H., Leverette A., Rare condition: Preservation assessment for rare book collections, RBM: a journal of rare books, manuscripts, and cultural heritage, 2005, 6 (2): 91-107; Allen R. S., Map collection physical condition assessment survey methodology and results, Bulletin - Special Libraries Association Geography and Map Division, 1996: 11-27; Gunselman C., Assessing preservation needs of manuscript collections with a comprehensive survey, The American Archivist, 2007, 70 (1): 151-169.

[4] Conway M. O. H., Proffitt M., Taking Stock and Making Hay: Archival Collections Assessment, Dublin: OCLC Research, 2011: 7.

广，几乎囊括了各种馆藏调查，比如为鉴定、确定处理和其他优先事项、保护决策和馆藏管理而进行的调查；（2）保存规划调查（Preservation planning survey），美国东北部文献保护中心（Northeast Document Conservation Center，NEDCC）发布的指南认为该调查确定了存储库的全面保存目标和优先处理事项。它主要调查馆藏保存的建筑条件、政策、馆藏、存储和处理程序等[①]；（3）保存评估调查（Preservation assessment survey）或保存需求评估（Preservation needs assessment），它是大英图书馆（British Library，BL）开发的评估图书馆和档案馆馆藏保存状况的既定方法，主要包括馆藏评估和状况评估两个部分[②]；（4）馆藏状况调查（Collection condition survey）是大英博物馆（British Museum，BM）项目组提出的概念，强调通过搜集对象和馆藏本身状况的有关数据，旨在表征完整的馆藏，通常基于统计样本，并促成诸如"估计90%的馆藏需要保护"的陈述[③]；（5）破损评估（Damage assessment），是欧盟"改进的羊皮纸破损评估"项目组使用的概念，其认为实践当中的破损评估涉及整个对象及其无形价值。对于羊皮纸手稿或彩饰而言，评估范围包括羊皮纸自身的物理和化学状况、墨水、染料和颜料。[④]

表1-1　　国外馆藏状况调查与评估活动使用的相关术语

术语	来源	调查或评估的范围	目标集
馆藏评估	OCLC	存储环境状况、馆藏材料状况、排架情况、著录文件、查找工具、研究价值等	揭露隐藏的馆藏；建立处理优先级；评估状况；管理馆藏

---

① Patkus B., Assessing preservation needs: a self-survey guide, Andover: Northeast Document Conservation Center, 2003: 2.

② British library, Our past, our future: a preservation survey report for Scotland, [2020-02-11], https://www.scottisharchives.org.uk/wp-content/uploads/2019/01/Preservation-Assessment-Report-for-Scotland.pdf.

③ Keene S., Audits of care: A framework for collections condition surveys, Knell S. J., Care of Collections, London: Psychology Press, 1994: 60-82.

④ Larsen R., Improved Damage Assessment of Parchment: IDAP: Assessment, Data Collection and Sharing of Knowledge, Luxembourg: Office for Official Publications of the European Communities, 2007: 13-40.

续表

术语	来源	调查或评估的范围	目标集
保存规划调查	NEDCC	建筑状况、政策、馆藏、存储和处理程序、特藏的存储与状况等	识别对馆藏的潜在危害；确定保存行动优先涉及的馆藏领域，辨别文物与信息资料或寿命有限的材料；确定在尽可能长的时间内将馆藏保持在最佳状态所需的保存措施；优先考虑馆藏的需求，并确定实现所需保存行动所需的步骤
保存评估调查	BL	馆藏评估部分（获取、使用、保存地、可用性、意义）状况评估部分（实体损害程度、类型）	提供有关馆藏保存和保护需求的可靠统计证据，便于评估国家保存需求，以便制定解决这些需求的行动计划，确定优先事项
馆藏状况调查	BM	馆藏管理数据、损坏描述、状况描述、其他可能有用的数据	给出一个馆藏对象状况的定量评估；给出关于恶化的主要原因的具体证据；评估馆藏是否总体稳定或者其状况是否正在恶化（诊断趋势）；说明减缓或停止恶化所需的步骤（确定影响这种趋势的方法）；评估资源需求；推荐优先事项
破损评估	EU	从宏观视觉到微观分子层面对羊皮纸对象的物理和化学状况，墨水、染料和颜料进行分析	全面获取对象的破损状况的科学数据，以增加恶化特征和演变模式及其原因的知识和经验。通过创建的可访问的数据库，管理员可以使用早期预警系统和一个数字化的用户友好的羊皮纸损坏地图集来帮助他们容易地识别破损

从表1-1可以看到，实践当中有以各种目标为导向的调查或评估活动，其中馆藏评估、保存规划调查和保存评估调查三种调查活动均从整个机构的保存管理活动出发，目的是确定机构保存需求，为制定保存策略、规划提供数据和信息支撑。因此，这三个活动的调查范围较广，除了针对馆藏本身价值、状况的调查，还涉及存储的建筑环境、设施、设备等方面的调查。[①] 正是由于这三项活动调查工作量较大，因此在调查方法和调查深度方面相较于后两种调查活动有明显不足。这三种活动一

---

① Paul E. M., A condition survey of the print collection of the Music Library at the University of North Carolina at Chapel Hill, Chapel Hill: University of North Carolina at Chapel Hill, 1999: 4.

般采取的是粗略的视觉调查和判断，尽管也会采取抽样调查的方式，但在所抽取样本的逐个对象调查中，调查项以及调查结果的客观性相比后两项活动有一定差距。也就是说，前三项调查或评估活动通常不提供对特定对象的特定状况的评估（除了识别需要"紧急"保护处理的有价值项目之外）。后面两项调查或评估活动虽说是机构开展前三项调查的重要组成部分，但其调查的目标更加具体化，因此所搜集的数据和信息也主要针对的是对象或馆藏本身的状况，且调查结果更强调科学性和客观性。当然，馆藏状况调查与破损评估也有一定的区别：馆藏状况评估更加强调调查对象信息的全面性，不仅包括受损情况，还包括载体材料来源、特性、结构、制造方法等基本情况；而破损评估明显强调的是对象受损状况，当然也不能忽视基本的特性。

2. 馆藏破损评估的内容

对于馆藏资源的破损评估需要对评估对象展开调查，调查的内容通常包括识别其破损类型，并剖析导致破损发生的原因。同时，馆藏资源载体的不同成分和特性直接影响其受损程度、受损可能性，国外的学者通常着眼于实践中的工作经验，总结评估内容。

一方面是识别破损类型。各文献保护机构和专家以不同文化资源的破损情况为基础展开分析，所得出的破损类型按表象和损害源进行分类。如美国东北部文献保护中心在2003年发布的《保存规划调查指南》(Assessing preservation needs: a self-survey guide) 中，将馆藏文献的损坏状况分为磨损撕裂、表面污损、浸水污渍、酸化、光化、装帧破损、霉害虫害、二次故意受损、其他损害九种表象性分类，并对于每一种情况的具体表象和成因做出分析。[1] 斯塔默（Starmer）等人认为古籍善本的破损状况可分为装帧破损（如封面缺失、书脊受损）、外环境致损（如虫蛀、霉蚀）、人为损害（如墨渍、卷角）三种损害源性分类，且根据上述三类受损选择不同的后续处理方式，如装盒、信封装订等。[2]

---

[1] Patkus B., Assessing Preservation Needs: A Self-Survey Guide, Massachusetts: Northeast Document Conservation Center, 2003: 19-24.

[2] Starmer M. E., McGough S. H., Leverette A., Rare condition: Preservation assessment for rare book collections, RBM: a journal of rare books, manuscripts, and cultural heritage, 2005, 6 (2): 91-107.

另一方面是探寻破损原因。国外档案馆及图书馆对于不同纸质档案及手稿的受损成因分析较多,且普遍认为分析原因有助于确定开展修复的顺序,为后续保存工作提升效率。大英图书馆文件修复中心最早于1989年较为综合地总结了古代羊皮纸手稿档案的受损成因,总结出如何检测霉菌致损程度以及如何展开修复研究等。[1] 格瓦拉(Guevara)和加赛德(Garside)介绍了大英图书馆棉质纸的致损成因,提出开展破损状况评估的目的是确定损坏的程度,全面了解馆藏中受损物品的状况,以优先级的排序先选出放弃使用的档案手稿,再优先修复受损严重的棉质纸档案。[2]

3. 馆藏破损评估的方法

国外学者普遍运用分级思想提出破损评估的方法建议,根据不同的条件和方法确定馆藏资源破损的优先级,并将优先级的结果作为评价馆藏状况是否处于"稳定"阶段的工具,这一认识围绕馆藏单位相关实践发展,构建出逐渐发展的分级方法。

一类方法是以馆藏对象的策展价值和保护状况开展双重尺度评估。大英博物馆Leese等人提出此类方法,将馆藏资源的策展价值和保护状况分别赋予等级分数,通过乘法得到不同的优先值,以此确定保护优先级。[3] 为进一步描述馆藏资源的破损情况,Keene将所有馆藏受损类型分结构破损、外形破损、内部破损、生物致损、附着物致损、二次破损六大类,并以良好、尚好、差、不可接受四个等级作为评估结果,以此预测馆藏破损情况可恶化程度。[4] 大英图书馆在2018年发布《馆藏评估指南》,其中从用户可用性的角度将馆藏图书的评估状况分为良好、尚好、差、不可用四个类别,通过对评估对象的受损类型及受损程度描述,同

---

[1] Polacheck I., Salkin I. F., Schenhav D., et al., Damage to an ancient parchment document by Aspergillus, Mycopathologia, 1989, 106 (2): 89-93.

[2] Guevara B. M., Garside P., The conservation of the burnt Cotton Collection, Journal of the Institute of Conservation. 2013, 36 (2): 145-161.

[3] Leese M. N., Bradley S. M., Conservation condition surveys at the British Museum, Bar International Series, 1995, 600: 81-86.

[4] Keene S., Managing conservation in museums, Oxford: Butterworth-Heinemann, 2002: 139-157.

样地结合意义评估，确定出了五个优先级别，给出具体的处理修复建议。①

另一类方法是以馆藏对象破损的严重程度评估。欧盟官方出版物办公室"改进羊皮纸破损评估"项目组于2007年针对羊皮纸的装帧情况、纸质物理特性、化学特性、总体使用感受四个方面，将其破损等级分为完好无损、轻微损坏、破损、严重损坏四种程度。② 格瓦拉（Guevara）等人在此方法的基础上结合棉质手稿的物理与化学属性，确定棉质纸的破损程度为1—4递增描述的优先级，给出具体的处理修复建议。③ 孔萨（Konsa）对纸质图书的书籍纸张、装订结构和封面三个方面分别设置了良好、差、濒危、受损严重四个等级，并考虑了早期修复对图书的影响。

此外，还有学者探讨利用数字化技术提高破损评估工作的效率和准度。如斯特罗默（Stromer）等人建议在竹简拓片印本中利用传统三维X射线计算机断层扫描的方法恢复符号和图样，不仅可以在识别破损种类中辨别早期修复的痕迹，同时也有效规避评估活动可能造成的二次破损。④ 英国国家档案馆馆藏部在2018年的数字化项目中通过复刻技术预先修复高像素图像，对比现状图与复原图，判断破损种类和破损程度，更加方便安全处理以及确保工作流程的效率。⑤

（二）国内破损评估研究现状

国内关于档案文献遗产破损评估的直接研究较少，关于馆藏破损评估的研究通常从整体角度出发，将破损评估作为馆藏状况评估中的重要部分，也常将破损评估工作与其他馆藏评估环节紧密联系、动态分析。

---

① British library, Our past, Our future: a preservation survey report for Scotland, [2020 - 02 - 11], https://www.scottisharchives.org.uk/wp - content/uploads/2019/01/Preservation - Assessment - Report - for - Scotland.pdf.

② Improved Damage Assessment of Parchment: IDAP: Assessment, Data Collection and Sharing of Knowledge, Luxembourg: Office for Official Publications of the European Communities, 2007: 13 - 15.

③ Guevara B. M., Garside P., The conservation of the burnt Cotton Collection, Journal of the Institute of Conservation, 2013, 36 (2): 145 - 161.

④ Stromer D., Christlein V., Huang X., et al., Virtual cleaning and unwrapping of non - invasively digitized soiled bamboo scrolls, Scientific reports, 2019, 9 (1): 1 - 10.

⑤ VanSnick S., Ntanos K., On Digitisation as a Preservation Measure, Studies in Conservation, 2018, 63 (sup1): 282 - 287.

例如，赵鹏指出纸质档案破损程度的判定工作是开展修复工作科学化管理的重要基础。[①] 吴江华提出破损评估环节需要参考重要性评估结果，从而统一文献遗产评估体系。[②]

另外，我国学者还以具体实践为例，提出破损评估工作流程中的优化建议。一方面建立破损或修复档案，保存修复记录，掌握受损情况，预防二次破损。学者解说较早提出建立古籍破损档案，认为其助于把握古籍破损现状。[③] 张宛艳依据古籍特藏室的管理经验认为破损档案应当记录破损情况、修复方案、修复过程及各种资料，从微观上找到古籍的致损病因。[④] 宋世明认为完善的修复档案是从文献的破损情况到修复方案和过程手法的全面记录，是对修复技艺的总结，也是培养古籍修复人才的案例所需。[⑤] 另一方面是完善文化资源保存情况数据库，加强计算机技术与破损评估管理活动相融合。如武汉大学图书馆在古籍编目系统中设置了古籍定级和古籍破损定级字段，试图完善古籍编目数据的内容，建立古籍定级及古籍破损定级的电子文档，可以更好地保护古籍文献，并且可以实现向国家古籍保护中心的普查平台批量导入古籍数据。[⑥]

整体而言，馆藏破损评估研究多来源于馆藏机构工作经验，国内外学者认为破损评估工作有助于优化配置保护资源，但对破损评估工作的独立研究都较为分散。从现有内容来看，国外学者或机构工作者着眼于破损评估中破损类型及原因的分析，构建逐渐优化的分级评估模式，评估方法较为系统，并注重将破损评估工作与数字化保护相结合，表述操作评估的步骤较为细致。国内学者或机构工作者着眼于识别评估对象的破损原因，根据实践探索相关标准的优化，对于如何操作评估提出的建议较少。

---

① 赵鹏：《纸质档案修复实践》，国家档案局、中国档案学会《回顾与展望：2010年全国档案工作者年会论文集》（上），2010年，第434—441页。
② 吴江华：《文献遗产"重要性"评估及其标准》，《档案学研究》2011年第2期。
③ 解说：《图书馆建立古籍破损档案的必要性》，《图书馆论坛》2007年第4期。
④ 张宛艳：《从特藏室的管理看文献遗产破损档案的建立》，《山西档案》2011年第3期。
⑤ 宋世明：《古籍修复档案管理之我见》，《图书馆工作与研究》2012年第7期。
⑥ 吴芹芳：《古籍定级和古籍破损定级在编目系统中的著录》，《图书馆论坛》2011年第3期。

三　风险评估研究进展

20世纪90年代，针对预防性保护的需求评估工具首次包括关于预防损害和损失的问题，例如，机构是否有灾害响应和馆藏的抢救计划，是否有适合长期保存的环境条件，是否采取充分的防盗措施，是否使用书皮以减少馆藏磨损？[①] 自那时起，灾害规划、风险管理、风险评估等预防性保护策略成为文献保存与保护研究中关注的焦点。[②] 实践当中，关于灾害预防、灾害规划等方面的指南也纷纷面世[③]，为机构进行灾害预防、准备、响应与恢复提供了操作规程。国外学者致力于构建一套适用于馆藏机构开展风险评估的框架与标准，以期通过体系化的风险管理，来保障馆藏的安全。1997年，国际档案理事会就洪灾、极端天气、火灾、地震、武装冲突等多种风险事故以风险来源进行定义和分类，发布了《档案馆灾害预防与控制指南》(Guidelines on Disaster Prevention and Control in Archives)，要求面向档案馆外环境、档案馆的建筑结构和服务措施、馆藏档案中的一些不稳定材料以及特定人群等来源进行分类与评估，提出预防措施和整改建议。当前，风险管理已经在图书馆、档案馆、博物馆等机构保存管理当中得到了应用。

（一）国外馆藏风险评估研究回顾

1. 馆藏风险评估的相关概念

任何事物都可能因为潜在危险的存在而处于风险之中。文献遗产也不例外，保存在世界各地的图书馆、档案馆、博物馆以及其他机构、组织或个体手里的文献遗产都面临着环境条件和人为驱动的潜在危险所带来的风险。按照严重程度，可将这些潜在的威胁事件划分为普通事件、

---

① Ogden B. W., PRISM: Software for risk assessment and decision-making in libraries, Collections, 2012, 8 (4): 323-329.

② 代表性文献包括："Disaster planning in libraries" "Disaster planning for libraries and archives: What you need to know and how to do it" "An overall framework for preventive conservation and remedial conservation" "Conservation risk assessment: a strategy for managing resources for preventive conservation" "Risk assessment for object conservation"。

③ 代表性指南包括：国际档案理事会发布的 Guidelines on disaster prevention and control in archives；澳大利亚图书馆与信息学会发布的 ALIA Guide to Disaster Planning, Response and Recovery for Libraries 以及学者 Robertson G. 编写的 Disaster planning for libraries: process and guidelines。

突发事件、严重的突发事件、灾难、大灾难、危机。而当我们考虑一个组织或机构面临的风险时，我们必须考虑这些不同程度且具有"不确定性"的威胁事件发生的可能性和预期的影响。国际标准《风险管理指南》（ISO 31000：2018）将风险界定为"不确定性对目标的影响"，认为风险通常以风险源、潜在事件、后果及发生可能性来表示。这一风险概念同样适用于文化遗产，沃勒（Waller）将风险定义为"对文化财产造成不良后果的可能性"①。

许多风险源和潜在事件都可能会对文献遗产以及我们关于其使用和保存的目标产生负面影响。罗伯逊（Robertson）曾详细列出了图书馆面临的自然风险、技术风险、人为风险、邻近风险、安全风险、事业风险。② 这些风险发生的直接后果就是文献遗产价值的损失。因此，风险管理就是要采取必要手段来理解和处理可能对我们的目标产生的负面影响。国际标准化组织将风险管理定义为"针对风险指挥和控制组织的协调活动"③，风险评估（风险识别、风险分析、风险评定）是其重要步骤。加拿大保护研究所和国际文献保护与修复研究所在此基础上从遗产部门的角度出发对该流程进行了完善。也有学者从图书馆、档案馆、博物馆等机构的保存管理角度来看，认为风险管理主要包括识别、评估和管理三个行动组合。④

拉马利尼奥（Ramalhinho）和马塞多（Macedo）在沃勒的基础上，进一步对相关概念进行了阐释："风险"可以被定义为对文化财产产生有害的不利后果的可能性；"风险评估"包括对一般、特定风险的正式和结构化识别，以及随后对与不同风险相关的量值的计算；"风险分析"包括对通过风险评估获得的定性或定量结果的分析，以及对减轻这些风险的不同方法的建议；"风险管理"使用风险分析的结果来指导现有资

---

① Waller R. R., Cultural property risk analysis model: development and application to preventive conservation at the Canadian Museum of Nature, Göteborg: Göteborg University, 2003: 150.

② Robertson G., Disaster planning for libraries: process and guidelines, Kidlington: Chandos Publishing, 2014: 1-9.

③ ISO 31000: 2018 Risk management - Guidelines, [2020-02-11], https://www.iso.org/obp/ui#iso: std: iso: 31000: ed-2: v1: en.

④ Ogden B. W., PRISM: Software for risk assessment and decision-making in libraries, Collections, 2012, 8 (4): 323-329.

源的应用，以减轻与文化遗产相关的风险。① 2015 年大英博物馆制定了《风险管理政策》(Risk Management Policy)②，它们认为风险管理的目的是根据风险评估确定对风险的最佳响应，该政策适当参考了英国财政部风险管理指南与国家审计署的最佳实践指南和风险管理标准，规定了风险管理的步骤包含识别与评估风险、确定目标风险、评估缓解措施的有效性、确定在已有控制措施的情况下仍然存在的风险以及实施措施减小残留风险与目标风险之间的差异等。

2. 馆藏风险评估的目标

20 世纪 70 年代之前，保存决策通常是根据馆藏状况清单做出的。但随着馆藏规模的增长，调查难度上升，调查结果准确性降低，因为必须多个调查人员参与完成馆藏调查，使得评估不如单个调查员那样统一。20 世纪 70 年代引入了随机抽样，以降低评估大型馆藏的成本并提高准确性。状况调查的重点是当前的问题，即通过检查从馆藏抽取的样本中发现问题。但调查结果仍不理想，所使用的方法无法确定行动的优先顺序。经过一代状况调查后，在 20 世纪 90 年代开发了新的保存需求评估工具，以解决状况调查的局限性。在基于状况调查的随机抽样方法的基础上，需求评估工具还收集了关于馆藏的使用情况和价值方面的数据，以便将有限的资源用于最高优先级。

如果说破损评估针对的是正在发生或已经发生的损害，那么风险评估针对的就是还未发生的潜在威胁因子。20 世纪 90 年代，保存风险评估就被认为是一种重要的保存管理策略，它在支持保存决策方面具有重要意义。因为对于遗产管理者而言，通常需要评估已识别的危害对馆藏的潜在损害，确定预防性保护的优先次序，并就如何最好地利用现有资源来保护遗产做出选择。③ Segaetsho 在《博茨瓦纳大学图书馆的保存风

---

① Ramalhinho A. R., Macedo M. F., Cultural Heritage Risk Analysis Models: An Overview, International Journal of Conservation Science, 2019, 10 (1): 39-58.

② The British Museum, Risk management policy, [2020-03-23], https://www.britishmuseum.org/sites/default/files/2019-12/Risk_Management_policy_approved_20191025.pdf.

③ Taylor J., An integrated approach to risk assessments and condition surveys, Journal of the American institute for Conservation, 2005, 44 (2): 127-141; Ramalhinho A. R., Macedo M. F., Cultural heritage risk analysis models: An overview, International Journal of Conservation Science, 2019, 10 (1): 39-58.

险评估调查》一文中阐述了风险评估的总体目标是确定在博茨瓦纳大学图书馆观察到的馆藏风险，并就需要改进的方面提出建议，以使馆藏在更长的时间内保持更加稳定、强大和持久。评估活动旨在确定影响博茨瓦纳图书馆馆藏恶化的问题，具体包括：识别博茨瓦纳图书馆主校区藏书的所有风险；评估博茨瓦纳图书馆藏书风险的频率和程度，确定风险的来源、原因和影响，确定可用于降低馆藏风险的可能策略。[1] 风险评估可以提高预防性保护的有效性，也被认为是 21 世纪促进决策的最重要的工具，因此它也是各种灾害规划中必不可少的内容。

3. 馆藏风险评估方法

在文化遗产领域许多风险评估模型或方法，有的是以明确保护需求为目标开发的风险评估模型，也有的是针对某些特定风险或机构、组织内的特定馆藏而开发的评估模型，例如基准化分析法（Benchmarking）、风险优先排序（Prioritising on risks）以及沃勒提出的计算风险大小的数学方法 CPRAM 等。[2] 拉马利尼奥（Ramalhinho）和马塞多（Macedo）通过对 1999—2016 年间用于可移动和不可移动文化遗产风险评估模型的审查，发现了 27 个风险评估模型，其中适用于不可移动文化遗产的模型占 26%，可移动文化遗产的模型占 74%。另外，大约 48% 的风险分析模型是定量的，19% 是半定量的，33% 是定性的。[3] 在这些风险评估模型中，由加拿大自然博物馆的沃勒开发的文化财产风险评估模型在遗产领域影响最大，该模型提出后在英国国家档案馆[4]、葡萄牙国家档案馆和地方档案馆[5]、博茨瓦纳

---

[1] Segaetsho T., Preservation risk assessment survey of the University of Botswana Library, African Journal of Library, Archives & Information Science, 2014, 24 (2): 175 – 186.

[2] Segaetsho T., Preservation risk assessment survey of the University of Botswana Library, African Journal of Library, Archives & Information Science, 2014, 24 (2): 175 – 186; Waller R. R., Cultural property risk analysis model: development and application to preventive conservation at the Canadian Museum of Nature, Göteborg: Göteborg University, 2003: 25 – 48.

[3] Ramalhinho A. R., Macedo M. F., Cultural Heritage Risk Analysis Models: An Overview, International Journal of Conservation Science, 2019, 10 (1): 39 – 58.

[4] Bülow A. E., Collection management using preservation risk assessment, Journal of the Institute of Conservation, 2010, 33 (1): 65 – 78.

[5] Pinheiro A. C., Moura L., Sequeira S., et al., Risk analysis in a portuguese archive what has changed in five years?, Altamira, 2013: 53 – 70; Pinheiro A. C., Macedo M. F., Risk assessment: A comparative study of archive storage rooms, Journal of Cultural Heritage, 2009, 10 (3): 428 – 434.

大学图书馆[1]、不列颠哥伦比亚皇家博物馆和档案馆[2]等馆藏机构风险评估中得到了应用。

值得注意的是加州大学图书馆开发的支持分析和决策的风险评估软件 PRISM（Preservation Risk Information System Model，保存风险信息系统模型），帮助用户识别危险，确定风险等级。[3] 土耳其新世纪大学的 Alpaslan Hamdi Kuzucuoğlu 提出了基于 5×5 风险矩阵法的样本风险分析法。[4] 美国自然历史博物馆开发了一个馆藏风险评价数据库工具。[5] 加拿大保护研究所（CCI）和国际文物保护与修复研究中心（ICCROM）编写了《文化遗产风险管理指南》，提出一种新的风险分析方法——ABC 标准法。[6]

（二）国内馆藏风险评估研究回顾

我国馆藏机构在 20 世纪初才开始关注风险管理，其中图书馆和博物馆领域更多是着眼于机构整体层面的风险管理，通过分析机构面临的内外部风险要素，研究引入风险管理的必要性以及开展风险管理的策略[7]，也有学者关注机构面临的风险识别与评估问题[8]。而档案领域，2010 年国家档案局提出"档案安全体系"建设之后，有学者开始从"档案安全

---

[1] Segaetsho T., Preservation risk assessment survey of the University of Botswana Library, African Journal of Library, Archives & Information Science, 2014, 24 (2): 175–186.

[2] Lee K., Castles D., Collections risk assessment at the Royal BC Museum and Archives, Collections, 2013, 9 (1): 9–27.

[3] Ogden B. W., PRISM: Software for risk assessment and decision-making in libraries, Collections: A journal for museum and archives profession, 2012, 8 (4): 323–330.

[4] Kuzucuoglu A. H., Risk management in libraries, archives and museums, IIB International Refereed Academic Social Sciences Journal, 2014, 5 (15): 277–294.

[5] Elkin L. K., Fenkart-Froeschl D., Nunan E., et al., A database tool for collections evaluation and planning, ICOM-CC 16th Triennial Meeting Preprints, Lisbon, Portugal, 2011: 19–23.

[6] CCI, IOCOM., A guide to risk management of cultural heritage, [2020-02-13], https://www.iccrom.org/wp-content/uploads/Guide-to-Risk-Managment_English.pdf.

[7] 史尚元：《论图书馆的风险管理》，《图书情报工作》2005 年第 8 期；裴成发、刘娜、席志德：《图书馆引入风险管理的必要性研究》，《图书馆理论与实践》2007 年第 3 期；崔波：《博物馆风险管理概述》，《中国博物馆》2005 年第 4 期。

[8] 王秀伟、黄文川：《试论博物馆危机管理中的风险识别与评估》，《博物馆研究》2014 年第 1 期；冷秋菊：《基于层次分析法的图书馆风险评估体系构建》，《情报杂志》2009 年第 8 期。

风险"的视角切入，探索我国档案安全风险评估体系构建。研究内容集中在以下两个方面。

1. 档案安全风险评估体系建设

完善的风险评估指标体系能够为各馆的风险评估工作提供统一的参考标准，提供切实有效的风险评估策略，强化风险评估工作的成效，因此部分国内学者从宏观的视角为档案安全风险评估体系建设搭建框架，确定体系建立的原则、指标、要素等，并取得了一定的进展。如彭远明就档案安全保障系统从指导原则、要求和运行方式，建立起我国档案安全风险评价指标体系。[①] 方昀和刘守恒从我国档案工作实际出发，提出我国档案馆安全风险评估指标应包含档案安全制度建设、档案安全基础设施、档案安全防护设施、档案信息安全与档案安全应急机制。[②] 随着《档案馆安全风险评估指标体系》（以下简称《指标体系》）的颁布，国内学者更多地针对《指标体系》进行分析解读，帮助评估指标体系不断完善。如周耀林等对其主要特点与开展内容进行分析后，提出赋予比例权重，量化指标体系；统一表述倾向，精准指标划分；增添必要环节，完善评估内容等建议。[③]

2. 档案安全风险评估的内容和方法

随着档案信息化的不断发展，国内学者不仅关注档案实体的风险评估，也越来越关注档案信息安全，对电子档案的信息安全风险评估都进行了相关研究。如吴绍忠认为信息安全风险评估就是要依据国家现有信息安全技术标准，对信息系统及由其处理、传输和存储的信息的保密性、完整性和可用性等安全属性进行科学评价。[④] 另一方面，国内学者逐渐关注风险评估的方法研究，通过引入其他领域普遍适用的定性、定量以及定性定量相结合的方法进行评估，学者赵冬梅提到的信息安全风险评

[①] 彭远明：《我国档案安全风险评价指标的建立与实现方式研究》，《档案学研究》2012年第1期。

[②] 方昀、刘守恒：《档案安全风险评估活动实践与思考》，《中国档案》2012年第1期。

[③] 周耀林、韦叶玲、王吉春：《档案馆安全风险评估指标体系解读》，《北京档案》2019年第7期。

[④] 吴绍忠：《数字化档案馆信息安全风险评估》，《中国档案》2009年第6期。

估方法有模糊层次分析法、信息熵理论法等①。学者董丽媛在介绍了档案馆常用的风险评估方法即定性的专家经验法、定量的概率统计法和定性定量相结合的风险矩阵法。②

总体来看，国内外研究存在一些差异。首先是国内外风险评估视角的差异。国外研究主要以馆藏为评估对象，注重对影响馆藏价值的风险因子识别。因此能够最大限度地确定潜在的威胁馆藏价值的风险，从而大大提升了对馆藏预防性保护的效果。而国内学者往往站在馆藏机构整体与宏观的视角，多是识别评估馆藏机构运作中安全措施失效产生的隐患与疏漏对档案馆的影响。其次是国内外评估方法模型的差异。国外的风险评估方法、模型丰富且完善，大都是采用定性与定量结合的方法，通过风险分析能够量化风险的优先级。国内的研究针对档案馆安全风险评估的具体方法研究不够深入，且主要还处在定性评估法向定性与定量结合评估法过渡的阶段，没有能将风险量化的工具，无法确定风险的大小等级，不利于档案馆制定风险控制策略。

随着我国档案部门风险评估工作的发展，评估方法的研究需更加深入，探索利用定性与定量相结合的评估方法，有助于克服评估工作中的主观随意性，帮助档案馆及时发现面临风险的大小，找出风险源，及时采取相应风险管理措施，防患于未然。有必要引进馆藏风险评估理论，在构建相应的指标体系做指导的基础上，利用有效的评估方法进行评估，并确定风险优先级，采取措施以应对。

第三节　研究思路与方法

一　研究思路

20世纪80年代以来，在国家档案局的主导下，我国档案文献遗产抢救与保护工作成效显著。随着旧馆改造与新馆建设的推进，保护设施设备、技术方法的更新换代，档案文献遗产保护的科学化、规模化、智

---

① 赵冬梅：《信息安全风险评估量化方法研究》，博士学位论文，西安电子科技大学，2007年。

② 董丽媛：《档案馆风险评估方法研究》，《北京档案》2012年第3期。

能化水平得到提升。但总体而言，我国档案文献遗产保护更关注宏观的保管环境，还是一种较为粗放的保护模式。近些年来，随着我国档案文献遗产保护内外部环境的变化，通过馆藏评估来实现档案文献遗产精准保护的问题引起关注。

当前，国内外直接研究档案文献遗产精准保护问题的成果较少，而价值评估、破损评估与风险评估等关于档案文献遗产评估的理论研究与实践探索却很多。面对档案文献遗产精准保护的目标与趋势，如何清晰地判定档案文献遗产的意义、针对性地处理和修复破损文献遗产、有效地规避文献遗产保存中的风险都需要以相关评估结果为支撑。因此，本书将以档案文献遗产保护模式为研究对象，探索可持续发展理念和精准保护趋势下档案文献遗产保护模式的创新路径。遵循提出问题—分析问题—解决问题的研究思路（见图1-1）。

首先，在绪论部分，通过研究背景的分析，简单梳理国内外档案文献遗产保护的发展历程，并阐述我国档案文献遗产保护的发展趋势，突出了利用有限的保护资源，促进档案文献遗产保护可持续发展的思路，尤其是近年来逐渐形成的实现档案文献遗产精准保护的趋势。通过对国内外馆藏文献遗产评估研究进展的系统梳理，提出本书的研究问题，即：能否及如何通过集成化的评估来实现档案文献遗产保护模式的创新。

其次，通过第二章、第三章、第四章，分解档案文献遗产精准保护的相关概念，找寻档案文献遗产精准保护的理论支撑。以档案文献遗产评估现状调查为基础，剖析其存在的问题。针对问题，分析基于评估的档案文献遗产精准保护模式构建的必要性和可行性。

最后，通过第五章、第六章和第七章，比较分析国外遗产意义评估、破损评估以及风险评估模型，确定了基于评估的档案文献遗产精准保护模式构建的目标，从价值维度、载体维度和环境维度构建出基于评估的档案文献遗产精准保护模式，对精准保护模式的核心要素、构成模块和主要特点进行阐释，并从评估要素设计、评估流程设计、评估工具开发、模式实现保障等层面来探讨精准保护模式的实现策略。

二 研究方法

本书在研究过程当中，主要采取了以下研究方法：

第一章　绪论

阶段	内容	对应章节
提出问题	**研究背景**：档案文献遗产精准保护与管理的趋势显现；**文献回顾**：馆藏精细管理背景下的评估理论研究进展；**研究问题**：能否及如何通过集成评估来实现档案文献遗产保护模式的创新	第一章：绪论
分析问题	**概念拆分**：档案文献遗产、档案文献遗产保护、档案文献遗产集成评估、档案文献遗产精准保护；**理论探寻**：风险管理理论、流程再造理论、分级保护理论	第二章：基本概念与理论基础
	馆藏档案文献遗产评估工作现状；馆藏档案文献遗产评估存在的问题	第三章：档案文献遗产保护中评估工作的开展现状调查
	精准保护模式构建是否必要；精准保护模式构建是否可行	第四章：档案文献遗产精准保护模式构建的必要性与可行性
解决问题	国内外典型文献遗产评估模型分析与借鉴：价值评估模型、破损评估模型、风险评估模型	第五章：国内外典型文献遗产评估模型分析与借鉴
	基于评估的档案文献遗产精准保护模式构建：构建目标、构建原则、构建维度、内核阐释	第六章：基于评估的档案文献遗产精准保护模式构建
	基于评估的档案文献遗产精准保护模式实现：评估要素设计、评估流程设计、评估工具开发、模式实现保障	第七章：基于评估的档案文献遗产精准保护模式实现

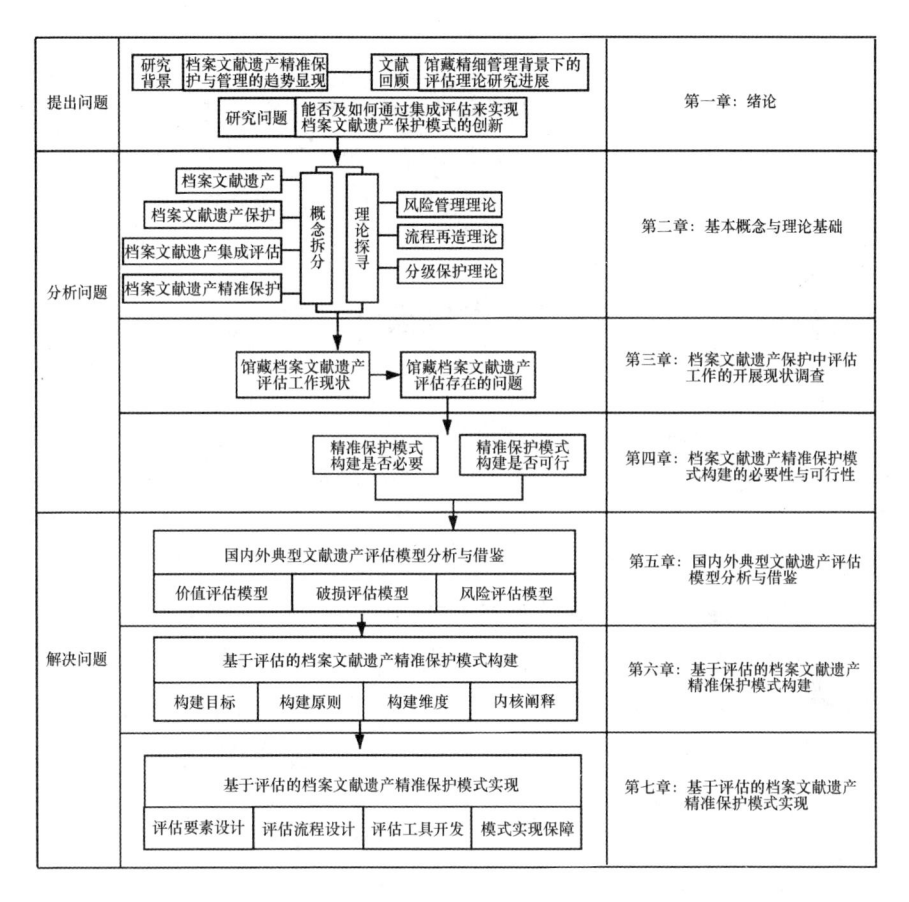

图1-1　本书研究思路

（1）文献研究法。借助各大中外文数据库、学术搜索引擎以及图书馆馆藏资源库等广泛获取并分析遗产保护与评估领域的著作、论文、报告、指南等各类资源，为本书梳理研究进展、解析基本概念、找寻理论基础以及构建模式提供文献支撑。

（2）调查研究法。采取基于文献的间接调查、基于网络的直接调查和基于实地的补充调查三种调查策略来掌握我国档案文献遗产评估工作的开展现状。

（3）比较研究法。通过比较国内外意义评估、破损评估和风险评估的主要模型和方法，选取可用于档案文献遗产精准保护模式构建与实现的元素。

（4）个案研究法。在基于评估的档案文献遗产精准保护模式实现探索过程中，以成都市档案馆为例，进行个案研究，考察集成评估工具的科学性和可操作性，并收集反馈信息，对模式实现策略进行改进和优化。

第四节　本书创新之处

本书从档案文献遗产保护可持续发展与精准保护的研究视角切入，通过理论与实践的全面考察，探讨基于评估的档案文献遗产精准保护模式的构建与实现，在学术思想与学术观点方面的主要贡献包括以下几个方面。

（1）本书首次系统梳理了档案文献遗产保护生态当中的多重关系。首先是从时间维度认识档案文献遗产损毁与保护的关系，将档案文献遗产的损毁划分为发生前、发生中和发生后，分别对应预防性保护、治疗性保护和修复三个遗产保护阶段。其次在保护客体维度，引入并阐释以价值为导向的遗产保护观，强调档案文献遗产保护的核心要义是保护档案文献的遗产价值，提出遗产价值是遗产对象与损毁因子相互作用的统一体的观点。在此基础上，从价值、载体和环境三个维度分析档案文献遗产评估与保护的关系，强调意义评估、破损评估和风险评估结果对促进预防性保护、治疗性保护和修复的决策支持作用。这对于厘清档案文献遗产保护当中遗产损毁、遗产评估和遗产保护之间的关系具有重要的理论价值和实践意义。

（2）本书首次系统探索了基于评估的档案文献遗产精准保护模式。本书从上述遗产损毁、评估与保护关系角度提出档案文献遗产精准保护的概念，即运用科学的调查与评估方法，遵循合理程序，对档案文献遗产价值及威胁其可持续性的因子进行精准识别，以实现保存资源精准配置以及受损档案文献遗产精准治疗、修复与防控的新型保护方式。在此基础上，综合考量我国地方档案机构档案文献遗产保护政策环境、管理体制和资源配置状况，构建出基于评估的档案文献遗产精准保护模式，阐释了模式的核心要素、构成模块与主要特点,并探讨了档案文献遗产精准保护模式实现过程需要解决的集成评估要素与分级标准的设计、集成评估流程的设计、集成评估工具的开发以及模式实现的保障策略。这对于档案机构进一步探索基于评估的档案文献遗产精准保护的落地具有重要的参考价值。

第二章 概念解析与理论基础

第一节 概念解析

一 档案文献遗产

"档案文献遗产"这一概念出现于20世纪90年代，是随着世界遗产运动的国际化、世界记忆计划的实施以及我国国家重点档案抢救与保护工作全面开展而形成、发展和不断完善的。解析档案文献遗产概念，首先要正确理解"遗产"和"文献遗产"的内涵。

遗产最初是指先人遗留下来的物质财产。20世纪中叶后，遗产的概念得到发展，除了指代遗留的个人合法财产外，还指代历史上遗留下来的精神财富。1972年，联合国教科文组织通过《保护世界文化与自然遗产公约》提出了"文化遗产"的概念，并将其定义为"具有历史、美学、考古、科学、文化人类学与人类学价值的古迹、建筑群和遗址"。此后，文化遗产的范围从不可移动文化遗产逐渐拓展到可移动文化遗产、非物质文化遗产等多个领域。联合国教科文组织发布的《关于保护可移动文化遗产的建议》对可移动文化遗产的定义是"作为人类创造或自然进化的表现和明证并具有考古、历史、艺术、科学或技术价值和意义的一切可移动物品"，列举了具体的11类物品，其中就包括了古籍、手稿和档案等文献遗产。在联合国教科文组织发起世界记忆计划之后，作为记忆载体的文献遗产被纳入文化遗产的范畴，与世界遗产、非物质文化遗产并列。

档案文献遗产概念很明显是从遗产或文献遗产视角出发重新认识档案的产物。当然，并不是所有档案都属于文献遗产的范畴，只有具有较高价值且需要长久保存下去的那部分档案才能被称为文献遗产。因此，解析档案文献遗产概念，还需要准确把握遗产特有的价值内核。当前，多数学者在界定档案文献遗产概念时均考虑到对价值要素的说明。例如，周耀林将档案文献遗产界定为"具有一定的历史、文化、艺术、科学、技术或社会价值的各种记录"[1]；彭远明将档案文献遗产界定为"收藏在档案馆中的具有重要的历史、文化、政治、经济等价值的珍贵档案文献，是不可再生的集体记忆"[2]。

总之，"档案文献遗产"的提出，将档案文献遗产视为世界文化遗产不可分割的一部分，不仅极大丰富了文化遗产的内涵，还将档案保护提升到档案文献遗产保护的高度，增强了档案工作者以及社会公众对档案保护以及档案工作重要性的认识。基于此，本书认为"档案文献遗产"是指人类在社会活动中直接形成的具有重要历史、文化、科学等遗产价值的历史记录。对国家档案馆而言，特指其馆藏当中具有较高遗产价值的历史档案。

二　档案文献遗产保护

档案自形成起，随着岁月的流逝，其本身的材料组成、结构、性能及其所处的外界环境因素的变化，都会使档案受到不同程度的损坏，甚至毁灭。无论是人为因素还是自然因素，它们对档案的损坏造成了档案利用的长久性与档案寿命的有限性之间的矛盾，为了缓解档案损毁与长久利用之间的矛盾，档案保护应运而生。经过多年的探讨，关于档案保护的定义已达成共识，档案保护是指研究与掌握档案材料的变化规律和损毁原因，通过一定的技术手段和方法，改善档案的保管条件，确保其材料的完好与性能的稳定，修复已经损坏的档案材料，从而延长档案使用期限，使档案能够长久地为人类文明和社会发展服务。[3] 周耀林教授认为档案文献遗产保护可以理解为运用各种方法延长档案文献遗产寿命的专业性活动。从界定来看，档案文献遗产相较档案，最大的区别在于

---

[1] 周耀林：《档案文献遗产保护的理论与实践》，武汉大学出版社2008年版，第7页。
[2] 彭远明：《档案文献遗产保护与利用的方法论研究》，博士学位论文，复旦大学，2008年。
[3] 张美芳、唐跃进主编：《档案保护概论》，中国人民大学出版社2013年版，第3页。

档案文献遗产所蕴含的价值，尤其是其作为文化遗产一部分所承载的深厚的文化价值。因此档案保护的目的是保护档案实体，而档案文献遗产保护不仅要保护档案实体，还更强调保护档案承载的价值和文化。[①]

从档案保护到档案文献遗产保护的演进，体现出档案保护科学两方面的进步。

一方面是保护对象的认识发生变化。传统的档案保护，更多是强调基于整个档案馆的馆藏或某一个专门库房所藏档案而进行的保护，关注档案机构建筑设计、档案库房设施设备、档案装具、档案修复、档案库房管理等，对档案而言形成了一种相较稳定的静态保护模式。而档案文献遗产保护对象从宏观走向微观，从一件、一卷到一组档案文献遗产都需要保护。档案文献遗产的保护不仅保证档案文献遗产的安全和寿命的延长，还关注对其价值、意义的挖掘，注重对档案文献遗产的保护、开发、利用和传播。如珍贵档案文献遗产可以申报《世界记忆名录》或《中国档案文献遗产名录》，向世界、向全国展示地方或民族特色，并且入选名录的档案文献遗产，会得到重点保护。所以档案文献遗产保护是一种动态的保护状态，根据实际情况及时调整，针对某一具体的档案文献遗产提供适宜的保护措施。

另一方面是保护方法论的转变。档案保护，侧重对档案制成材料及其损毁规律的科学认识和保护与修复的适时介入，依赖于技术手段对环境、档案载体等因素的控制和事后修复，技术成为档案保护的阐释，理论研究也因此成为对技术的优化及其普遍适用性的探究。[②] 而档案文献遗产保护更加强调保护技术与保护管理的融合，拓宽了研究视野，不仅仅局限在技术和工具的使用，还要从文化的视角探讨档案文献遗产保护。如向内构建科学完整的档案文献遗产保护体系、建立健全制度标准与规范，更好推动档案文献遗产保护工作的进行；对外，将档案文献遗产保护纳入文化遗产保护，甚至是文化战略的框架下，引导外界对档案文献

---

① 周耀林：《档案文献遗产保护的理论与实践》，武汉大学出版社 2008 年版，第 20—21 页。

② 周耀林、柴昊、戴旸：《我国档案文献遗产保护研究框架述论》，《郑州大学学报》（哲学社会科学版）2020 年第 3 期。

遗产保护的关注①。总之，档案文献遗产保护的核心是保护档案文献遗产所包含的价值，保护的目的是传播其价值。因此，档案文献遗产保护是从粗放式的保护向精准化保护转变，最终形成以价值为核心的保护体系。

三 档案文献遗产集成评估

"评估"即评价估量之意。管理学认为评估是"描述、收集和分析有用的、客观的数据并将这些数据转变成信息，提供给决策者作为主观价值判断的历程。其目的主要在于提供改进之道，并进而协助决策者选择合理的行动方案"②。馆藏评估是一个实践性很强的领域。20世纪70年代开始，图书馆、档案馆、博物馆等机构开始关注自然和人为因素所造成的馆藏破损状况，并尝试通过对馆藏受损情况的调查评估，区分破损程度，以确定优先治疗和修复的顺序，并以此寻求保护资金的资助或更好地开展保存规划。后来，馆藏调查评估逐渐演变成为馆藏保护管理的重要方法与工具。在馆藏调查评估的相关实践当中，不同类型的调查评估工作有不同的目的（见表2-1）。

表2-1　　　　馆藏调查评估目标及所需数据对照

调查目标	相关因素	所需数据
检查状况	个体对象的状况；馆藏状况的统计	状况调查；破损类型和严重程度
找出恶化的原因	环境：空间、外壳、支撑件/安装件、湿度、温度、光、污染物、害虫、来源 用途：展示、处理、修复/保护、检查、运行/操作对象	观察；环境历史记录；当前环境；破损类型和严重程度
诊断趋势	状况：过去和现在的可能性和未来变化的速度，即脆弱性和稳定性；已造成或可能造成损害的因素	过去（推断）状况；现在状况；预测未来的状况（＝稳定性）；当前和未来可能的环境；目前和今后可能的用途

---

① 杨茜茜：《文化战略视角下的文献遗产保护与活化策略》，《图书馆论坛》2020年第8期；周耀林、柴昊、戴旸：《我国档案文献遗产保护研究框架述论》，《郑州大学学报》（哲学社会科学版）2020年第3期。
② （中国台湾）"中国教育学会"：《教育评鉴》，台北：师大书苑出版社1995年版，第44页。

续表

调查目标	相关因素	所需数据
影响趋势	更改环境 修改用途：展览状况、操作/使用程序、保存程序、运行或演示 修改对象：治疗或修复	最有力的恶化原因
评估所需资源	空间、建筑物、设备（暖通空调等）、设备（架子、柜子等），材料（用于安装等）时间、技能，财务	任务的大小（例如对象数量、体积、存储面积等）；任务的性质（例如安装、处理、改建库房、新建库房）资源的总量/成本
评估效益	对象的现有用途、潜在用途、信息潜力、与制度目的的相关性、货币价值、独特性、做工质量、物理质量（如整体性）、审美品质	目前的使用（例如，可展示的物品、可阅读的书籍、可获取的绘图）对价值的评价；被成功保存的对象数量（即在定义为可接受的条件下）
建议优先次序	机构目标—资源与利益—"无所事事"的后果	保护/保存政策；使用上述对象/馆藏的数据计算成本/收益；判决是否会重复恶化

在馆藏文化遗产评估领域，目前尚未有学者使用过集成评估这一词汇。但实践当中，有很多"综合性"的评估活动，例如第一章表1-1所列举的评估活动当中，OCLC使用的馆藏评估概念涉及的调查范围和对象最广，几乎囊括了各种馆藏调查，比如为鉴定、确定处理和其他优先事项、保护决策和馆藏管理而进行的调查；NEDCC使用的保存规划调查，涉及馆藏保存的建筑条件、政策、馆藏、存储和处理程序等方面的调查；大英图书馆提出的保存评估调查或保存需求评估，也涉及馆藏评估和状况评估两个部分内容。

还有学者认为至少需要三种调查评估类型才能真正全面地了解馆藏的保存情况，包括预防性保护评估（Preventive conservation assessments）、馆藏状况调查（Collections condition audits）和策展评估（Curatorial as-

第二章 概念解析与理论基础

sessments)①。其中预防性保护评估主要是针对保存环境的评估，为了查明和消除恶化的原因，需要从最广泛的意义上评估保护环境，包括体制政策、程序、现有的工作人员和技能、收藏的历史以及保存这些环境的空间和物质资源；馆藏状况调查主要是搜集关于对象和馆藏本身状况的数据，作为预防性保护评估的补充；策展评估是识别藏品作为馆藏整体一部分的重要性，即它对馆藏的知识层面的意义。在确定状况调查结果采取的行动和分配资源的优先次序时，这种评估显然是必不可少的。

总体上看，上述评估活动已经具有开始强调各种评估活动的"集成"了。有学者曾建议在馆藏评估当中，将价值评估与状况评估结合起来决定其保护处理优先级别②，实践当中大英图书馆制定的馆藏评估指南中将"意义评估"与"状况评估"结合起来确定保存优先频段③。也有学者认为馆藏风险评估注重对象或馆藏可能出现恶化的预测，是"向前看"的过程，提供的是不确定性危害对馆藏价值造成的风险信息。当然，在破损状况评估中查看可能的损坏原因可以为风险评估确定恶化因子提供参考，并且将这两个评估结合起来可以提供很多有帮助的信息，并明确馆藏管理目标的优先级。④ 泰勒（Taylor）还提出了一种将这两种评估整合到一起的综合评估方法，并介绍了此方法在英国遗产馆藏调查中的应用⑤，这种整合对文献遗产的综合保护无疑具有重要的现实意义。

基于上述"集成"思想的萌芽，本书结合档案文献遗产保护的现实需要，提出将档案文献遗产价值评估、破损评估和风险评估集成起来的设想。其中，遗产价值或意义评估是以管理为目的评估文化遗产对象或

---

① Keene S., Audits of care: A framework for collections condition surveys, Knell S. J., Care of Collections, Psychology Press, 1994: 60 – 82.

② Leese M. N., Bradley S. M., Conservation condition surveys at the British Museum, Bar International Series, 1995, 600: 81 – 86.

③ British Library, Our Past, Our Future: A Preservation Survey Report For Scotland, [2019 – 08 – 18], http://www.scottisharchives.org.uk/preservation/pas – report/pasreport – scotland.pdf.

④ Taylor J., An integrated approach to risk assessments and condition surveys, Journal of the American institute for Conservation, 2005, 44 (2): 127 – 141.

⑤ Taylor J., An integrated approach to risk assessments and condition surveys, Journal of the American institute for Conservation, 2005, 44 (2): 127 – 141.

馆藏相对重要性的定性技术。① 意义评估机构能够充分理解并明确表达出遗产对象和馆藏的内涵和价值，便于机构在收集或采购中做出决策；便于展览、数字化、文化创意产品开发等活动的选择决策；便于优先抢救或保护活动中决策；便于在灾害应急规划中确定紧急情况下应优先关注的对象；便于更新传统文献描述框架，尤其是通过增加文献的主题、内涵和价值描述，提升数据库研究和利用的实用性；便于向社会尤其是资助者和利益相关者证明遗产对象或馆藏的价值，还可以通过国家或世界记忆名录的申报使得遗产广为人知②。破损评估实质上是一个关于馆藏对象破损状况数据和信息搜集与综合评估的过程。这个过程收集的信息包括文献遗产破损位置、破损原因、破损面积、破损定级、破损程度以及破损状况描述。破损评估的目标是要确定对象破损的类型、破损的程度与等级，进一步明确恶化的性质和破损的原因，为修复和保护计划的制定提供决策依据。风险评估就是借助常用的风险评估方法，科学全面地认识文化遗产所面临的各类风险因素，并分析不同风险因素对文化遗产价值及其本体结构造成损毁或破坏的不同程度，旨在以此为依据制定相应的预防性保护措施。③

四 档案文献遗产精准保护

精准一般是指精细、细致而准确。在习近平总书记 2013 年提出"精准扶贫"的重要思想后，国家围绕此思想的落地进行了顶层设计，以期针对不同贫困区域环境、不同贫困农户状况，运用科学有效程序对扶贫

---

① Young L., Significance assessment: How important is the material in your collection? [2020 – 02 – 11], http://www.unesco.org/new/fileadmin/MULTIMEDIA/HQ/CI/CI/pdf/mow/mow_ 3rd_ international_ conference_ linda_ young_ en. pdf.

② Young L., Significance assessment: How important is the material in your collection? [2020 – 02 – 11], http://www.unesco.org/new/fileadmin/MULTIMEDIA/HQ/CI/CI/pdf/mow/mow_ 3rd_ international_ conference_ linda_ young_ en. pdf; Russell R., significance: a guide to assessing the significance of cultural heritage objects and collections, [2020 – 07 – 18], https://significanceinternational.com/Portals/0/Documents/ (significance) 2001. pdf; Russell R., Winkworth K., Significance 2.0: A guide to assessing the significance of collections, [2020 – 07 – 18], https://www.arts.gov.au/sites/g/files/net1761/f/significance – 2.0. pdf.

③ 吴美萍、朱光亚：《中国建筑遗产的预防性保护研究》，东南大学出版社 2014 年版，第 34—35 页。

对象实施精确识别、精确帮扶、精确管理。精准扶贫的提出是因为长期以来贫困居民底数不清、情况不明、针对性不强、扶贫资金和项目指向不准的问题较为突出,即扶贫相关问题太过笼统,最终没有达到实质的效果。在文献遗产保护中,同样存在保护方法、思想太过笼统,对价值高、破损严重、风险较大的文献遗产保护不到位等问题,故周耀林等将精准思维引入文献遗产保护中,提出"文献遗产精准保护"的概念,并将其定义为"在普适性保护基础上围绕文献遗产的差异化保护需求而形成的'靶向'保护过程"[①]。

"精准扶贫"工作体现的精准思维包含精准识别、精准实施、精准管理三个主要内容。借鉴精准扶贫体现的精准思维,档案文献遗产的精准保护也需要强调对档案文献遗产实施精确识别、精准实施和精确管理。当前,档案文献保护领域形成的分级保护思想与精准保护思想的目标具有一致性,分级保护强调以价值等级、破损等级、流失等级等为标准,将档案文献遗产划分为不同等级,实施不同级别的保护措施。总而言之,本书认为,档案文献遗产精准保护是指运用科学的调查与评估方法,遵循合理程序,对档案文献遗产价值及威胁其可持续性的因子进行精准识别,以实现保存资源精准配置以及受损档案文献遗产精准治疗、修复与防控的新型保护方式。然而,要实现档案文献遗产的精准保护,就需要探讨精准保护实现当中的"决策"点,研究通过评估来促进决策的可行模式。

第二节 理论基础

一 风险管理理论

风险管理自20世纪50年代作为一门独立的管理学科被提出以来,经历了传统风险管理、现代风险管理和全面风险管理三个发展阶段[②]。

---

① 周耀林、姬荣伟:《文献遗产精准保护:研究缘起、基本思路与框架构建》,《图书馆论坛》2020年第6期。

② 佟瑞鹏:《风险管理理论与实践》,中国劳动社会保障出版社2015年版,第12—13页。

全面风险管理是一个结构比较完善、一种真正全面的、整合的、前瞻的、基于整体风险管理决策优化的、以价值创造为导向的管理理念和管理方法，其在社会各领域得到了广泛应用。本书将重点介绍风险管理理论在文化遗产领域的应用并剖析基于风险评估的预防性保护模式。

（一）文化遗产领域风险管理理论的引入

在风险管理理论引入遗产领域之前，遗产领域通常强调预防性保护。预防性保护概念最早于1930年罗马国际文物保护会议上提出，主要指对馆藏文物保存环境（如温度、湿度、光照）的控制。1963年，意大利保护专家布兰迪（Brandi）在其专著《修复理论》中提出"文化遗产保护最重要和优先的原则应该是对艺术品采取预防性保护措施，其效果极大地优于紧急情况下的'临终'抢救性修复。"[①] 从20世纪70年代开始，国际文化遗产保护与修复研究中心（ICCROM）在全球范围内11个国家的26个博物馆推广预防性保护的理念。到20世纪八九十年代，预防性保护在馆藏文化遗产保护领域被广泛实践。这一理念逐渐成熟，并有了相对统一的阐述。1992年，美国盖蒂保护研究所的莱文（Levin）在《预防性保护》一文中指出"预防性保护为防止文物破损或降低文物破坏可能性的所有措施，并提出要将其作为一种保护战略，纳入日常工作当中。"ICCROM将广义预防性保护概括为在不危及物品真实性的前提下，延缓任何形式的、可以避免的损害所采取的必要的措施和行动。[②] 可见，20世纪90年代后，预防性保护的内涵不断扩展，广义的预防性保护不但包括环境控制等技术层面的因素，还包括管理层面和社会层面的理念。

在此背景下，风险管理理论引入文化遗产保护领域，加拿大自然博物馆较早开展了应用于文化遗产领域的风险管理研究。2003年，该馆的沃勒建立了一个较为系统的风险评估模型——文化遗产风险评估模型（CPRAM）；2005年，ICCROM将澳大利亚和新西兰的风险评估标准

[①] 吴美萍、朱光亚：《中国建筑遗产的预防性保护研究》，东南大学出版社2014年版，第11页。

[②] 国际文化财产保护与修复研究中心（ICCROM）指导的"第二预防性保护合作小组"（Teamwork for Preventive Conservation 2）于1999年2月达成这样的共识。

(AS/NZS 4360)的理念和结构引入,在 CPRAM 的基础上进行改进和标准化,规范量化藏品遭受的风险等级,预测藏品保护措施的优先性[①],形成了新的预防性保护概念,即"预防性保护是指通过馆藏品的风险,采取必要的风险管理措施和方法,从而避免或减少藏品未来的受损或退变"[②]。

文化遗产的预防性保护依据风险管理理论,强调全面识别文化遗产保护中的风险,并通过风险识别、评估和防控的完整流程实施预防性保护。现代风险管理理论应用于文化遗产保护有四个具体的步骤,明确文化遗产所面临的全部风险、评估每项风险的严重程度、找出并制定风险缓解策略、评估每项策略的成本和效益,以达到变化可监测、风险可预报、险情可预控、保护可提前的预防性保护管理目标。文化遗产预防性保护的根本目的是通过主动改善文化遗产保护相关条件提前消除对文化遗产保存不利的因素以达到延长文化遗产寿命(减缓文化遗产的破损和衰退),而风险管理理论最大的优点就是通过风险识别、风险分析与风险处理,找出风险源并将其对文化遗产可能造成的影响和破坏降低或减缓。两者的目标和结果高度契合,可见风险管理理论完全可以用来指导文化遗产的预防性保护,为预防性保护提供一个决策框架。[③] 因此,基于风险评估的预防性保护模式得到发展。

(二)基于风险评估的预防性保护模式

风险评估作为风险管理的一个重要过程,是指量化测评某一事件或事物带来的影响或损失的可能程度。在风险管理国际标准《风险管理指南》(ISO 31000:2018)中,将风险评估定义为"风险识别、风险分析及风险评价的全过程",并明确给出了风险评估过程需要解决的五个基本问题,一是管理现状、潜在威胁、发生原因是什么,二是后果及对管理对象的影响是什么,三是后果可能性有多大,四是减轻风险的措施及因素,五是风险等级的应对问题。我国国家标准《风险管理:风险评估

---

① 胡可佳:《预防性保护对文献遗产保护的启示》,《山西档案》2012 年第 1 期。
② 申桂云:《谈馆藏藏品保管工作中的预防性保护——辽宁省博物馆馆藏藏品的预防性保护措施》,《辽宁省博物馆刊》2015 年第 1 期。
③ 王旭东:《基于风险管理理论的莫高窟监测预警体系构建与预防性保护探索》,《敦煌研究》2015 年第 1 期。

技术》(GB/T27921-2011)同样将风险评估分为风险识别、风险分析和风险评价三个步骤。

风险管理理论应用于文化遗产的预防性保护中主要体现为风险评估,故此处为广义上的风险评估。文化遗产的风险评估是借助常用的风险评估方法,科学全面地认识文化遗产所面临的各类风险因素,并分析不同风险因素对文化遗产价值及其本体结构造成损毁或破坏的不同程度,旨在以此为依据制定相应的预防性保护措施。[①]

风险识别:风险识别(Risk identification)也称风险辨识,是发现、认识、描述风险的过程,包括风险源、风险事件,以及它们的起因和潜在后果的确定。风险识别是风险评估或管理的基础和起点。通过风险识别,可以回答文化遗产保护中面临何种风险和存在哪些风险因素的问题。

风险分析:又称风险衡量或风险估计,是在对过去损失资料分析的基础上,运用概论率和数理统计方法,对风险事故发生的损失频率和损失程度做出估计,以此作为选择风险管理技术的依据。[②] 风险衡量能够估计文化遗产保护中的风险事件在规定时期发生的概率、估算风险事件发生后将对文化遗产保护造成多大程度的损失。风险衡量是在风险识别的基础上对文化遗产保护中存在风险的定量分析和描述,是对风险状况的客观反映,是风险识别的深化。风险衡量可以降低文化遗产保护中不确定性的层次和水平,其结果可以为风险评价提供依据,也可以为文化遗产保护应对风险的决策提供重要依据。

风险评价:风险评价是在风险识别和风险衡量的基础上,综合考虑损失频率、损失程度以及风险因素,分析该风险的影响并与安全指标进行比较以确定风险等级的过程。安全指标是考虑到风险事故不可能完全避免,通过对大量损失资料的分析并考虑经济、心理等多重因素来确定的被评估机构可接受的安全界限或标准。[③] 风险估计是对单个风险分布进行估计和量化,没有考虑各单个风险综合起来的总体效果,也没有考虑这些风险是否能被风险主体所接受。风险评价则考虑项目所有阶段的

[①] 吴美萍、朱光亚:《中国建筑遗产的预防性保护研究》,东南大学出版社2014年版,第34—35页。

[②] 刘钧:《风险管理概论》,清华大学出版社2008年版,第76页。

[③] 卓志:《风险管理理论研究》,中国金融出版社2006年版,第55页。

整体风险、各风险之间的相互影响、相互作用以及对风险主体影响、风险主体对风险的承受能力。[①] 通过风险评价,在文化遗产保护中针对面临的风险,可以决定是否采取风险管理措施?采取什么管理措施?采取措施到什么程度等问题,有利于帮助文化遗产机构从经济角度、实际需要角度进行防控风险的决策。尤其是能够对各个风险进行比较和评价,确定它们的等级和先后顺序,以进行及时的应对,对文化遗产的保护至关重要。

基于风险评估的文化遗产预防性保护模式,能够利用风险管理理论,对文化遗产所面临的风险进行识别、量化并排定顺序,为防控文化遗产保护中的风险提供决策的框架,使得预防性保护从价值评估转向价值评估与风险评估并重,更具有科学性。

二 流程再造理论

流程再造(Business Process Reengineering,BPR),又称企业流程再造或业务流程再造,是一种企业管理理论、思想,成为变革企业经营管理、提高企业整体竞争力的重要方法。20世纪90年代以来,BPR已经逐渐为人们所接受,流程再造不再仅仅局限于企业,越来越多的组织,如政府机构,也已展开实施了BPR。BPR也逐渐与政府创新、SCM(供应链管理)、ERP(企业资源规划)和CRM(客户关系管理)等其他先进的管理思想和管理方法相融合,共同促进组织绩效的提升。[②]

(一) 流程再造的目标与核心思想

业务流程作为企业的一种活动方式,从根本上讲,流程再造强调以业务流程、管理流程为改造对象,以关心客户的需求和满意度为目标,最终提高企业的效益与产出。总的来说,流程再造是通过利用先进的制造技术、信息技术以及现代的管理手段,打破传统的职能型组织体系,建立全新的流程化组织体系,最大限度地实现技术上的功能集成和管理上的职能集成,从而实现在成本、质量、服务和速度等方面的巨大改

---

① 范道津、陈伟珂:《风险管理理论与工具》,天津大学出版社2010年版,第63页。
② [美] James T. C. Teng:《流程再造——理论、方法和技术》,梅绍祖译,清华大学出版社2004年版,第11页。

善。① 从哈默对流程再造的定义来看，其中的四个关键词就是流程再造的核心思想的体现，即根本性、彻底性、显著性、流程性。

1."根本性的再思考"是指以企业的本质重新思考业务流程存在的意义，反思企业对原有商业假设、运营模式、组织架构是否有需要进行流程再造；2."彻底性的再设计"意味着对事物追根溯源，对既定的现存事物不是进行肤浅的改变或调整修补，而是抛弃所有的陈规陋习以及忽视一切规定的结构与过程，创造全新的完成工作的方法。它是对企业进行重新构造，而不是对企业进行改良、增强或调整；3."显著性的变化"意味着业务流程再造寻求的不是一般意义的业绩提升或略有改善、稍有好转等，进行再造就要使企业业绩有显著的增长，极大的飞跃，使企业的核心竞争力有明显的提升。业绩的显著增长是流程再造成功的标志与特点；4."流程性"是指流程再造要求通过企业业务流程的整合重组，实现全局利益最大化，而不是某一个部门业绩的提升。流程所涉及的人员，必须打破现有部门的限制，为最终目标协同工作。

哈默在提出 BPR 之后，经过实践，在其新著《企业行动纲领》中提出，不再认为"根本性"是阐释"企业再造"的核心概念，而最能够准确表达"企业再造"经营理念的词汇是"流程"。作为一项系统工程，流程再造的核心是业务流程。迈克·哈默对业务流程的定义是"有组织活动，相互联系，能够为客户创造带来价值的效用"②。达文波特和萨特将流程定义为"流程是系列的特定工作，有一个起点和一个终点，有明确的输入资源和输出成果"，流程再造意味着"彻底分析流程，并予以重新设计，从而在各项指标上有突破的进展"③，运营指标包括质量、反应速度、成本、灵活性、满意度等。

（二）基于流程再造的档案文献遗产精准保护流程设计

Teng 曾在《流程再造——理论、方法和技术》中总结出了一套综合的流程再造的系统方法框架，分为 6 个阶段：战略决策阶段、再造计划

---

① 龚志坚：《商业银行组织与流程再造研究》，博士学位论文，武汉大学，2014年。

② 张万宽：《政府流程再造：理论框架与典型模式》，清华大学出版社 2013 年版，第 64 页。

③ Davenport T. H., Short J. E., The new industrial engineering: information technology and business process redesign, Sloan Management Review, 1990: 11-27.

阶段、流程问题诊断阶段、社会—技术的再造阶段、流程再造阶段以及不断改进的阶段。① 也有学者针对企业的业务流程再造，总结了流程再造的实施程序：分析原有流程的功能和效率、设计和评估改进方案、制定配套保障体系、组织实施与持续改善。② 总体上看，流程再造的核心步骤包括设置目标、分析现状、设计方案、组织实施。流程再造已经逐渐被应用于多个领域中，在档案文献遗产保护领域，周耀林教授在著作《档案文献遗产保护的理论与实践》中提出利用流程再造理论对档案文献遗产保护组织进行再造，借鉴胡昌平对企业再造的阶段性环节③，从分析组织环境、诊断现有流程的缺陷、确立新流程的目标、设计新流程、创造合作氛围、实施组织再造、绩效评价与反馈七个步骤设计了围绕、适合"保护"需求的档案文献遗产保护流程型工作小组，以在不改变现有管理体制的情况下大大提高保护的效率。④

本书提出构建基于评估的档案文献遗产精准保护模式，将精准保护的实现设定为馆藏档案机构档案文献遗产保护的最终目标，强调通过精准保护的实施来促进档案文献遗产保护、管理与开发的一体化进程。而精准保护的实现，在很大程度上依赖于底层评估工作的开展。当前，我国档案机构开展的评估工作少且分散，而意义评估、破损评估和风险评估这三种评估模型又都有各自的流程，对于档案机构而言，面对大量需要妥善保存的珍贵档案文献遗产，人员、经费、技术、设备等可调度使用的资源都十分有限。因此，为了满足资源的配置，同时提高档案文献遗产保护的效率，就需要参考流程再造理论，对档案文献遗产保管保护的现有流程进行梳理、优化、重新整合，以更好地实现精准保护。

三 分级保护理论

分级保护的理论基础是 ABC 分类法（ABC Classification）。ABC 分类

---

① ［美］James T. C. Teng：《流程再造——理论、方法和技术》，梅绍祖译，清华大学出版社 2004 年版，第 75—76 页。
② 龚志坚：《商业银行组织与流程再造研究》，博士学位论文，武汉大学，2014 年。
③ 胡昌平：《管理学基础》，武汉大学出版社 2002 年版，第 244—245 页。
④ 周耀林：《档案文献遗产保护的理论与实践》，武汉大学出版社 2008 年版，第 281—285 页。

法也称 ABC 分析法、分类管理法、重点管理法、主次因素分析法、帕累托分析法，它是根据事物在技术或经济方面的主要特征，进行系统统计、排列，分清重点和一般，从而有区别地实行管理的一种科学方法，是项目管理中常用的一种方法。在管理学领域，分级管理强调对复杂多样的对象进行分级，进而根据不同等级的情况和特点实施相应的管理措施。分级保护理论在文物保护、古籍保护等领域都已经得到比较成熟的应用。[1] 当然，目前文化遗产领域分级保护主要涉及价值分级和破损程度分级。分级保护就是依据一定标准对文化遗产进行评价定级，集中有限的资源对价值珍贵、破损严重的文化遗产先实施有效的保护措施和策略。

（一）档案领域分级保护思想的引入

文献分级保护的基本理念是根据文献的价值和破损程度，区分价值高低和破损程度，以便能够最大限度地将有限的资金、人力、物力合理地投入到不同等级的文献保护工作中，实现保护工作的最优化。在文化部主导下的古籍保护工作当中，相继发布的《古籍定级标准》（WH/T 20-2006）将具有珍贵价值的善本划分为一、二、三级；将具有一般价值的普本定为四级。一、二、三级之下，划分甲、乙、丙三个等次；四级之下，不分等次。《古籍特藏破损定级标准》（WH/T 22-2006）将古籍特藏的破损划分为一、二、三、四、五级。

我国具有悠久的历史，具有存量庞大的档案文献遗产，且数量类型还在不断增长，但用于保护的资源有限，不可能对所有的档案文献遗产采用同样的保管方式和治疗、修复方案。所以通过科学、合理的分级制度，对档案文献遗产实施分级保护，有助于优化档案保护资源配置，使较为珍贵、更具价值的档案文献遗产得到有效保护与开发。有学者指出档案的分级保护是指在档案保存现状调查、破损与价值等级划分的基础上开展的保护与抢救。[2] 也有学者从预防性分级和治疗性分级来研究馆藏档案的分级保护问题。[3] 在《档案法实施办法》中第三条明确规定

---

[1] 张春梅：《民国文献分级保护策略研究——以复旦大学图书馆馆藏为例》，硕士学位论文，复旦大学，2014年。
[2] 张雪、张美芳：《档案实体分级分类保护方法研究》，《北京档案》2016年第12期。
[3] 王成：《馆藏档案分级保护实现方式的研究》，《北京档案》2011年第2期。

"各级国家档案馆馆藏的永久保管档案分一、二、三级管理"。2017年，国家档案局发布《纸质档案抢救与修复规范 第1部分：破损等级划分》，将纸质档案破损等级划分为特残破损、严重破损、中度破损、轻度破损四个等级。

（二）档案文献遗产分级保护的策略

分级保护的核心技术是分级时所依据的评价标准。档案学界提出了档案的破损分级、价值分级、流失分级、主题内容特征分级等多个分级标准。我国很多档案馆也尝试实施分级管理，档案的价值和破损程度是当前的分级保护中采用的主要标准。本书在借鉴已有研究的基础上，对档案文献遗产的分级保护新增风险分级的标准，尝试将意义评估、破损评估、风险评估结合起来，构建完整、全面的档案文献遗产的集成评估模型，使档案文献遗产的分级保护更科学、合理。本书是在分级保护理论的基础上，对理论进行发展，集成风险评估、意义评估、破损评估，构建集成评估，明确档案文献遗产的分级标准，细化档案文献遗产的保护，最终实现精准保护。

第三章 档案文献遗产保护中评估工作的开展现状调查

第一节 调查概况

一 调查目的

要构建基于评估的档案文献遗产精准保护模式，必先全面了解我国档案文献遗产保存机构评估工作的开展现状。本书以四川省为重点，调查我国各综合档案馆保护评估工作的开展情况及其存在的问题。具体而言，需要调查了解各档案馆所开展的档案文献遗产评估工作的评估目的、评估类型、评估方式等，充分还原在当前档案保管政策环境下我国档案文献遗产保护与评估工作的发展状况。同时，结合档案机构人员的工作经验，了解评估工作中资源配置和流程效率等方面存在的问题。

二 调查方法

为实现评估工作现状的全面调查，本书采取基于文献的间接调查、基于网络的直接调查和基于问卷的社会调查三种调查策略来掌握我国档案文献遗产评估现状。

首先，在2019年6月至2019年9月期间，通过读秀、中国知网等数据库平台，查阅相关的著作、期刊论文、报纸、年鉴等文献资料，间接获取现有研究中侧面反映出我国档案文献遗产评估工作的实际做法，总结出工作的成果与不足。同时，重点基于四川省1984年至2019年间的71条市县级年鉴中有关档案保护工作的内容，梳理有关省内各级档案馆针对馆藏档案文献遗产开展各类型评估工作的做法，从中归纳出评估工作概况。

其次，在 2019 年 10 月至 2019 年 12 月期间，通过浏览国内各市级档案机构网站信息中记载有关档案文献遗产评估工作开展的新闻报道，或部分媒体面向档案保护工作人员的相关采访中获取评估工作的相关信息，了解基层档案机构开展评估工作的典型情况以及重点难点。

最后，为弥补前面两种调查策略的不足，在 2020 年 1 月至 2020 年 6 月，通过电子邮件、微信等线上渠道对广东省档案馆、宁夏回族自治区档案馆、内蒙古自治区档案馆、成都市档案馆、沈阳市档案馆、乌鲁木齐市档案馆、兰州市档案馆、厦门市档案馆、泸州市档案馆、自贡市档案馆、崇州市档案馆、金堂县档案馆、蒲江县档案馆等国内部分不同层级档案馆发放调查问卷，就档案文献遗产的各类型评估工作开展情况和面临的困难进行调查，从中总结出评估工作中现存的问题。

第二节 调查结果

一 评估类型

调查发现，各档案馆针对馆藏档案文献遗产大多遵循"以防为主，防治结合"的基本原则，开展评估的工作周期并无明显规律且间隔较长。通常情况下各单位为更好地掌握档案文献遗产的保存情况，针对入馆或在馆的档案文献遗产从其记录内容和载体保存情况等两方面进行调查，对保存完好的档案文献遗产开展预防性保护，对已经破损的档案文献遗产进行修复。在此过程中，按大多数馆藏单位的工作内容和现状，评估可分为以下三种类型。

（一）意义评估开展情况

"意义评估"在档案界体现为在档案鉴定的基础上从遗产视角出发对档案文献遗产价值的再评估。在国内，2000 年国家档案局正式启动中国档案文献遗产工程，该工程主要面向正在逐渐老化、损毁、消失的人类记录，要求馆藏单位对这部分记录进行调查、抢救和保护。因此，国内档案文献遗产意义评估工作主要体现在两个方面，一是组织"中国档案文献遗产"申报工作,建立《中国档案文献遗产名录》;二是遴选出具有世界记忆价值的档案文献遗产,推荐申报《世界记忆名录》。在四川省,为加强全省档案文献遗产的保护整理与开发利用,配合"中国档案文献遗产工程"的实施,2015年四川省档案局印发《四川省档案文献遗产申评办法》(以下简称《办法》),并启动档案文献遗产申评工作。《办法》明确了由省档案行政管理部门统筹协调全省档案文献遗产的申报、评审、公布工作,建立《四川省档案文献遗产名录》,指导并支持档案文献遗产的抢救保护和开发利用,使全省档案文献遗产保护有章可循,管理更加科学规范。2018年,四川省档案局公布了第一批《四川省档案文献遗产名录》,共有24件(组)档案入选[①],内容涉及政治、经济、军事、文化、社会等各个方面,具有鲜明的四川地方特色和重要历史价值。

(二)破损评估开展情况

根据前文的界定,本书将档案文献遗产破损理解为档案文献遗产因外部条件的变更(如储存环境、时间等)和内部性质(如载体、书写材料)的变化,造成了其完整性的瓦解、价值的受损,主要表现为外形受到了不可逆的损伤和内容上的缺漏、丢失、不可识读。而档案文献遗产破损评估则指建立在破损事实情况基础上,针对破损种类、破损程度、破损原因等方面判断活动,主要判断破损对象对于主体需要的满足程度,而最终目的在于改善和促进破损对象现有状况。

"中国档案文献遗产工程"提出了"对文献损毁程度的评估"的申报要求,各个省级档案文献工程对保护情况进行了具体规定。档案文献遗产破损评估主要面向其结构、组分、特性、破损情况等进行评估。如"浙江档案文献遗产工程"中,对于入选浙江档案文献遗产的档案文献的形式特征(如形式、质地、尺寸、文种、页数、文字、字体及装帧、标记等)、载体风格、损毁程度、保管现状、保存方式及情况、修复情

---

① 四川省人民政府:《我省建立首批档案文献遗产名录》,[2019-02-06],http://www.sc.gov.cn/10462/10464/10797/2018/2/6/10444543.shtml。

第三章　档案文献遗产保护中评估工作的开展现状调查　　57

况等多个方面要求进行详细登记。①

　　由于档案文献遗产类型多样，载体的物理化学等性质不同，易损程度各异。目前，各机构主要参考国家档案局于 2017 年 8 月发布的《纸质档案抢救与修复规范　第 1 部分：破损等级的划分》以及《纸质档案抢救与修复规范　第 2 部分：档案保存状况的调查方法》。通常情况下，档案机构参照标准对馆藏档案文献基本情况进行调查，排查出破损的馆藏对象，再以定级标准为基础对破损情况开展定级，突出重点或有选择地进行修复。其中，定级标准将破损种类和破损程度作为确定破损级次的基础，这种划分破损等级的方法对部分档案馆的破损评估工作具有重要的指导意义，但如何进一步地落实是提升破损评估工作水平的重要问题。《四川省档案文献遗产申评办法》中，对于申报的档案文献的保管历史、保管现状（如保管方式、保管条件、保管技术）、损毁程度（如破损残缺状况、污染褪色状况、其他破损）、抢救措施四个方面进行调查，要求申报单位开展破损评估工作。②

　　（三）风险评估开展情况

　　档案文献遗产风险评估就是通过对档案馆馆藏档案文献遗产的风险因素进行识别、分析与评价，确定馆藏档案的风险因素、风险大小和风险应对优先级，为风险管理与防控工作提供决策依据。国外的馆藏机构通常注重对影响馆藏价值的风险因素识别，以定性与定量相结合的方法量化或描述固有与潜在威胁馆藏价值的风险，从而大大提升馆藏风险管理与预防性保护的效果。而国内的档案机构往往站在馆藏机构整体与宏观的视角，多以定性方法识别评估馆藏机构运作中安全措施失效产生的隐患与疏漏对档案馆的影响，并没有完全落实到馆藏价值损失这一层面，也尚缺能将风险量化的工具。

　　在档案文献遗产领域，档案文献遗产环境维度的调查评估主要内容包括档案文献库房的环境条件、对档案文献可能造成的危害等。这些方

---

　①　浙江省档案馆：《浙江档案文献遗产工程实施办法》，[2019 - 07 - 10]，http：//www.zjda.gov.cn/art/2012/7/10/art_ 1378521_ 12498799.html。

　②　四川省档案局：《四川省档案文献遗产申评办法》，[2019 - 05 - 08]，http：//www.scs-daj.gov.cn/scda/default/infodetail.jsp？infoId = fd03e83ad25c45ec94491318f99242e9。

面的分析既可以是定性评估，也可以分解为具体的因子进行量化评估。在"中国档案文献遗产工程"的申报要求中，对环境也有一定要求，其主要内容包括管理对象所处的物理环境（如空气质量、温湿度、柜架和安全）、灾害预防战略或管理计划、管理对象的物理条件（如储存方法、装帧质量等）、提供利用的规模和性质（如被利用频率、利用提供方式等）。《四川省档案文献遗产申评办法》中，对于申报的档案文献的保管现状（如保管方式、保管条件、保管技术）要求进行记录。

二 评估目的

任何评估活动的目的简言之就是收集信息供管理决策。整体上看，我国馆藏机构开展不同类型的评估工作同样是为了更好地把握其馆藏价值与保存情况的差异，并在此基础上促进决策，实现保护资源的合理配置，提升保管保护工作的科学化水平。具体而言，不同类型的评估出发点也因其产生的影响而不尽相同。

首先，意义评估划分档案文献遗产价值差异，促进馆藏单位合理配置保存资源。在我国档案文献遗产工程下的意义评估工作是依据真实性、完整性、历史性和稀有性等方面的价值进行档案文献遗产价值的划分。意义评估工作使馆藏单位对其档案文献遗产进行价值的再评估，形成基于遗产意义的模糊分级模式，在有限的保存资源条件下有所侧重地实施保管、保护和利用措施，使其得到最优保护管理。

其次，破损评估划分档案文献遗产载体差异，促进馆藏单位优先配置修复资源。在档案领域下的破损评估工作主要针对纸质载体档案，以纸张、字迹、装帧结构等角度根据不同的破损表象按照定级标准内的规则进行破损程度的定级。档案文献遗产破损评估工作采用与我国古籍破损评估相似的评估逻辑，即在充分调查载体保存状况信息的基础上进行破损程度的分级，在有限的保护资源条件下，区分轻重缓急，有所先后地进行档案文献遗产的治疗与修复。例如，在成都市搬迁新馆过程中，破损调查工作是"为了详细了解档案在搬迁、上架到新馆的过程中是否出现虫霉现象，以便及早发现问题、及时处理"。

最后，风险评估划分档案文献遗产环境差异，促进馆藏单位设置风险应对方案。档案文献遗产工程则不仅针对馆藏对象的物理环境，也从战略计划角度考察馆藏单位应对风险的能力储备。在不同的环境导致潜在威胁因子的条件下，评估将更好地帮助馆藏单位形成管控方案，在现有的馆内环境和保护制度的前提下，使档案文献遗产处于相对万全的管控环境。如在汛期前或重大突发事件发生后，档案机构都会强调做好安全排查和安全防范，妥善处理安全事故，提高应急处置能力等。

三 评估方式

（一）意义评估：遴选与评级

为与世界记忆工程接轨，保护档案文献遗产，我国于2000年正式启动了中国档案文献遗产工程，形成世界级、区域级、国家级、省级、地市级等不同层级的档案文献遗产名录体系，逐渐发展演变为档案文献遗产价值再评估的一种特有模式。除档案文献遗产工程外，从调查获取的结果来看，多数档案馆并未开展价值评估或价值分级评估工作。有部分档案馆针对馆藏档案文献遗产价值进行再鉴定工作，通常将档案文献遗产分为"特藏档案""珍藏档案"和"一般档案"。这类分法主要考虑的要素是档案形成年代特征、内容价值特色等。因此，珍藏档案是指内容价值高、历史远久、形式非常独特的档案，比如清代之前的档案可作为珍藏档案。特藏档案指具有特殊形式、内容和价值的档案，档案记载的内容具有独特性，比如具有一定的地方特色、本馆特色等，或者对社会及利用者产生特殊影响等，内容独特的档案往往具有较高的利用价值。[①]一般档案则是指不具备独特性的普通档案。以泸州市档案馆为例，目前该馆就以前期价值鉴定确定的保管期限为基础，对国家重点档案区分价值评级，从而分为"特藏档案""珍藏档案""一般档案"。攀枝花市制定了征集档案价值鉴定评估细则，采取专家评审方法，以档案的历史、科学和艺术价值为标准，对所有档案进行现场鉴定并做出价值评估。成都市档案馆对馆藏档案价值进行了模糊分级，依据有三：一是年代久远；二是内容影响力大；三是载体形式特殊。宁夏回族自治区档案馆仅对部分馆藏的价值进行了评定，如特藏的革命历史、名人、口述档案及馆藏珍贵档案、经书、字画；根据档案的形成时间和重要程度及价值来判定。

---

① 张雪、张美芳：《档案实体分级分类保护方法研究》，《北京档案》2016年第12期。

(二) 破损评估：检查与定级

为了推进档案保护工作的制度化、科学化管理，国家档案局于2017年8月发布了纸质档案抢救与修复规范标准，包括3个部分，即《纸质档案抢救与修复规范 第1部分：破损等级的划分》（DA/T64.1-2017）、《纸质档案抢救与修复规范 第2部分：档案保存状况的调查方法》（DA/T64.2-2017）和《纸质档案抢救与修复规范 第3部分：修复质量要求》（DA/T64.3-2017）。从档案馆的具体实践来看，长期以来，我国各级档案馆通常在档案整理或档案保管两大管理环节下开展档案破损评估工作。因此，馆藏档案破损评估大致可发生于三种情况：一是预防性保护工作，即档案整理编目过程中发现档案破损后开展认定评估工作；二是治疗与修复工作，即档案安全检查过程中排查出破损档案后开展认定评估工作；三是抢救性保护工作，即档案灾后抢救过程中对受灾档案进行结果认定。同时，透过档案馆年鉴可以看到各级综合档案馆通常以年为间隔周期，在档案安全检查过程中定期排查档案破损，评估的档案通常为馆内历史档案，评估周期较为稳定但间隔较长。

在评估方式上，我国各级综合档案馆在调查馆藏档案保存情况时所用的判断方法因馆藏规模而不同，区县级档案馆和市级档案馆对档案的调查评估方法通常为"普查"，即逐卷、逐页摸底；省级档案馆对档案的调查评估方式为"抽样调查"。档案馆识别档案破损的判断方式从以肉眼观测为主，逐渐发展到观测和借助工具结合的方式，具体情况可概括为以下两个阶段。

第一阶段，20世纪80—90年代，各地各级档案馆以"六防"或"八防"思想为指导，以自查形式开展，通过"检查"的方法开展破损情况排查，即凭借档案管理人员肉眼观测档案的物理形态，简单测量档案撕裂长度或档案砖厚度，识别出其破损种类。破损种类描述也较为单一，其中记录反映最多的破损种类为虫蛀、受潮、霉变等。同时，年鉴中甚少有对破损程度的描述。

第二阶段，21世纪初至今，在持续开展的国家重点档案抢救、保护与开发工程实施过程中，各地各级档案馆以"十防"思想为指导，以自查、他查、上级抽查三种形式结合，形成以"检查"为主，部分"检

第三章　档案文献遗产保护中评估工作的开展现状调查

测"为辅的方法开展破损情况排查，即凭借档案管理人员肉眼观测档案的物理形态，简单测量其破损范围，部分档案馆会测量其化学形态，如酸化程度。例如，2005年5月至8月上海市档案局、上海市档案馆开展了上海地区档案安全保护情况调查，共抽查了13个区县档案馆和市级机关、企事业单位档案室，全面调查了37个档案馆，并首次对纸质档案酸化程度进行了普查。此阶段，对破损种类描述逐渐丰富，但对于破损程度的描述仍较少，偶有"轻微破损""破损严重"的说法。年鉴中体现档案馆的破损评估工作很少有定级的方式。

在评估流程上，我国各级综合档案馆馆藏档案破损评估流程越来越细致规范。在20世纪80年代至21世纪初的很长一段时间内，我国档案机构更重视档案馆保管环境的改善，破损评估大多数为"发现破损后修复"的直接流程，由档案修复人员对其馆藏破损情况认定后直接开始手工修裱。随着国家重点档案抢救、保护与开发工程的推进，各级档案馆针对馆藏的破损评估流程发展为"制定规划—馆藏调查—量化破损—濒危优先修复"的单线流程。档案馆制定符合自身情况的重点档案抢救计划，评估人员也在专门的安全检查领导小组的指导下开展工作，建立保护项目库或特藏库，定期进行档案翻查和保存情况的鉴定，对破损种类测量数据，并按"濒危优先"原则进行手工与机械修复。例如，2006年常熟市档案馆制订《常熟市国家重点档案抢救和保护工作规划》，在馆内领导监督下开展国家重点档案的抢救工作。

总体上看，大部分市级档案馆都制订了符合自身情况的项目修复计划，评估主动性更强，评估方式较为多样，周期更为稳定。而区县级档案馆通常更注重馆内设施建设，评估主动性较弱，评估方式较为单一，周期无明显规律。从获取的调查结果来看，多数被调查对象并未专门开展破损评估工作，尤其是针对馆藏整体情况的破损调查评估和分级，仅有部分档案馆开展了档案破损情况的检查工作。

广东省档案馆会开展年度档案状况检查，保管利用部每年以专题形式有针对性地开展指定档案状况检查，并随馆藏档案数字化工作开展进行破损情况识别。甘肃省兰州市档案馆曾在2014年组织工作人员登记馆藏破损档案，由管理科负责，一次性排查，人工翻阅案卷。乌鲁木齐市档案馆由上级安排统一排查，具体由档案保管保护科负责执行，基本与日常检查和日常巡查一起执行，开展工作的时间并无固定频率。成都市档案馆在搬迁新馆库房后，在档案上架的同时进行了虫霉抽查，按50：1的比例进行卷宗抽查，认真检查卷皮、卷脊、卷内档案的虫霉情况，并在《成都市档案馆库房档案虫霉抽查情况登记表》中详细写明所抽查的卷数以及存在如装订脱落、订书钉没取、破损等问题，保护技术部及时提供技术支持，同时为档案修复和整理提供依据。① 德阳市旌阳区档案馆为保护珍贵历史档案，开展了历史档案的摸底、整理及评估，并将重点档案修复工作外包给四川蓝宇档案管理服务有限公司承担。② 广安邻水县档案局也曾组织人员利用2个月时间，重点排查了馆藏1980年前的档案有无受潮、生虫、破损等现象，共抽查档案15000卷，对馆藏民国档案进行了逐卷查看。③

此外，泸州市档案馆馆内破损评估工作以《泸州市国家重点档案抢救和保护工作规划》为指导，以馆藏历史档案为主体，通过馆务利用科工作人员判断档案价值，从而划分抢救和保护批次，对于明清和民国档案，按馆内划分的"珍藏档案""特藏档案""一般档案"三类批次检查，在每一批次下，工作人员组织拆卷，逐页检查。对于中华人民共和国成立后的档案，如市内各机构移交进馆的文书档案，以年为间隔周期抽样检查，在馆内档案保存状况调查中定期翻查，但少有破损情况出现。在具体的评估工作中，以一批任务为例，泸州市档案馆的主要工作流程如下：首先，工作人员通常以全宗为顺序，按档号检查档案纸张颜色和完整度，肉眼观察是否破损，在发现档案破损后比较破损区域占比面积，判断破损程度的严重性；其次，当排查出的破损档案积累至一定数量后在馆内送修，按送修部分的破损严重程度排序，破损程度越重越先修复；最后，由修复人员自行核实修复质量并整理归档修复记录的照片。

---

① 成都市档案馆：《档案入驻新馆库房 虫霉抽查保障安全》，[2019-08-06]，http://cdarchive.chengdu.gov.cn/cdarchive/c138104/2015-08/06/content_8ed057a3208648b4b7210d69ef2957a1.shtml。
② 德阳市档案馆：《旌阳区组织开展重点档案修复工作验收》，[2019-12-10]，http://daj.deyang.gov.cn/dtyw/gxdt/978349.htm。
③ 广安市档案馆：《邻水县档案局三举措抓好馆藏档案管理》，[2019-11-02]，http://daj.guang-an.gov.cn/p/d.aspx?id=1401。

第三章　档案文献遗产保护中评估工作的开展现状调查

（三）风险评估：巡查与排查

2018年12月14日，国家档案局发布的《档案馆安全风险评估指标体系》（以下简称《指标体系》）为各级国家综合档案馆开展安全风险评估提供了参考标准，进一步加强了各级国家综合档案馆的安全管理，提高档案安全风险防范和保障能力，确保了档案馆库、档案实体和档案信息安全。[①] 各级各类档案机构积极参考该指标体系，围绕馆库安全、档案实体安全、档案信息安全、安全保障机制逐条对照评估内容开展自评估与检查评估，推进我国进入档案馆整体安全风险评估阶段。

除了面向档案馆的整体安全风险评估活动，面向馆藏档案文献遗产的风险评估活动主要表现为通过在档案整理工作中开展档案破损情况调查，根据馆藏档案破损原因与破损程度识别与分析影响档案寿命的风险因素及风险发生的后果。同时，档案馆开展日常管理巡查工作，并定期组织隐患排查，在档案馆的安全检查（自查、排查、督查、巡查）等工作中发现安全隐患，消减隐患，保障档案馆安全。例如，四川省档案局统筹全省档案安全专项检查，定期印发《关于开展档案安全专项检查的紧急通知》，在全省范围内开展档案安全专项检查督查。成都市档案馆也会开展汛期档案安全风险评估，加强安全检查及时消除隐患，一是安排布置各处室进行一次彻底的安全检查，重点检查管理和使用的办公房间、档案库房、展览大厅等房间的窗户是否存在安全问题、下班后是否存在未关闭迎雨面窗户等汛期安全隐患；二是分管安保处的馆领导带队，安保处牵头、办公室配合、物管公司参加，对大楼屋顶、五层露天平台、二层中庭、一层成都故事展厅和总坪的防汛准备工作进行全面检查。对存在的安全隐患和问题立即着手进行整改，确保档案馆安全度汛。乌鲁木齐市档案馆主要由档案保管保护科与档案征集接收科进行，风险评估基本与日常检查相联系，通过巡逻检查的形式进行风险排查，消减风险事件的发生可能性。泸州市档案馆采取自我排查的方式对库房、机房、办公区、档案查阅利用场所、档案数字化场所等核心区域进行了实地查

---

① 国家档案局：《国家档案局办公室关于印发〈档案馆安全风险评估指标体系〉的通知》，[2020-02-16]，http://www.saac.gov.cn/daj/tzgg/201902/fd66636dbe7c4a2a8ef7fdf6f3bcf57f.shtml。

看，对馆内电气设施设备、计算机及相关设备、除湿消毒设备、防火灭火器材等运行情况进行了细致的排查。泸州市档案局也会前往县档案局开展档案安全风险隐患治理情况专项督查，着重对档案法律政策执行风险、制度安全风险、资源安全风险、档案实体管理风险、档案信息管理风险、档案保密开放与利用风险等方面的隐患排查与治理情况进行了严格督查。

国家档案局印发《档案馆安全风险评估指标体系》后，很多地方档案机构已经启动以体系为指导的安全风险评估工作，例如，兰州市档案馆由安全技术科负责安全工作，依据国家档案局办公室印发的《档案馆安全风险评估指标体系》等文件开展年度风险评估。宁夏回族自治区档案馆在2019年按《档案馆安全风险评估指标体系》开展工作，由各处室根据职能分别评估后，由档案馆统一评估情况。

总之，以巡查与排查为主的风险评估形式在档案管理的实践工作中普遍应用且取得一定成效。但两种方式只能将风险通过定性的语言描述与记录，无法将风险量化定级，为档案馆制定风险处理的顺序提供决策支持。

第三节 问题分析

在"档案文献遗产保护工程"和"国家重点档案抢救、保护与开发工程"实施之后，我国档案文献遗产保护工作有了长足发展，制定保护政策或启动保护工程等举措常抓不懈。然而调查发现，面对大量需要妥善保存的珍贵档案文献遗产，能够调度使用的人员、经费、技术、设备等资源十分有限，在政策标准、组织管理、人员素质、数据统计、决策监管等方面存在一些问题，影响评估工作的质量及决策。

一 评估流程粗拙，专业人员不足

尽管我国国家重点档案抢救、保护与开发项目以及档案文献遗产保护工程的开展都已有很长一段时间，但直到近年来才相继发布关于破损评估和安全风险评估的规范性文件，规范化和标准化建设滞后很大程度

第三章 档案文献遗产保护中评估工作的开展现状调查

上导致了我国档案文献遗产评估工作发展水平的参差不齐。调查结果显示，地区之间、机构之间档案文献遗产评估工作均尚未形成统一的认识和行动方案。同时，由于没有具体的流程要求，破损评估工作以及风险评估工作的流程较为粗拙。不同地区的档案馆在工作中并未形成合理科学的评估模式，评估的准备和评估的决策工作缺失，评估的结果主观描述性较强，评估的周期也较为凌乱，通常是由上级部门安排计划评估工作而开展。从调研反馈来看，很多地方档案馆均反映评估工作知晓标准但并未执行，如有具体的操作指南也愿意执行，体现出档案馆开展各类型评估工作时流程监管的缺失。

从人员配置来看，首先，调查结果普遍反映出各机构评估人员专业性不强。例如，一般情况下档案馆日常安全巡检工作主要由档案保管保护部门与安保人员共同进行，工作人员存在对风险管理相关专业理论知识储备不足，对本馆档案遭受的安全风险认识不足以及专业性欠缺的问题，同时工作人员对于档案安全风险评估的意识较为淡薄，没有意识到档案安全风险评估的意义及重要性，工作人员对档案风险评估工作的流程认知以及评估方法的应用都有一定局限性。其次，人员素质低导致评估工作主观随意性过强。调查结果显示，大多数市县级档案馆并未开展档案文献遗产的意义评估工作，更少有对其价值进行分级，开展意义评估工作的标准主观性较强。例如，成都市档案馆对馆藏档案的人文价值进行了分级，由保管人员主要从其年代、内容影响力以及载体特殊性三个方面进行主观判断，往往无法准确判断档案文献间的价值大小。

二 调查统计不详，数据获取单一

档案机构对档案文献遗产的抢救与保护工作重心在库房建设、修裱、缩微、数字化等策略方面，但在对馆藏档案文献遗产资源的现状与损毁情况调查工作上缺乏深入、全面、系统的规划与组织。调查当中，部分档案馆表示馆内档案文献遗产的保存状况较好，但多数档案馆表示馆藏档案文献遗产存在不同程度的损坏，主要表现为纸张酸化、纸张老化、霉蚀、虫蛀、粘连、残缺、撕裂、污染、絮化、字迹扩散、字迹褪色等，而对于损坏的具体数量和程度，大多数档案馆所给出的数据与官网发布的数据不一致，部分档案馆统计不详。

其次，各类型评估工作数据获取渠道单一，均从肉眼观察或日常检查、巡查中获得，缺少科学的数据统计方法，也几乎没有定期全面的数据调查工作安排。如从风险评估工作中的数据获取渠道来看，档案馆除了火灾风险的排查一般是由负责管辖的消防机构专项负责外，对其他突发型风险事件以及累积型风险事件的识别分析往往以档案馆巡查记录结合日常检查的方式来识别安全隐患，数据获取渠道基本来自各档案馆内部，很少与灾害监测机构或其他外部机构联系获取相关风险数据，导致相关数据获取渠道单一，因此档案馆无法适用对数据获取与数据分析要求高的风险评估方法。

三　决策工作缺位，评估效果较差

档案文献遗产评估是为了使有限资源能够得到合理精准配置，调查评估工作的结果往往在海量的档案文献中将其价值、载体、环境三个维度下的情况做出全面合理的描述与呈现，如果评估结果并未促进科学地配置资源，那结果存在的意义则无法实现。调查发现，大多数意义评估、破损评估以及风险评估的结果并未对档案馆的决策工作产生较为重要的影响。档案馆通常在上级任务驱使下进行被动式的评估工作，在得到相关的评估结果时立即采取整改措施，而未被评估或无能力处理的档案或馆内设施则缺少后续的处理计划。如大多数档案馆在风险评估工作中开展"安全评估大检查"工作，由于数据获取的单一和片面导致评估人员通常是走马观花式地评估，得到的评估结果通常是暂无风险或立即排除风险，并未对获取到的数据进行仔细复盘与检查，如检查是否存在潜在的隐患。

同时，对于评估决策工作的监督管理环节缺失。一般工程进行中及其竣工后的检查验收是不可忽视的，然而，在目前的标准中却没有评估决策监督方面的规定。目前大多数的评估工作通常是条线式工作，一次性完成后则无复查或再检查工作的安排，对于评估结果所指向的决策工作质量并未有监督和保障。如档案馆在排查某一年度或全宗的档案文献破损情况时，对其破损表象识别后进行破损级别的认定，但在修复档案后对其质量的验收和修复记录管理环节缺失，这不仅可能导致修复的效果并未达到预期，不合格、不恰当的修复结果又会导致二次破损，使此轮的破损评估工作意义丧失。

第四章　档案文献遗产精准保护模式构建的必要性与可行性

改革开放以来，在中央财政的支持以及国家档案局的统一领导下，我国档案文献遗产的抢救与保护工作取得了重要进展。档案机构在档案文献遗产保护实践探索中，形成的是一种较为粗放的保护模式，主要依靠保管环境的改善、保护设备设施的投入以及抢救性的修裱、缩微摄影与数字化，对调查评估工作并未引起太大的重视。通过第三章的现状调查，我们发现了当前档案机构在调查评估工作当中存在的问题，包括评估流程粗拙，专业人员不足；调查统计不详，数据获取单一；决策工作缺位，评估效果较差等，这些问题反映出当前我国基层档案机构在档案文献遗产保护工作中的不足。近年来，国家档案局开始注重馆藏档案文献遗产的精细化管理问题，相继发布了馆藏破损评估以及安全风险评估的标准和指南。总体来看，当前档案文献遗产精准保护模式的构建是必要且可行的。

第一节　档案文献遗产精准保护模式构建的必要性

一　利用有限资源实现保护可持续发展的基本要求

目前，我国的档案文献遗产管理机构主要是各级各类档案馆，主要负责对本行政区内数量繁多、种类丰富的档案文献遗产进行保管与保护，同时，也有部分档案文献遗产分散在博物馆、图书馆、纪念馆等文化机构中。我国档案文献遗产的保护主体范围广且数量多，而需要保护的档案文献遗产数量同样较多且保存分散。因此为档案文献遗产保护过程中就人财物等保护资源的保障带来了更加严峻的挑战。

首先，人才是档案文献遗产保护可持续发展的基础性资源，也是当前我国档案文献遗产保护可持续发展的制约因素之一。[①] 我国档案文献遗产内容的民族性与地域性、载体形式的多样性、形成时间的久远性与分布范围广泛性对档案文献遗产原生性保护与再生性保护技术手段要求较高。但长期以来，保护专业人员匮乏、负担过重、后备人员不足，基层保护技术人员专业技能欠缺等问题成为我国基层档案机构开展保护工作的桎梏。[②] 目前，经过专业的、系统的档案保护或修复技能学习和培训的档案文献遗产保护专业人才极为匮乏。档案保护人员大多为非科班人员，通过简单的培训提升修复技术和方法，缺少规范的制约和专业人员的指导。而科班出身的人员虽然所学知识专业性强，但仍存在知识和技术较为单一、不够全面的问题。

其次，经费投入是档案文献遗产保护可持续发展的坚实保障。档案文献遗产保护可持续发展需要有足够的资金支持，无论是馆库建设、设备购置与维护、档案修复、档案缩微与数字化等都会消耗一定的经费，但长期以来档案部门的经费投入明显较少。当前，档案保护经费来源主要以地方各级财政投入为主，中央财政适当补助，资金渠道单一且依赖度极高。因此在数量庞大的档案文献遗产面前，现有的保护经费只是杯水车薪，各馆藏机构在档案文献遗产征集、保护、修复过程中经济负担较大。

此外，馆库设施设备是档案文献遗产保护可持续发展的重要支撑。改革开放以来，我国地方档案馆馆库建设和设备设施配备取得明显进展，为档案文献遗产保护积累了一定的物力资源。近些年来，我国大力推进绿色档案馆建设，探索节能型档案馆建设与运维，一定程度上利于缓解物力资源不足的矛盾。但不可否认的是，当前我国各级档案馆在库房数量、库房总面积、特藏库配置情况、建筑设备与保存保护设备配置情况、

---

① 周耀林、李珊珊：《可移动文化遗产保护体系研究》，武汉大学出版社2017年版，第255页。

② 仝艳锋：《民族档案文献遗产保护研究：以云南为例》，山东大学出版社2013年版，第137—138页。

第四章　档案文献遗产精准保护模式构建的必要性与可行性　　69

保护修复工作消耗品等资源的配置情况差异仍较大，很多基层档案馆根本无力建设特藏库，较为简陋的保管环境加速了档案文献遗产的损毁，不利于档案文献遗产保护的可持续发展。

总之，我国档案机构有限的人、财、物资源状况与档案文献遗产保护可持续发展之间的矛盾仍然无法解决，同时，目前我国档案机构家底不清、评估决策工作缺位等问题，导致现有保护工作未能达到理想的精细化、集约化效果。而构建档案文献遗产精准保护模式有利于将保护工作各个环节有机结合，促进档案部门有效利用意义评估、破损评估、风险评估结论，优化保护决策工作，指导档案部门充分利用有限资源，优先保护价值更高的、破损情况更严重的、面临风险更大的档案文献遗产，提高档案部门保护工作效率与质量，最终实现档案文献遗产保护的可持续发展。

二　从粗放式保护走向精细化保护的必要条件

档案文献遗产的形成年代、内容构成、载体类型、材料质地各不相同，其对应的保护技术、保护需求也不相同。长期以来，我国围绕档案、古籍、纸质文物等文献遗产形成了诸多普适性保护理论和技术成果，但受保存环境、保护设施、保护水平等诸多因素的影响，档案文献遗产与古籍、文物的保护存在一些差异。即使是同一档案馆、同一库房的馆藏档案文献遗产在价值高低、破损情况和风险要素方面都可能存在差异，因此，理想状态下的档案文献遗产保护应该是一个以遗产个体为单位的具体问题具体分析的过程。有学者提出档案文献遗产保护工作应遵循普适性保护理论为指导、差异化保护需求为导向、"靶向性"保护策略为核心和动态化保护过程为依托的精准保护思路。[①]

随着经济与科技水平的不断提升，档案工作正朝着自动化、智能化方向发展，档案文献遗产保护也由基于馆藏遗产整体的粗放式保护模式逐渐走向面向馆藏遗产个体的精细化保护模式。精细化保护模式的发展趋势革新了档案文献遗产保护思路，对档案文献遗产保护工作提出了更

---

① 周耀林、姬荣伟：《文献遗产精准保护：研究缘起、基本思路与框架构建》，《图书馆论坛》2020年第6期。

高要求。当前所需的档案文献遗产保护策略并不再对档案文献遗产单纯地进行分级，而是要涵盖档案文献遗产针对性保护策略的全过程和各个方面，应以全国性调查统计为依据，以档案材料与信息的稀缺程度、破损情况以及所面临的风险为核心构建档案文献遗产的等级体系，并结合馆藏自身情况，为开展具有个性化、针对性的预防、治疗与修复提供依据与支持。[①] 档案文献遗产精准保护模式能够将意义评估、破损评估和风险评估工作集成起来，以评估数据为支撑，为各机构预防、治疗和修复决策提供较为翔实的决策支持。可见，精准保护模式的构建是推进档案文献遗产粗放式保护走向精细化保护的重要手段。

三　推进档案文献遗产保护与开发一体化的重要前提

档案文献遗产作为承载社会发展和文明赓续的历史凭证，具有不可替代和不可再生的历史价值和文化内涵。档案文献遗产保护是以人、财、物为硬件支撑，以法规政策为软件保障，以技术革新为必要手段，以最小干预为主要原则，以最大限度保存原始面貌、最大限度延长价值传承为根本目的的档案工作环节。档案文献遗产开发工作则是对档案文献遗产的文化内涵进行更深层次的挖掘与整合，在确保档案文献遗产真实性、价值性与多样性的基础上，达到档案文献遗产"活化"，再现社会历史记忆，展现传统文化底蕴的最终目的。

档案文献遗产的保护与开发工作具有整体性与统一性，保护是开发的必要前提，开发是保护的重要形式，脱离保护谈开发，将会给档案文献遗产造成不可逆的毁灭；脱离开发谈保护，则会削弱档案文献遗产历史文化价值的展现。档案文献遗产保护和开发的一体化，对传承历史文化、维系民族精神、推动文化传播、增强文化自信、提升国家文化软实力具有重要意义。事实上，档案文献遗产保护与开发一体化的思想是顺应可持续发展战略而诞生的产物，保护与开发一体化是以满足当代人精神文化需求的基础上又不损害后续发展为宗旨，以促进档案文献遗产历史文化传承发展为目标的档案文献遗产发展理念。

[①] 吴瑞香：《构建濒危档案文献遗产保护分级保护模式的意义》，《黑龙江档案》2012年第3期。

第四章 档案文献遗产精准保护模式构建的必要性与可行性

如今,在绿色可持续发展战略、环境保护意识与精准理念的指导下,各个领域也逐步厘清与重视保护与开发之间的关系。乡村村落、生态旅游资源、文化遗产等领域开始推进保护与开发一体化工作,其共性都是以具有重要文化价值与发展意义的不可再生资源为主体,以保护优先为原则,理清文化资源、旅游资源现存状况与保护情况,做好资源使用整体规划,科学整合资源内容,深度发掘资源文化,因地制宜合理开发资源,从而实现资源全方位保护与多样化开发的统一。

档案文献遗产作为文化遗产的重要组成部分,其保护与开发的一体化发展也与文化遗产同频共振。20世纪80年代,国家就曾针对重点档案的抢救工作发布《全国重点档案抢救补助费管理办法》以提供政策与资金支持,随后于1996年与2001年对该项管理办法进行了两次修订,有效推进了重点档案抢救工作,提高了资金使用效率。2006年国家档案局实施"国家重点档案抢救工程",随后财政部会同国家档案局在原《全国重点档案抢救补助费管理办法》的基础上制定了《国家重点档案抢救和保护补助费管理办法》。从"全国"到"国家",从"抢救"到"抢救和保护"的改变,体现了国家对于重点档案保护工作的进一步重视,也标志着我国国家重点档案保护工作思路的转变。2016年,《"十三五"时期国家重点档案保护与开发工作总体规划》的出台更是标志着国家重点档案专项资金的支持重点从"抢救和保护"为主转向"保护和开发"为主,资金支持形式也更加多元。这就对项目组织工作、运行实施与监督管理提出了更高的要求。

此规划确定了"十三五"时期国家重点档案保护与开发的主要任务包括四项:①国家重点档案目录基础体系建设,具体任务内容包括加强国家重点档案保护与开发基础工作,全面调查国家重点档案的保管、整理、修裱、数字化、异质异地备份和开发利用等情况,建立普查信息数据库。②国家重点档案保护,具体任务包括设立区域性国家重点档案保护中心,开展国家重点档案抢救、保护和相关技术研究。③国家重点档案开发,具体任务包括建立世界记忆遗产备选项目库,择优申报《世界记忆名录》。④国家重点档案安全保障,具体任务包括开展国家重点档案库房改造,配置或更新保护设备、设施等。这些任务点的设置体现出调查与评估等工作在推进国家重点档案保护与开发一体化进程中的基础性作用。

但不可否认的是，在实际工作中，国家重点档案的保护与开发一体化建设仍然存在方法不足、标准缺失等诸多问题，由于家底不清，加上对国家重点档案价值高低、破损情况、抢救修复情况、数字化情况等不甚清晰，非常不利于保护与开发一体化建设的推进。因此，进一步完善档案文献遗产保护前期的馆藏清点、意义评估、破损评估、风险评估等调查评估环节以及后期的修复成效评价就显得尤为重要。精准保护工作在一定程度上为档案文献遗产保护与开发工作中缺失的方法和标准补位。其中，意义评估有助于确定档案文献遗产重要等级，破损评估能够确定档案文献遗产的修复次序，风险评估可以量化风险等级，为档案文献遗产选择更加合适、安全的保管环境。精准保护模式为档案文献遗产的针对性保护与质效性开发提供了管理工具，为档案文献遗产保护与开发一体化工作的科学化发展提供了形式与标准的参考。

第二节　档案文献遗产精准保护模式构建的可行性

一　保管政策的支持

保管是所有记忆机构的核心职能之一。从微观的机构视角来看，无论馆藏或组织的规模如何，保管政策都是馆藏管理框架的重要组成部分。它阐明了组织的保存方法，解决了需要保存什么，为什么保存，保存目的以及保存多长时间等问题。该政策明确了所有相关人员、员工、志愿者和利用者的责任。它使组织能够设置和验证优先级，并审查长期的实践。保管策略、工作计划、程序和过程都应遵循保管政策。[1] 作为英国政府公共档案的保管者，英国国家档案馆的保管政策规定了国家档案馆保管和保护其档案馆藏的原则，其目的是保留这些馆藏以供后代使用，保留其真实性和价值以便于获取，并保护当前和将来的馆藏免受诸如但

---

[1] British library, Building a preservation policy, [2020-10-09], https://www.bl.uk/britishlibrary/~/media/bl/global/conservation/pdf-guides/building-a-preservation-policy.pdf.

第四章 档案文献遗产精准保护模式构建的必要性与可行性

不限于退化、损坏、丢失或过时的风险。其保管政策强调评估和应对模拟馆藏和数字馆藏的风险，并将其作为风险管理策略的一部分，并针对模拟馆藏进行保管风险评估活动。① 我国档案工作实行统一领导、分级管理的原则，档案保管主要遵循宏观和中观视角下的国家、行业和地方政策的要求。近些年来，我国在档案安全体系建设以及国家重点档案保护与开发等工作中出台的一系列政策为档案文献遗产精准保护模式构建提供了良好的政策支持。

首先，从宏观政策来看，2020年新修订的《中华人民共和国档案法》不仅规定了各级各类档案馆的职能，还在第19条专门强调"档案馆以及机关、团体、企业事业单位和其他组织的档案机构应当建立科学的管理制度，便于对档案的利用；按照国家有关规定配置适宜档案保存的库房和必要的设施、设备，确保档案的安全；采用先进技术，实现档案管理的现代化。档案馆和机关、团体、企业事业单位以及其他组织应当建立健全档案安全工作机制，加强档案安全风险管理，提高档案安全应急处置能力。"这为档案机构做好档案保管工作提供了最权威的法律支撑。中共中央办公厅、国务院办公厅于2014年发布的《关于加强和改进新形势下档案工作的意见》对档案工作提出了一系列明确而具体的措施，为我国档案事业规划了新格局，标志着全国档案工作步入新阶段。《意见》指出要建立健全确保档案安全保密的档案安全体系，具体包括：加大安全保密执法检查力度、建立完善档案安全应急管理制度、切实改善档案保管保密条件、对重要档案实行异地异质备份保管、保障档案信息安全。国家档案局于2015年发布的《"十三五"时期国家重点档案保护与开发工作总体规划》，标志着我国档案保护工作重心由抢救与保护向保护与开发转变。为了贯彻落实《"十三五"时期国家重点档案保护与开发工作总体规划》，有效开展国家重点档案保护工作，国家档案局陆续出台了《国家重点档案专项资金管理办法》《国家重点档案保护与开发项目管理细则（试行）》《区域性国家重点档案保护中心建设与管理办法》，从经济政策与技术政策方面提供强有力的支持。此外，国家档

---

① Bülow A. E., Collection management using preservation risk assessment, Journal of the Institute of Conservation, 2010, 33（1）: 65-78.

案局于2016年发布的《全国档案事业发展"十三五"规划纲要》、2019年印发的《关于进一步加强档案安全工作的意见》都为我国档案文献遗产精准保护模式的构建提供了宏观的政策支持。

其次,从评估工作的中观角度来看,近些年来,国家档案局针对档案文献遗产的意义评估、破损评估与风险评估等具体工作进行了政策设计和标准制定。伴随"中国档案文献遗产工程"产生的《中国档案文献遗产名录》入选标准,以及省、市级的档案文献遗产申评办法,都为多角度、全方位评价档案文献遗产意义提供了参考依据。而自档案安全体系建设工作开展以来,我国档案机构逐渐开始关注安全风险评估工作流程、形式以及指标体系的构建,最终于2018年正式发布了《档案馆安全风险评估指标体系》,指导档案部门对档案馆安全风险进行系统的分析评价,确定档案馆可能面临的风险,并根据风险的可能危害程度及防控条件确定风险隐患控制的优先顺序,进而有效降低安全风险发生的概率,最大限度地确保档案的安全。随着国家档案局2017年《纸质档案抢救与修复规范 第1部分:破损等级的划分》以及《纸质档案抢救与修复规范 第2部分:档案保存状况的调查方法》的发布,我国档案文献遗产破损评估与修复工作得到很大程度的规范化,在一定程度上帮助档案部门判定档案文献遗产破损类型及成因,排列破损档案修复次序,提高修复工作的精准性。

总之,无论是宏观的法律法规和政策文件,还是中观的制度安排和标准建设,都为推进档案文献遗产保护工作科学化、精细化提供了依据,为构建档案文献遗产精准保护模式创造了政策条件。

二 保管条件的改善

档案诞生之初,人类便开始思考档案保管的问题。商周时期,我国便已出现于宗庙"窖穴"中保管甲骨档案之法,被视为我国档案保护的起源。汉代设立的石渠阁,其四周用石砌渠且渠内注水以防火防盗;明代修建的皇史宬,其建筑结构精巧,能实现防火、防潮、隔热、温湿度调节等功能。① 民国时期的档案保管条件得到改善、保管意识增强。从

---

① 周耀林:《我国档案保护发展的历程回顾与创新趋向》,《浙江档案》2019年第4期。

第四章 档案文献遗产精准保护模式构建的必要性与可行性

保管场所来看，各个机构大都设立专门的档案保管场所，有的称机要科、文书科，有的称档案房、保管科，虽然称呼不尽相同，但都是为了保障档案安全、保全档案价值而设立的专业性保管场所。从保管制度来看，各机构陆续颁布了《保存文件规则》《文件保存细则》《文件保存年限条例》等规范性文件，用以规制档案保管工作中的问题。同时，也制定了档案库房安全方面的相关措施。如档案库房内严禁吸烟及携带灯火，必须使用时，可用安全灯火的规定强调了火源对档案安全的严重威胁，以及降低火灾损坏档案的可能性。[1]

中华人民共和国成立后国家开始在档案保护学科体系建设、实践工作开展等方面不断探索。在中华人民共和国成立初的五年中随着人民政权的建立，逐步设立了党、政、军、群、各机关、团体档案室与管理制度。随着计划经济建设的提出与发展，文化建设也相继开展起来，国务院成立了国家档案局统筹我国档案事业。社会主义改造完成后，我国进入社会主义建设时期，为了适应大规模档案利用的需求，国家开始新建档案馆。1959年中央档案馆开馆，同时，各省、自治区、直辖市以及绝大部分县相继成立了档案馆。但由于这一时期国家没有对档案馆库房建设提出统一要求，因此档案馆库房建设对选址与形式结构并不考究，档案馆库房多以普通房舍改建而来，面积小、条件差、年久失修，并不利于档案的长久保存。

改革开放以来，随着我国经济的不断发展，国内政治环境趋于稳定以及国际地位的不断提升，国家更加重视档案的保管保护问题，开始学习借鉴国外档案保护理论与相关技术，新建、改建、扩建档案库房，更换档案装具及设备。此时档案馆库房多为环廊密封或者厚墙壁建筑，布局较为合理，切实发挥了延缓档案破损时间，延长档案寿命的作用。1986年《档案馆建筑设计规范》对档案馆建筑结构、防护设备、抗震等级、耐久年限等指标做出规定，为全国档案馆建设提供了统一的标准，标准规范、功能先进的高质量档案馆库房相继问世，档案保管条件达到更高水平。

---

[1] 中国第二历史档案馆编：《民国时期文书工作和档案工作资料选编》，档案出版社1987年版，第128—234页。

由于数量庞大的档案文献遗产与有限的保护资金之间的矛盾一直存在，因此为了优化档案保护资源的配置，使有限的资源发挥更大的效用，国家开始提出建立档案分级保护的模式。2001年国家档案局号召建立档案特藏室，对特别珍贵的档案采用先进的设施、设备集中保管。此后全国范围内开始加强档案特藏室的建设，并制定严格的特藏档案管理制度保障档案安全。由于特藏室藏品的特殊性以及功能的双重性，致使这一时期的保管环境开始有了馆库宏观环境与展柜微观环境的区分，促进了档案馆对档案文献遗产保管环境的优化升级以及保护技术的革新。

自习近平总书记在党的十八大提出绿色发展理念以来，全国各个领域开始致力于探索绿色发展道路。《全国档案事业发展"十二五"规划纲要》中明确提出推动绿色档案馆库建设。这是落实以人为本，全面、协调、可持续的科学发展观和"创新、协调、绿色、开放、共享"五大发展理念的重要举措。绿色档案馆库建设不仅强调绿色、节能、降耗、低碳、高效理念，同时强调馆库设备的智能化、网络化、数字化、信息化以及超强的人性化。这就要求我国档案文献遗产的保护工作必须紧密结合"生态环保"的原则与"互联网+""大数据"的时代背景，使用绿色环保型馆库建设材料与档案文献遗产修复原料，全面整合档案文献遗产自身属性信息，收集档案文献遗产保护工作中所产生的工作台账记录，充分利用现有技术资源与信息资源提升档案文献遗产保护工作水平。总之，保管条件的改善，为档案文献遗产的保管提供了坚实的后盾，也为档案文献遗产精准保护模式的探索提供了可能性。

三 保护理论的成熟

长期以来，国内外档案界、图书馆界、文物界致力于探索文献遗产的保护路径，将丰富的经验与现代化技术应用于理论研究与创新中，在学习借鉴、资源共享的研究环境中形成了较为丰硕的理论研究成果。

我国档案保护理论吸收了苏联的经验，经过本土化发展后，在20世纪中期得以确立。在理论研究初期，研究者将其分解为遗产自身、保护环境条件和保护技术三个层面，进而形成了"载体""环境"和"技术性保护"三个研究方向。① 但随着研究的不断深入，学者们开始发现这种思维模式容易产生以偏概全的误区，割裂式的研究很难形成系统化、体系化的档案文献遗产保护理论体系。因此档案保护理论开始转向整合多种保护观而形成的体系化的视角，精准保护思想也开始萌芽。周耀林就构建了以"文献遗产保护实践个性化发展与保护理论普适性指导""文献遗产变质损毁与传承利用的'双重矛盾'"为逻辑起点，以文献遗产特征信息分层采集、保护需求评估识别、保护策略靶向供给和保护过程动态推进为逻辑结构，以保护文化正确引导、保护制度周密设计、保护技术立体发展和保护人才定向培养等为逻辑终点的文献遗产精准保护框架，② 促进了档案文献遗产载体、环境与技术三个方面的融合，为我国档案文献遗产精准保护研究提供了扎实的研究框架与理论支撑。

相较我国，国外的文献遗产保护理论研究起步较早，且发展时间较长。1930 年罗马国际会议首次提出预防性保护的概念，初期主要是针对馆藏机构的温湿度控制。随着研究不断深入，自 20 世纪 70 年代开始，国际文化财产保护与修复研究中心（ICCROM）逐渐在全球范围内 11 个国家的 26 个博物馆推广预防性保护的理念。③ 20 世纪 90 年代，该理念逐渐成熟起来。近年来国际文化遗产界将更多目光集中于"预防"措施的运用，采取具有针对性的"预防"措施，通过对文化遗产保存环境的管理与监控，削弱不良条件对文化遗产的影响，从而延长文化遗产的寿命。在此基础上，许多国家结合自身发展情况提出了文化遗产的保护理论。如菲律宾强调预防性保护与治疗性保护④，其中预防性保护针对保管环境，主要是指对温度、湿度、光照等外部环境的控制，治疗性保护主要针对档案自身特质而言，主要体现在以档案载体为对象，依其载体特性选择去酸、去污、消毒等保护方式。预防性保护重在处理档案文献遗产保管环境的恶化问题，而治疗性保护重在处理档案文献遗产恶化的

---

① 周耀林、柴昊、戴旸：《我国档案文献遗产保护研究框架述论》，《郑州大学学报》（哲学社会科学版）2020 年第 3 期。

② 周耀林、姬荣伟：《文献遗产精准保护：研究缘起、基本思路与框架构建》，《图书馆论坛》2020 年第 6 期。

③ 凌勇、胡可佳：《国内外预防性保护研究述评》，《西部考古》2011 年第 1 期。

④ 周耀林：《我国档案保护理论研究的探讨》，《档案学通讯》2007 年第 3 期。

表现与结果。欧美国家强调预防、治疗与修复，形成了三个相互衔接、环环相扣的遗产保护环节。

综上，国内外档案文献遗产相关保护理论展现出了一个共同的特点，即档案文献遗产保护应以系统性的观点考察档案载体、保管环境和保护技术方法之间的关系与作用。这一共同点为档案文献遗产精准保护模式研究提供了理论支持，也进一步明确了精准保护模式构建的目标。

第五章　国内外典型文献遗产评估模型分析与借鉴

记忆机构在遗产保护与管理实践当中探索出了很多以决策为导向的遗产评估方法，包括研究和理解遗产内涵和价值的意义评估、搜集并分析遗产受损信息的破损评估、识别和分析馆藏风险的风险评估，这些评估方法又进一步演化为多种评估模型。本书将分析比较这三个领域已有的典型评估模型，在此基础上结合我国档案文献遗产保护情况，探讨符合国情的精准保护模式构建与实现。

第一节　典型价值评估模型

在遗产价值评估当中，国内外主要形成了三种较为典型的评估模型，包括澳大利亚的意义评估模型、联合国教科文组织的名录评定模型、我国文物和古籍领域形成的普查定级模型。这些模型往往具有不同的组织机制和运行机制，也具各自不同的适用范围和优缺点。

一　澳大利亚意义评估模型

意义评估通过使用特定的标准和步骤解释使遗产变得有意义的内涵和价值，从而实现关于遗产对象选择和馆藏管理的合理决策。澳大利亚的意义评估工作中，《意义2.0》提供了意义评估的标准、流程和方法，遗产机构的意义评估工作都在该指南的指导下开展。

（一）评估主体与对象

《意义2.0》认为意义评估是一个需要综合许多人的知识、技能和经验的协作过程。首先由馆藏机构主导开展意义评估工作，同时让特定的社区参与意义评估，其中包括了捐赠者、研究和使用藏品的学者和专家、拥有相关藏品的其他收藏机构等利益相关者。在藏品对特定社区具有社会或精神意义的情况下，必须与社区协商，记录这些社区的观点，并将其观点反映在意义陈述中，例如让捐助方或社区用自己的话说明为什么藏品对他们很重要。具体的评估主体以及其拥有的职责如表5-1所示。

表5-1 澳大利亚《意义2.0》指南中对评估主体及其职责的说明

		各主体职责
主导方	馆藏机构	校对：校对记录藏品及其历史的所有文件
		研究：根据在书籍和印刷参考资料中找到的有关该藏品的信息和知识研究其历史及来源
		探索：探索藏品的背景、历史、地理环境等
		分析：分析和描述藏品的结构和状况，包括藏品的外观或性质、材料、标记、设计、制造或制造过程、磨损、修理、更换和改编的说明
		确定：与该藏品相关的遗产地点，或其起源的环境或位置并识别相关藏品，考虑地点、藏品与人之间的关系
		评估：根据标准评估意义
		行动：写一份意义陈述，总结藏品的价值和含义
参与方	社区和其他收藏机构	咨询：捐赠者、所有者以及学者等提供该藏品背景、来源和潜在社会价值等问题
		比较：与同事、其他知识渊博的学者以及收集具有类似收藏的组织一同判断其与可比藏品的相似或不同
		行动：参与意义陈述的撰写工作

从对象上看，《意义2.0》适用于所有类型收藏品遗产价值的评估，包括视觉艺术、自然历史和科学馆藏。澳大利亚的收藏品涵盖范围极为广泛，从远古的物品到现代的工业产物；从微观标本到大型的飞机、火车和汽车；从艺术作品到日常生活中的物品；从官方文件到珍贵的书籍或手稿。

第五章 国内外典型文献遗产评估模型分析与借鉴

(二) 评估标准

评估标准是与澳大利亚所有馆藏相关的文化和自然价值的广泛框架,该标准有助于梳理藏品的意义和具有意义的原因。在使用评估标准的时候应注意对于某个藏品来说,一个或多个标准都可能适用并相互关联,但没有必要找出所有标准的证据来证明其意义,只需要在主要标准中确定某个对于该藏品来说更重要的要素进行分析,再通过比较标准与主要标准的相互作用,修正或阐明意义的程度。藏品在某个评估要素下的意义程度大小取决于提示问题的答案。具体的评估标准如表5-2所示。

表5-2 澳大利亚《意义2.0》中提出的意义评估标准

标准类型	评估要素	衡量尺度
主要标准	历史意义	是否与特定的人、团体、事件、地点或活动有关 关于一个历史主题、过程或生活模式,它阐明了什么 它对理解一个时期、地点、活动、行业、人或事件有什么帮助
	艺术或美学意义	它是精心设计的,手工制作的还是普通制造的 它是特定风格、设计、艺术运动或艺术家作品的一个很好的例子吗 它的设计是原创还是创新 它是漂亮的、赏心悦目的还是结构匀称的 它是否表现出高度的创造性或技术成就 它是否描述了感兴趣或重要的主题、人物、地点、活动或事件
	科学或研究意义	对现在或未来的科学或研究有何意义或价值 是否具有研究潜力,以何种方式 研究人员目前对研究该物品或收藏品是否有积极的兴趣,或者他们将来是否有意愿
	社会或精神意义	它对今天的社区或团体有特别的价值吗?为什么这对他们很重要 对于一个特定的群体来说,它是否具有精神上的意义 它是否包含对特定群体而言重要的信仰、想法、习俗、传统、实践或故事
比较标准	来源	它的类别或类型是否有详细记录 谁创造、制造、拥有或使用了该物品或收藏品 其来源是否很好地被记录

续表

标准类型	评估要素	衡量尺度
比较标准	稀有性或代表性	它是否有不同寻常的品质，使其区别于其他项目 它是独特的还是濒危的 它是典型的吗
	现状或完整性	就其类型而言，它的现状良好吗 它是完整的吗 是否处于原始、未修复的状态
	解释能力	相对于其他物品或收藏品主题，它在收藏品中有特殊的位置吗 它有助于解释其所处位置或背景的各个方面吗

（三）评估方法

1. 研究与分析。研究该遗产对象的历史和来源。这可能包括制作或创建项目的日期，创建者的信息、背景或遗产对象使用中的照片，有关所有者的注释或项目的创建、使用或购买地点等。研究遗产对象的先前所有者及其背景，考虑该遗产对象是如何与更广泛的历史主题、模式、运动、发展或行业关联起来的。它与创建或使用它的地方的历史、地理或环境有何关系？也要考虑其功能和目的，以及与其他遗产的关系。该对象与同类对象有何相似或不同之处？检查文化遗产网站是否列出了类似的遗产，尽可能包括照片的比较。检查参考书和互联网，咨询同事和其他知识渊博的人，并收集具有类似集合的组织。

2. 过程记录。过程记录即通过将遗产文件与所有关于遗产的可用信息的副本进行整理来开始评估意义的过程，这为进一步研究奠定了基础。在流程的每个步骤下写下注释，作为考虑标准和起草重要声明的参考点。并非评估过程中的每一步都与重点项目相关。这些注释充当提示，并可随着工作的发展进行修订。

3. 多主体参与。咨询是意义评估过程中必不可少的一部分。谁定义意义的问题是复杂的，会因物品、收藏品以及组织而异。个人、捐助者以及文化或社区团体可能对某一物品或收藏品的意义有不同的看法。有时，一个物品或收藏品的含义会引发强烈的争议。意义评估过程应记录重点的差异，并在意义陈述中反映这一点。收集组织越来越尊重人与收

第五章　国内外典型文献遗产评估模型分析与借鉴　　83

藏品之间的联系，这些联系会在意义陈述以及在管理和使用物品和收藏品时得到认识和反映。

（四）评估流程

意义评估过程通过使用特定的标准和步骤来解释使遗产变得有意义的内涵和价值，实现关于遗产对象和馆藏的合理且一致的决策。2001年，第一版《意义》指南将意义评估流程划分为三个步骤：①分析对象；②了解其历史和背景；③确定其对社区的价值。[①] 2009 年发布的《意义2.0》将意义评估的过程分为五个步骤，如图 5-1 所示。

分析：分析遗产对象或馆藏 → 研究：研究其历史、来源与背景 → 比较：与类似对象或馆藏进行比较 → 评估：参照标准评估其价值 → 陈述：在意义陈述中总结其内涵和价值

图 5-1　澳大利亚意义评估的主要步骤

如果进一步对步骤进行细分，可以分为十个具体实施步骤，包括：（1）收集。收集对象或馆藏及其历史有关的文件和信息。（2）研究。研究对象或馆藏的历史和来源，查看馆藏的范围和主题。（3）咨询。咨询捐赠人、所有人以及了解该对象或馆藏的人。（4）探索。探索对象或馆藏的背景。（5）分析。分析并描述对象或馆藏的结构和状况。（6）比较。与相似的对象或馆藏进行比较。（7）识别。识别相关的地点和对象/馆藏。（8）评估。按照标准评估意义。（9）拟写。拟写出意义陈述。（10）行动。列出相应的建议和举措。

（五）评估结果

意义评估结束后需要对评估结果进行总结，即意义陈述。意义陈述是对一个藏品的价值、意义进行合理的、可读的总结。它不仅仅是对物品或藏品外观的描述，还概括了该藏品如何以及为什么重要，并被评估过程中收集的研究结果和证据所支持。意义陈述包含了所有对藏品的意义做出贡献的元素，包括外观、结构、设计、背景、环境、历史、出处、

---

① Guidelines for Expert Examiners under the Protection of Movable Cultural Heritage Act 1986, ［2020 - 04 - 11］, https：//www. arts. gov. au/sites/default/files/guidelines - for - expert - examiners - under - the - protection - of - movable - cultural - heritage - act - 1986. pdf? acsf_ files_ redirect.

用途、功能、社会价值和无形的关联。将所有这些元素合在一起，形成一个意义声明，这是一种有效的沟通和共享知识的方式，可以了解为什么一件藏品或馆藏集合很重要，以及为什么它在公共藏品中占有一席之地。

意义评估本身并不是目的，而是一个有助于良好管理馆藏的过程。在起草意义陈述后，需要考虑改进对藏品的保护、管理和访问的政策、行动和建议，这可能包括收集政策的条款、存储或利用的建议、保护政策、保护处理中要考虑的问题或特殊属性的识别、进一步的研究以及可能纳入组织战略或管理计划的战略或行动。同时还需要通过回顾意义陈述来监督和审查评估意义所产生的工作。

二 UNESCO 的名录评定模型

1992 年，世界记忆计划启动。为使计划能够真正落到实处，1993 年，世界记忆计划国际咨询委员会在波兰成立并制订了一项行动计划，与国际图书馆联合会、国际档案理事会联合编制一份名单，列举了已经无法还原修复的以及被损坏的图书馆和档案馆馆藏。这份名单就是《世界记忆名录》的原型。1997 年，《世界记忆名录》正式设立，是该计划重要的工作内容和成果，也是文献保护工作的重要依据和手段。为与世界记忆计划接轨，我国于 2000 年正式启动了中国档案文献遗产工程，开始评定《中国档案文献遗产名录》，很多地方也建立了相应的档案文献遗产名录，基本形成了世界级—区域级—国家级—省级—市级五级档案文献遗产名录体系，形成一种名录评定模型。

（一）评定主体与对象

"世界记忆计划"采用国际咨询委员会（以下简称 IAC）—地区委员会和国家委员会—秘书处三级机构共同管理的方式对《世界记忆名录》进行遴选与管理，各主体的职责或任务如表 5-3 所示。

《世界记忆名录》评定的对象是来自世界各地的、历史上的所有时代的、具有世界意义的文献遗产。所谓文献遗产是由标志/代码，声音和/或图像组成的、可移动、可保存和可迁移的、经过深思熟虑的文献记录过程所形成的物品。进入名录提名的文献遗产必须是有限的和准确界

第五章 国内外典型文献遗产评估模型分析与借鉴

定的，提名人应根据以下因素考虑到提名文献遗产的多样性和特殊性：最符合标准、受到威胁的对象、代表少数群体的项目。

表 5-3　　　　　　　　　《世界记忆名录》遴选主体

遴选工作相关主体		各主体的职责或任务
评估工作组	秘书处	记录与核实：秘书处在收到提名表格后需要核实提名内容和所附文件的完整性 与有关区域或国家委员会沟通意见 开展提名处理工作：委员会可向提名者索取更详细的资料，答复询问，确定接受提名的最后期限，或为及时处理提名流程做出其他规定 转交完整提名：将符合要求的完整提名信息转交 IAC 下属机构名录小组委员会评估 通知决定：秘书处将 IAC 的决定通知提名者，并在向媒体公布成功提名时，向提名者和有关的区域或国家委员会提供建议
	名录小组委员会	名录小组委员接受秘书处提交的提名项目信息后，将对项目进行以下方面的评估工作： 多来源调查：对每一项提名进行多方信息来源的彻底调查 专家咨询：征求由国际图书馆协会联合会（IFLA）、国际档案理事会（ICA）、视听档案馆协会协调理事会（CCAAA）和国际博物馆理事会（ICOM）联合组成的专家团体或专业的非政府组织的意见 比较评估：委员会将提名与类似的文献遗产包括名录中已经列出的材料进行比较 明确法律或管理问题：委员会将要求专业的非政府组织确定提名需要进一步关注的法律或管理问题 获取提名人意见：与提名人沟通，了解提名人评估意见 形成评估结果提案：名录小组委员会在达成一致建议后，将向 IAC 提供一份关于提名结果的建议性文件，提交时间至少在 IAC 两年一次的常会前一个月
	IAC	IAC 常会中将对名录小组委员会的提名建议文件进行讨论形成报告，报告将包括评估决定、接受/拒绝每项提名的理由，以及 IAC 可能希望增加的任何其他评论。报告在经 IAC 总干事批准后成为正式决定

续表

遴选工作相关主体		各主体的职责或任务
利益相关者	有关区域或国家委员会	与秘书处沟通提名处理意见
	提名人	在名录小组委员会建议性文件提交给 IAC 之前，提名人将有机会对评估发表意见
专家咨询委员会	专家团队	是否符合标准：在名录小组委员会提交建议性文件时，专家团队就提名是否符合选择标准发表意见
	专业的非政府组织	是否符合标准：在名录小组委员会提交建议性文件时，专业的非政府组织就提名是否符合选择标准发表意见。明确法律或管理问题：在最终向 IAC 提出建议之前，确定任何需要进一步关注法律或管理问题

（二）评定标准

入选名录的项目需要符合表 5-4 所示评估标准并经过一系列评估流程。

（三）评定流程

《世界记忆名录》的评选过程主要包括两个阶段，第一阶段是准备与填写提名表格，第二阶段是提交提名与评估。在准备与填写提名表格阶段，提名者包括个人、机构、政府组织和非政府组织。优先考虑与遗产相关的世界记忆工程国家或区域委员会的提名，如果相关地区没有这种委员会，则考虑联合国教科文组织相关国家委员会。藏品分散在若干地区或保管地的，可由两个或两个以上国家提出联合提名。从提名的频率来看，一般来说，这些单一提名将限于每两年每个国家两次。联合提名的数量和所涉伙伴的数目没有限制。对于被提名文献遗产也有明确的要求，所提名的文献遗产必须是有限和准确界定的，广泛的、笼统的或不限成员名额的提名将不被接受，与名录中已列出的提名重复的提名不予受理。

提名者（从官网下载或向秘书处发邮件请求表格）提交给联合国教科文组织秘书处。秘书处对材料进行处理，确认提名信息完整且符合要求后提交到名录小组委员会，由其依据评估标准对提交的提名材料进行评定。

表 5-4　　　　　　　　　　《世界记忆名录》评定标准

评估要素			衡量尺度
真实性	门槛条件		探明项目的身份和来源，避免复制品、赝品、虚假文件存在其中
基本条件	世界意义	必须条件	独特性和不可替代性	解释该份文献遗产为什么重要：其消失或恶化将导致人类遗产资源构成的贫乏；它必须是在一段时间内和/或在世界的特定文化区域内产生了巨大影响（或它必须在一段时间内和/或在跨国文化区域内产生了巨大影响）；它可能代表一种类型，并且没有与之直接等同的类型；它必定会对历史进程产生重大影响——无论是积极的还是消极的
		证明条件（满足1项或多项）	时间	绝对年龄本身并不会使文献变得重要；但每份文献都是当时的产物。有些文献特别能够唤起他们的时代，这个时代可能是危机的，或出现过重大的社会或文化变革。文献可能代表新发现或是"同类中的第一个"
			地点	项目可能含有关于一个地域在世界历史文化中的重要信息，或者它可能对已经消失的自然环境、城市或机构有相关描述
			人	资源的社会和文化内容可能反映了人类行为或社会、工业、艺术和政治发展的重要方面，它可能体现了伟大的运动、转变、进步或回归的本质，可以反映关键个人或群体的影响
			主题	主题反映了自然、社会和人文科学、政治、意识形态、体育和艺术中的特定历史或知识发展
			形式和风格	项目有突出的审美、风格或语言价值，可以是一种表示风俗或媒介、消失的或正在消失的载体或格式的典型和关键范例
相对条件	考虑事项		稀有性	项目的内容或物理性质是否使其成为某一时间或者类型的现存稀有典例
			完整性	就现存载体和内容而言，是完整的还是残缺的、是否被腐蚀或损坏
			濒危性	该项目是否濒危、是否需要特殊措施来保证安全
			管理计划	是否有一项反映文献遗产重要性的计划，以及文献遗产保存和提供利用的适当策略

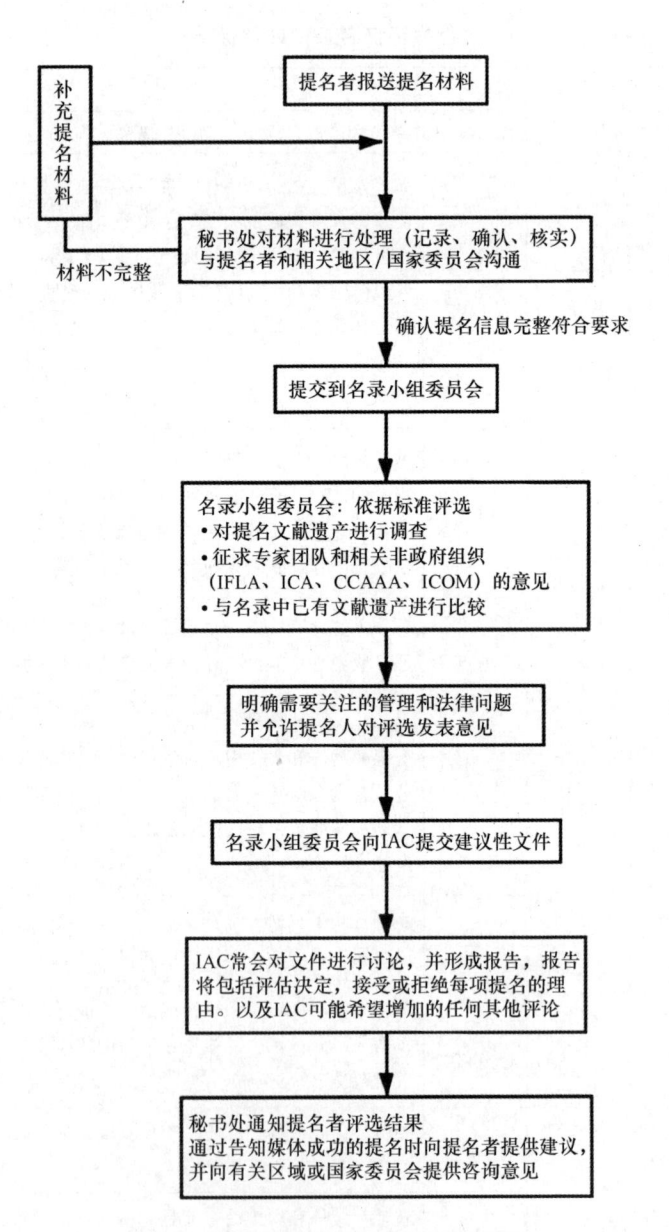

```
                    提名者报送提名材料
                            │
    补充提名材料 ──────────→ │
         ↑                  ↓
         │    秘书处对材料进行处理（记录、确认、核实）
    材料不完整 ←  与提名者和相关地区/国家委员会沟通
                            │
                   确认提名信息完整符合要求
                            ↓
                    提交到名录小组委员会
                            ↓
              名录小组委员会：依据标准评选
              • 对提名文献遗产进行调查
              • 征求专家团队和相关非政府组织
                （IFLA、ICA、CCAAA、ICOM）的意见
              • 与名录中已有文献遗产进行比较
                            ↓
              明确需要关注的管理和法律问题
              并允许提名人对评选发表意见
                            ↓
              名录小组委员会向IAC提交建议性文件
                            ↓
              IAC常会对文件进行讨论，并形成报告，报告
              将包括评估决定，接受或拒绝每项提名的理
              由。以及IAC可能希望增加的任何其他评论
                            ↓
              秘书处通知提名者评选结果
              通过告知媒体成功的提名时向提名者提供建议，
              并向有关区域或国家委员会提供咨询意见
```

图 5-2 《世界记忆名录》评定流程

（四）评定方法

《世界记忆名录》的评选过程当中，使用到的方法主要有三种：①

第五章　国内外典型文献遗产评估模型分析与借鉴　　　　　　　　　　89

研究与分析。对每一项提名进行多方信息来源的彻底调查比较评估，委员会将提名与类似的文献遗产包括名录中已经列出的材料进行比较。委员会将要求专业的非政府组织确定提名需要进一步关注的法律或管理问题。②过程记录与公开。秘书处对提名的处理行政流程、名录小组在进行评估时的方法，包括在评估过程中分配的优先事项都将公布在"世界记忆"网站上。③多主体参与。评估过程向专家咨询，征求由国际图书馆协会联合会（IFLA）、国际档案理事会（ICA）、视听档案馆协会协调理事会（CCAAA）和国际博物馆理事会（ICOM）联合的专家团体或专业的非政府组织的意见。除此之外也与提名人沟通，了解提名人评估意见。

（五）评估结果与处置

提名成功后的文献遗产项目将列入《世界记忆名录》，公示在其官网上，在每一项名录下，都有针对该藏品的描述，内容主要为藏品入选前的情况及为什么入选。将文献遗产列入《世界记忆名录》，没有任何表面上的法律或财政后果，它不正式影响文献遗产的所有权、保管或使用，其本身也并不对所有者、保管者或政府施加任何限制或义务。同样，列入名录也没有规定教科文组织有义务为这些文献遗产的保存、管理或获取提供资源。列入名录意味着文献遗产所有者的某种立场和承诺，也表明教科文组织对该文献遗产的保护保持持续关注。作为列名的先决条件，IAC通常需要得到保证：不存在危及文件遗产完整性或安全性的合法的、契约性的或文化性的环境。这将需要有证据表明已经建立了适当的保管、保存或保护机制，或者有一个管理计划，规定任何限制公众访问的物理、版权、文化或其他因素都已进行协商和解决，以便保证适当的访问安排。IAC还将要求文献遗产可供利用，分为三个层次：①可获取，以验证文献遗产的世界意义、完整性和安全性。这是列名的最低条件。②大力鼓励进行复制、再版。③以实物、数字或其他形式向公众提供访问。这也是强烈鼓励的，在某些情况下可能是必需的。此外，IAC可能要求将部分或全部文献遗产唯一的副本置于教科文组织的监护之下，并非为了公众查阅，而是作为一项风险管理策略，使其得到适当的法律和版权许可和保护。

三 中国的古籍普查定级模型

2007年8月,为了了解我国现存古籍保存保护的现状,全面、准确地掌握我国古籍的数量、价值、分布、保存状况等基本情况,加强对古籍的保护和管理,文化部印发《全国古籍普查工作方案》,对我国首次组织开展的古籍普查登记工作进行部署。古籍定级是普查的一项重要内容,而《国家珍贵古籍名录》则在被定为一、二级的珍贵古籍当中进一步遴选,实际上形成的是一种普查定级+名录评选的完整模型。

(一) 普查定级主体与对象

国家图书馆设中国国家古籍保护中心,为全国普查登记中心和培训中心,负责全国古籍普查登记工作和培训工作,研制标准,编写教材,培训普查人员,汇总古籍普查成果,建立中华古籍综合信息数据库,形成中华古籍联合目录。各省、自治区、直辖市成立各省级古籍保护分中心,负责本地区古籍普查登记工作和培训工作,汇总并向国家古籍保护中心报送古籍普查报表,建立地方古籍综合信息数据库,形成地方古籍联合目录。

全国古籍保护工作部际联席会议成员单位可根据实际,在本系统成立古籍保护分中心,统一开展本系统的普查工作,将数据汇总后报送国家古籍保护中心;也可由各古籍收藏单位分别报送国家古籍保护中心或各省级分中心。中央其他各有关部委及所属单位按统一要求开展普查工作,直接向国家古籍保护中心报送古籍普查报表。民间收藏的古籍,可到所在地省级古籍保护分中心进行登记、定级、著录。文化部设立全国古籍保护工作专家委员会,聘任有关专家负责珍贵古籍的定级审核和普查咨询工作。

普查定级对象为我国境内的国家图书馆、各公共图书馆、文博单位图书馆(藏书楼)、高等院校图书馆、科研单位图书馆、宗教单位图书馆(藏经阁)、个人或私人收藏机构等所持有的汉文和少数民族文字书写或印刷于1912年以前具有中国古典装帧形式的书籍。

(二) 定级标准

汉文古籍的定级依据《古籍定级标准》执行;少数民族文字古籍的

定级依据《中国少数民族文字古籍定级》执行，以下以汉文古籍定级为例进行讨论。

对古籍的定级遵循"三性原则"，"三性"分别为历史文物性、学术资料性和艺术代表性，以古籍所具有的"三性"价值要素作为定级依据。其中，历史文物价值侧重以版本产生的时代为衡量尺度；学术价值侧重以古籍反映的内容为衡量尺度；艺术价值侧重以版本具有的特征为衡量尺度。凡具备三性价值，或具备其中之一之二者，均可据以定级。

除了考虑上述"三性"价值外，还需要考虑以下三个原则。首先是不唯时限原则，即不把历史文物价值作为唯一依据的准则，凡古籍按历史文物价值（有时限）衡量，应属下一级别；而按学术或艺术价值（不唯时限）衡量可列入上一级别者，即可将其定为上一级别。其次是等次上靠原则，根据一书所具有的特殊价值，主要指其在流传过程中所形成的记录诸如题跋、校勘及印记等，宜上调一个或两个等次。再次是等次下调原则，侧重考虑一书的书品好坏和完残程度，凡属下乘者，宜下调一个或两个等次。综合上述定级原则，古籍定级包含了以下评估要素，各要素及衡量尺度见表5-5。

表5-5　　　　　　　　　　我国古籍定级标准

要素	要素说明
历史文物价值	产生的历史时代早晚和传世多少、纪念意义强弱
学术资料价值	内容的学术价值或资料价值高低
艺术代表价值	书的印刷技术、装帧形制、印造纸张、名人题跋等特色
其他特殊价值	在流传过程中所形成的记录诸如题跋、校勘及印记
保存状况	书品好坏和完残程度

具体而言，一级古籍定级标准为具有特别重要历史、学术、艺术价值的代表性古籍。一级内部按照上述标准又进一步划分为一级古籍甲、乙、丙等。二级古籍定级标准为具有重要历史、学术、艺术价值的古籍。同样进一步划分为二级古籍甲、乙、丙等。三级古籍定级标准为具有比较重要历史、学术、艺术价值的古籍。同样进一步划分为三级古籍甲、乙、丙等。四级古籍定级标准为具有一定历史、学术、艺术价值的古籍。

每一个等级和等次的划分参考依据见表 5-6。

表 5-6　　　　　　　　　我国古籍定级划分方法

等级	描述	等次	描述
一级	具有特别重要历史、学术、艺术价值的代表性古籍	甲等	北宋及北宋以前（包括辽、西夏时期）刻印、抄写的古籍
		乙等	元代及其以前（包括南宋、金、蒙古时期）刻印、抄写的古籍
		丙等	明清时期朝廷和名家学者产生的具有学术和艺术代表性的古籍
二级	具有重要历史、学术、艺术价值的古籍	甲等	明洪武元年（1368）至正德十六年（1521）刻印、抄写的古籍
		乙等	明嘉靖元年（1522）至隆庆六年（1572）刻印、抄写的古籍
		丙等	明清时期名家名著及朝廷制作的、或在具有特殊历史意义的时期产生的、或具有重要学术艺术价值的古籍
三级	具有比较重要历史、学术、艺术价值的古籍	甲等	明万历元年（1573）至清顺治十八年（1661）刻印、抄写的古籍
		乙等	清康熙元年（1662）至清乾隆六十年（1795）刻印、抄写的古籍
		丙等	清嘉庆元年以后及中晚期具有学术和艺术特色的古籍
四级	具有一定历史、学术、艺术价值的古籍为四级古籍，如民国初年著名学者以传统著述方式研究中国传统文化而形成的稿本、初刻本		

（三）定级方法

整体而言，古籍普查工作开展遵从以下步骤：基层收藏单位填写表格并校对，汇总提交至省级分中心。省级分中心对基层收藏单位提交的数据进行审校、汇总，对古籍进行定级，并制作成规范的数据格式文档，提交到国家古籍保护中心。国家古籍保护中心对省级分中心提交的数据进行审核、汇总和发布。专家委员会协助国家古籍保护中心对数据进行审核。其中主要体现的评估方法为专家评估法。

全国古籍保护工作专家委员会是在文化部（全国古籍保护工作部际

联席会议办公室）领导下的古籍保护工作咨询机构，为古籍保护规划的制定、普查工作方案的制定和实施、珍贵古籍定级及破损定级、国家珍贵古籍名录的评审、全国古籍重点保护单位的评审和古籍保护相关标准规范的评审等工作提供咨询。国家古籍保护中心对各地上报数据进行汇总后，专家委员会通过工作会议等形式的内部工作对数据进行审核并提出意见，审核结果由国家古籍保护中心进行汇总和发布。

（四）定级流程

我国古籍定级流程采取自下而上的普查方式开展，具体流程见图 5-3。

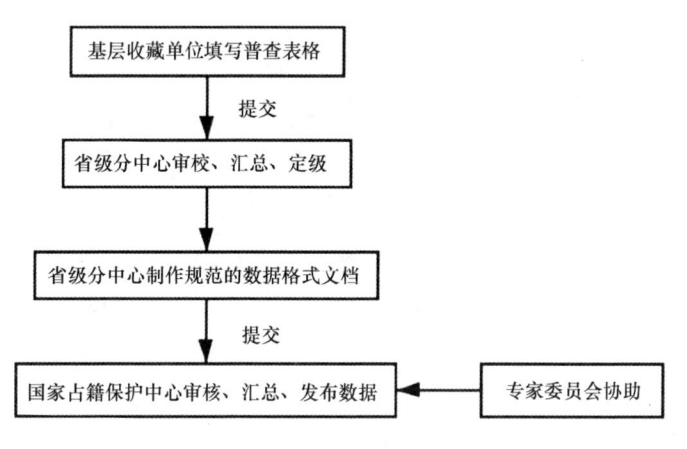

```
基层收藏单位填写普查表格
          │提交
          ▼
省级分中心审校、汇总、定级
          │
          ▼
省级分中心制作规范的数据格式文档
          │提交
          ▼
国家古籍保护中心审核、汇总、发布数据 ◄── 专家委员会协助
```

图 5-3　我国古籍定级流程

（五）定级结果与处置

经过普查工作得到的信息用以建立中华古籍保护网和中华古籍综合信息数据库。普查工作优先从一、二级古籍开始，并分批次发布《国家珍贵古籍名录》及《全国古籍重点保护单位名录》。其次开展二级以下古籍普查工作，汇总古籍普查成果，逐步形成《中华古籍联合目录》。国务院于 2016 年发布第五批国家珍贵古籍名录，至此共有 12274 部古籍入选《国家珍贵古籍名录》。名录列举了入选古籍编号、题名、所属时代、载体形式和所属机构。

对登记的古籍进行详细清点和编目整理，建立中华古籍综合信息数据库，形成中华古籍联合目录，有利于国家有重点、有针对性地开展古籍保护工作，加强对古籍的管理，不断提升古籍保护水平，切实发挥古籍传承中华优秀传统文化的重要作用，真正让"书写在古籍里的文字活起来"。根据普查情况，有关单位可以有计划地开展濒危古籍修复工作，加强古籍整理出版和数字化建设，利用古籍传承和弘扬中华优秀传统文化。

四 国内外价值评估模型小结

遗产价值或意义评估是以管理为目的评估文化遗产对象或馆藏相对重要性的定性技术[1]，它是记忆机构收集和保存活动的重要工具。通过遗产价值或意义评估机构能够充分理解并明确表达出遗产对象或馆藏的内涵和价值，便于机构在收集或采购中做出决策；便于展览、数字化等活动的选择决策；便于优先抢救或保护活动中的决策；便于在灾害应急规划中确定紧急情况下应优先关注的对象；便于更新传统文献描述框架，尤其是通过增加文献的主题、内涵和价值描述，提升数据库研究和利用的实用性；便于向社会尤其是资助者和利益相关者证明遗产对象或馆藏的价值，还可以通过国家或世界记忆名录的申报使得遗产广为人知。[2]当然，国外意义评估所强调的"系统化的评估流程、商定的评估标准、透明的评估机制和陈述式的评估结果"往往是我国文献遗产评估中不被重视的一环，也正是我国档案文献遗产意义评估中需要重点关注的内容。

在我国，《中华人民共和国文物保护法》《中华人民共和国公共图书馆法》《中华人民共和国档案法》分别将可移动文物、古籍、国家重点档案纳入保护范围，形成了不同的管理归属。虽同属收藏性质的记忆机

---

[1] Young L., Significance assessment: How important is the material in your collection? [2020 – 02 – 11], http://www.unesco.org/new/fileadmin/MULTIMEDIA/HQ/CI/CI/pdf/mow/mow_ 3rd_ international_ conference_ linda_ young_ en. pdf.

[2] Young L., Significance assessment: How important is the material in your collection? [2020 – 02 – 11], http://www.unesco.org/new/fileadmin/MULTIMEDIA/HQ/CI/CI/pdf/mow/mow_ 3rd_ international_ conference_ linda_ young_ en. pdf; Russell R., significance: a guide to assessing the significance of cultural heritage objects and collections, [2020 – 07 – 18], https://significanceinternational. com/Portals/0/Documents/ (significance) 2001. pdf; Russell R., Winkworth K., Significance 2. 0: A guide to assessing the significance of collections, [2020 – 07 – 18], https://www.arts.gov.au/sites/g/files/net1761/f/significance – 2. 0. pdf.

第五章 国内外典型文献遗产评估模型分析与借鉴

构,图书馆、档案馆、博物馆都有各自的一套馆藏政策、程序和方法,而经过多年的发展,这些政策、程序和方法已经与组织目标、馆藏性质和受众需求融为一体,难以被人为"统一"。《意义2.0》充分认识到这种现实中存在的差异性,表示其提出的意义评估并非要取代各个机构已有的一套完善的收集规范和程序,而是强调各个组织能够结合使用需求,将其有效嵌入其馆藏管理实践当中。①

与此同时,优化馆藏建设与管理,还意味着对某些评估环节的再造,例如评估结果开放透明。有学者曾直言:"在文化和历史追求资源稀缺的时代,保存一组手稿或档案的决定几乎总是意味着其他一些材料无法保存。"这些决定需要艰难的抉择,而在做出这些决定时,各机构需要确保在其政策中明确界定并公开它们的做法背后的理由和实施细节。② 当然,这是在强调机构的选择政策与鉴定标准,而透明性在文献遗产名录的选择中更为重要。世界记忆计划发起后的第一项行动就是制定选择标准,因为作为一个世界级的名录需要有透明的选择标准和评估机制。③

通过对国内外价值评估模型评估标准的简单比较(见表5-7),就评估要素来说,两者及两者以上都有的评估要素有7个,即保存状态、历史意义、形式与风格、稀有性、地域、艺术意义、研究意义。评估要素覆盖多个层次,如澳大利亚意义评估要素有"必满足其一的条件"及"可选条件"两层,古籍定级评估要素有"必满足其一的条件"及"可选条件"两层,这有利于评估主体在运用某评估标准进行文献遗产意义评估时,明确该评估标准的用途,增强评估工作的可操作性,推动评估工作的开展。可选条件用于调整文献遗产意义程度大小,使文献遗产的意义更具区分度,文献遗产评估要素需要涵盖这一属性。古籍及澳大利亚评估标准明确提出"保存状态""形式""稀有性""来源""解释能

---

① Russell R., Winkworth K., Significance 2.0: A guide to assessing the significance of collections, [2020-07-18], https://www.arts.gov.au/sites/g/files/net1761/f/significance-2.0.pdf.

② Jimerson R. C., Deciding what to save, OCLC Systems & Services: International digital library perspectives, 2003, 19 (4): 135-140.

③ Edmondson R., Memory of the World: General guidelines to safeguard documentary heritage, Paris: UNESCO, 2002.

力"等可选条件,《世界记忆名录》评选标准中采用了比较思想而未明确提出该条件。而澳大利亚及世界记忆工程评估标准较灵活,留给评估主体的自主空间更大,但同时对评估主体知识水平的要求更高。

表 5-7　　　　　　国内外典型价值评估模型评估标准的比较

	名录评定模型	古籍定级模型	意义评估模型
真实性	A	—	—
完整性/保存状态	A	C	C
主题内容	B	—	—
历史意义	B	B	B
人物	B	—	—
形式与风格	—	B	C
系统性和稀有性	A	—	C
地域	B	—	B
来源	—	—	C
解释能力	—	—	C
艺术或美学意义	—	B	B
科学或研究意义	—	B	B
社会或精神意义	—	—	B
濒危性	A	—	—
管理计划	A	—	—
世界意义、独特性和不可替代性	A	—	—

注:A. 必要条件——文献遗产必须满足的评估标准,即评估文献遗产的门槛条件。B. 必满足其一的条件——在满足 A 类评估标准的前提下,须至少满足一个 B 类评估标准。C. 可选条件——多个文献遗产在按 A 类 B 类评估标准评定后,其意义相似时,用来比较其相对价值的标准。

我国目前文献遗产领域存在的两大名录《国家珍贵古籍名录》《中国档案文献遗产名录》尽管都制定了入选标准,但采取的"申报—专家委员会评审"的评估机制难免会受到多种主观因素的影响,并且公众只能知道最终入选名录的项目,而并不知道其为什么入选,没有入选的项目为什么不能入选。因此,档案文献遗产意义评估当中,不仅要注重标

第五章 国内外典型文献遗产评估模型分析与借鉴

准的科学性,还要注重过程的透明性。澳大利亚意义评估结果的最终确定往往采用较为民主的方式进行,如投票表决、会议讨论等。虽然意义评估规范了评估程序和标准以尽可能真实地证实或证明评估的合理性,并通过研究、分析资料等对评估结果加以解释和支持,但总是有个人判断和热情的因素导致最终意见的冲突。民主评估则能够尽量避免这种个人因素,确保评估结果的科学性。国外的意义评估工作更重视过程记录和过程公开。过程记录是对意义评估的整个流程进行记录,将流程中每个步骤中产生的文件,作为意义评估和意义陈述撰写的参考资料。过程记录确保了最后评估结果的得出不是空想,而是基于充分的研究,具有充分的证据、资料作为支撑,同时,将过程记录公开能够让其他利益相关者以及公众了解到意义评估的过程,实行监督并了解到文献遗产的意义所在,例如世界记忆工程秘书处对提名的处理行政流程公布在"世界记忆"网站上,还包括名录小组在进行评估时使用的方法等;澳大利亚则在每个流程结束后汇总研究报告,并将其作为意义评估的依据。

当前,在我国文献遗产价值评估标准当中,文博部门按照《文物藏品定级标准》将可移动文物分为珍贵文物和一般文物;珍贵文物分为一、二、三级文物。图书馆界按照《古籍定级标准》将古籍分为善本和普本两部分,具有珍贵价值的善本划分为一、二、三级;将具有一般价值的普本定为四级。一、二、三级之下,再划分等次;四级之下,不分等次。档案界提出按照《永久保管档案分级标准与管理办法》将国家档案馆馆藏的永久保管档案分一、二、三级,但具体如何划分还没有统一的做法和要求。另一方面,在澳大利亚的意义评估当中如何对意义程度进行区分,也是关键问题之一。当前,《意义 2.0》给出了一个意义评估的通用标准框架,但没有指出意义分级的标准。《世界记忆名录》《澳大利亚世界记忆名录》《中国档案文献遗产名录》的遴选标准也都是针对具有世界意义和国家意义的文献遗产。显然,很多文献虽不具备世界意义和国家意义,但对地方具有意义。考虑到不同意义级别的文献材料需要不同类型的保存行为和保存策略,澳大利亚国家图书馆的 Jan Lyall 曾提出在国家意义的基础上再建立一个三级排序体系,分别是具有国家意义的材料、具有重要国家意义的材料、国宝或特别有意义的材料,但并未给出详细的分级标准。① 后来，新南威尔士州遗产办公室也提出一个遗产地内部各构成部分相对意义定级的框架②，见表 5 – 8，他们认为一个遗产地的不同构成部分对其遗产价值的相对贡献可能不同，完整性或状况的丧失可能降低其意义。在某些情况下，认定项目或其组件的相对贡献值可能是有用的。虽然在评估这方面的意义时参考此表是很有用的，但它可能需要修改，以适应它对每个具体项目的应用。

表 5 – 8　　　　　　　澳大利亚新南威尔士州意义定级标准

定级	理由	状态
特别优秀	稀有或突出的要素直接决定项目的地方和国家意义	达到地方或州列名单的标准
高价值	构造或建筑的原始程度高是证明符合意义标准的一个关键标准项；局部修复不会使意义减损	达到地方或州列名单的标准
中等价值	改变或改造后的元素；几乎没有遗产价值的要素，但有助于增加项目的整体意义	达到地方或州列名单的标准
低价值	改变会降低意义，很难解释	达不到地方或州列名单的标准
干扰项	损害该项目的遗产意义	达不到地方或州列名单的标准

第二节　主要破损评估模型

破损评估实质上是一个关于馆藏对象破损状况数据和信息搜集与综合评估的过程。破损评估的目标是要确定对象破损的类型、破损的程度与等级，进一步明确恶化的性质和破损的原因，为修复和保护计划的制订提供决策依据。③ 破损评估从载体的维度来审视遗产保护，将通过对

---

① Lyall J., Determining the significance of documentary heritage materials, Australian Academic & Research Libraries, 1993, 24（2）: 69 – 77.

② NSW Heritage office. Assessing Heritage Significance, [2020 – 02 – 11], https://www.environment.nsw.gov.au/-/media/OEH/Corporate-Site/Documents/Heritage/assessing-heritage-significance.pdf.

③ Harvey R., Preservation in Libraries: Principles, Strategies and Practices, London: Bowker, 2003.

第五章 国内外典型文献遗产评估模型分析与借鉴

档案文献遗产载体破损状况的调查与评估，揭示其破损的表象，评估破损的程度和级别，最终结合价值分级和破损分级，来确定修复工作开展的优先次序。在实际工作中，档案文献遗产的破损评估工作与治疗、修复工作是相互联系、密不可分的。破损评估结果往往是治疗和修复工作介入的信息支撑，为其提供决策依据。

破损评估过程通常分为两阶段，首先是识别破损类型，然后判断损坏程度并划分破损等级。在综合性的馆藏评估或保存规划/评估调查中，对馆藏破损状况的调查评估一般只是识别破损的类型，然后根据损坏情况提出相应的保存建议。例如：NEDCC发布的保存规划调查指南中，将馆藏破损状况分为：磨损和撕裂；弄脏和表面污垢；水渍；酸性损坏；光损坏；封面或装订损坏；霉菌、啮齿动物或昆虫损害；处理不善或故意破坏；其他损害等。直接根据损坏情况提出保存建议：移动馆藏或改善环境、重新装入档案装具等。[1] 斯塔默等人在古籍善本的保存状况调查中将破损状况分为：装订和文本块的破损、环境损害、人的损害。直接根据损坏原因提出处理建议：不需处理、移送保护人员、装盒、小册子用信封装订、聚酯薄膜书夹套。[2] 当然，也有机构采取了更细致、更准确的破损评估模型。

一 大英博物馆馆藏状况调查模型

在大英博物馆的保护语境当中，馆藏的状况监测被看作是一个系统调查（audit）过程。馆藏调查并不是回答哪些藏品需要保护，而需要回答的是更重要的问题，如"这个机构是否成功履行了保护藏品的基本职责""馆藏的哪些部分最需要保护"。在馆藏调查的相关实践当中，不同类型的调查有不同的目的，至少需要三种调查类型才能真正全面地了解馆藏的保存情况，包括预防性保护评估（Preventive conservation assessments）、馆藏状况调查（Collections condition audits）和策展评估（Cura-

---

[1] Patkus B., Assessing preservation needs: a self-survey guide, Andover, MA: Northeast Document Conservation Center, 2003.

[2] Starmer M. E., McGough S. H., Leverette A., Rare condition: Preservation assessment for rare book collections, RBM: a journal of rare books, manuscripts, and cultural heritage, 2005, 6 (2): 91–107.

torial assessments)。[1]

其中，预防性保护评估主要是针对保存环境的评估。为了查明和消除恶化的原因，需要从最广泛的意义上评估保护环境，包括体制政策、程序、现有的工作人员和技能、收藏的历史以及保存的环境空间和物质资源；馆藏状况调查主要是搜集关于对象和馆藏本身状况的数据，作为预防性保护评估的补充；策展评估是识别藏品作为馆藏整体一部分的重要性，即它对馆藏的知识层面的意义。在确定状况调查结果采取的行动和分配资源的优先次序时，这种评估显然是必不可少的。

（一）馆藏状况调查的目标与所需数据

馆藏状况调查的目标包括：①对馆藏对象进行量化评估，并将一个馆藏的结果与另一个馆藏的结果进行比较（检查状况）；②对恶化的主要原因提出具体的证据；③评估馆藏处于稳定状态还是状况正在恶化（诊断趋势）；④说明需要采取哪些步骤来减缓或制止恶化（确定影响趋势的方法）；⑤评估所需资源；⑥评估从不同行动带来的效果；⑦建议优先次序。为了实现这些目标需要收集的数据包括三个方面。

1. 管理数据

这些是用于分析数据和报告结果的主要术语。由于博物馆的收藏非常多样，即使是这些看似显而易见的术语也需要在定义时考虑到这些收藏通常只是部分清点，储存时杂乱无章，而且对收藏的规模没有实际的估计。

①馆藏。机构全部收藏品的一个管理单位。馆藏当中有馆藏集合和馆藏子集。

②存储库。一个设备齐全的房间，用于存放馆藏。

③存储单元。调查设计所基于的一个重要概念。存储库中对象的最小可识别分组，例如一个架子、一个架子上的盒子、地板上的一组对象、在一个抽屉柜中的每个抽屉。如果货架上有一些独立的物品，而其他物品包含在一个盒子中，则这些独立的物品将被视为一个存储单元位置，而另一个盒子也是一个存储单元。

---

[1] Keene S., Audits of care: A framework for collections condition surveys, Knell S. J., Care of Collections, Psychology Press, 1994: 60 – 82.

第五章 国内外典型文献遗产评估模型分析与借鉴

④对象。在博物馆数据定义中,"物中物"的概念是一个常见的问题。例如,对象是茶具,还是单独的杯子或茶托? 为了状况调查的目的,调查员决定什么是最合适的,并记录他们建立的规则。通常,由组件组成的对象被认为是一个单一的对象。

⑤对象标识。清单或收集编号。虽然对于一段时间内的重复调查来说是可取的,但是对于馆藏状况调查对象不需要有单独的编号,而且它们经常缺乏编号。

⑥对象描述。这里的数据是可选的,并且可能因个别机构或馆藏需要而有所不同。它可以包括:简单的名称、材料、类型、制造工艺(如摄影工艺)。也包括可能与状况有关的数据,如脆弱性(对象可能脆弱,但状况非常好)、完整性、流通与否。

2. 描述破损

从所有 77 个不同术语中收集的从各博物馆馆藏的调查表格,用来描述破损和恶化,其中许多是同义词。它们可分为八大类(见表 5-9):工作组一致认为八个一般性术语足够描述对象的破损,包括主要结构破损、轻微结构破损、表面破损、外形损毁、化学恶化、生物攻击、附着物、不好的旧修。对于特定的馆藏,需要列出所有描述损毁的术语,如表 5-10。

3. 描述状况

大英博物馆工作组用四个等级来描述对象的状况,良好、尚好、差、不可接受(见表 5-10)。其中,"行动"是指针对馆藏对象本身所做的事情,而不是对其周围或环境所做的事情。"稳定"的概念是"状况"定义的核心。保护人员在描述"稳定"时真正做的是预测物体有可能恶化的速度。一个对象虽然在其他方面是稳定的,但可能因为一个分离的部分而被分级为"高度不稳定"(或它的等效部分),这将是一种常见的做法。这是一种预测,即由于碎片的永久丢失,物体将发生严重的变化。对象的状况需要在其特定馆藏的背景中定义。例如,作为考古文物的一部分,处于单独碎片中的壶可能处于良好状态,而依据艺术陶瓷收藏品的定义可能将其列为不可接受的类别。破损的数据将提供关于为什么指定该对象的状态等级的信息。例如,"生物退化"与 4 级条件相结合意味着害虫的侵扰或活跃的霉菌生长;4 级加上"重大物理损害"意味着

表5-9 大英博物馆馆藏状况调查模型中表达破损类型的八个主要术语

	结构性破损		外形损毁	化学/内部	生物	附着物	不好的旧修
	主体结构	微小结构	表面破损					
总体	分开的部分 松散的裂缝 可能会展开 大洞 大裂口 部分缺失 机械障碍	裂缝 小撕裂 刺痕 小洞 小裂口 明显不牢固 连接物不牢固 弯曲的 扭曲的 有折痕的 变形的元素， 例如羽状裂缝	油漆脱落 脱皮 油漆/表层疏松 擦伤 杯状 分层 有裂纹 凹陷	划损 弄脏 磨损 变色 褪色 失去光泽 色差	破碎 易碎的 干燥的 渗出物 润滑脂 污盐	昆虫攻击 蠹 木虫 弧形斑 啮齿动物的伤害 霉菌 霉病	弄脏 结完 表层盐 沉积 油腻的	黏合剂 未对准 订书钉 胶带 补丁
家具	结合处非常松 连接物分离		单板脱离					
纸张	非常严重的起皱 并伴随撕裂 非常严重的折痕 并伴随撕裂 非常严重的扭曲/卷曲	起皱 弄皱的 折叠的	擦破		酸 变黄 化学变化的边缘 亚光烷伤 氧化还原斑点 金属杂质			胶带 透明胶带

第五章 国内外典型文献遗产评估模型分析与借鉴

续表

	结构性破损			外形损毁			不好的旧修
	主体结构	微小结构	表面破损	化学/内部	生物	附着物	
书籍	分开的或几乎分开的书脊/封面			酸性纸张 红腐病			
纺织品、纤维	裂开的接缝 严重的裂开 严重的皱折 压碎	收缩的纤维		蚕丝变质 酸性染料			笨拙的缝纫
图片			杯状油漆 损失 剥落漆 提升漆	变白的帆布			
陶瓷/玻璃		小裂纹		盐害		包扎	
金属				锈蚀的			焊料

不安全的断裂或分离的部分应重新连接以避免其损失。

表5-10　　　　　视觉化判断馆藏破损状况的四个等级

分级	说明
C1 良好	在其馆藏的背景下的对象处于良好的保护状况或稳定的状况
C2 尚好	尚好的状况，外观损毁或损坏但仍稳定，不需要立即采取行动
C3 差	状况差，和/或使用受限，和/或不稳定，需要采取行动
C4 不可接受	完全不可接受的状况，和/或严重削弱，和/或高度不稳定并且主动恶化和/或影响其他物体：应立即采取措施

此外，为了确定保护的优先级，利斯（Leese）和布拉德利（Bradley）还提出利用对象的策展价值和保护状况的双重尺度来评估保护优先权。价值最高为3分，最低为0分，状况最好为0分，最差为3分，通过乘法得到优先的得分表（见表5-11）。以此也可以确定四个保护优先级类别，优先级Ⅰ得分为0，优先级Ⅱ得分为1-2，优先级Ⅲ得分为3-4，优先级Ⅳ得分为分配6和9。[①]

表5-11　　　　　学者利斯和布拉德利提出的保护优先赋分表

策展价值	保护状况（A最好，最差）			
	A (0)	B (1)	C (2)	D (3)
3（高）	0	3	6	9
2	0	2	4	6
1	0	1	2	3
0	0	0	0	0

4. 其他可能的数据

其他有用的数据可以作为调查过程的一部分加以收集。例如，记录对象的存储单元是否合适、使对象的状况可接受所需的工作都是比较简单的。如果收集到更多的数据，则强烈建议设计数量有限的术语或类别，

[①] Leese M. N., Bradley S. M., Conservation condition surveys at the British Museum, Bar International Series, 1995, 600: 81-86.

如用于破损或状况的术语或类别，以加快分析过程。

（二）馆藏状况调查的方法和程序

1. 调查方法

抽样设计的基础是统计方法，通过统计方法，可以从一个样本的统计数据中了解想要了解的总体（整个馆藏）。如果从总体中随机抽取样本，那么从样本中可以预测总体估计的准确性。使用统计抽样方法有几个优点：调查花费的时间更少，这一点很重要，因为管理员短缺，调查本身对改善藏品状况没有直接作用。无论是手工分析还是计算机分析，要弄懂大量数据都是非常困难的。

2. 调查程序和抽样

调查有六个不同的阶段：①具体说明调查的目标和范围，并决定可用的时间；②进行试点调查，以确定收集工作的可变性并对任务进行量化；③分析试点调查结果并设计抽样程序；④收集数据（自行调查）；⑤分析数据；⑥报告结果。所采用的统计方法是一个两阶段的系统抽样过程，第一阶段为存储单元，第二阶段为个体对象。这使得样品的设计考虑到不同存储单元之间和存储单元内部的可变性。这就好比选择每一个第 n 条街，然后在这条街内，对每一个第 x 家进行调查。

二 欧盟羊皮纸破损评估模型

公共和私人图书馆、档案馆和宗教机构等都有大量的羊皮纸文献，它们被认为是文化遗产中最具价值的对象之一。这些文献提出了巨大的、尚未解决的保护问题。没有破损评估的标准方法，也没有关于破损类型和原因的详细描述以帮助规划和执行保护行动。此外，由于对原始历史羊皮纸的分析和评估而导致的资源和关于恶化的科学数据的普遍缺乏，阻碍了研究和知识的发展。基于此，欧盟发起了改进的羊皮纸破损评估（Improved Damage Assessment of Parchment，IDAP）项目，其主要目标是为互联网上的专业人员提供以下工具：羊皮纸破损评估程序（PDAP）、预警系统（EWS）、数字化用户友好的羊皮纸损坏地图集（DUPDA）。

（一）羊皮纸文献破损评估的原因

羊皮纸主要由胶原蛋白组成，从分子水平到微观水平都显示出离散的结构层次。随着时间的推移，结构层次中任何或所有级别的胶原蛋白降解都可能影响历史上重要文献的物理特性。羊皮纸的降解趋向于从高水热稳定性的完整纤维结构发展到不同阶段的纤维结构变化以及物理和水热稳定性降低。降解可能会进展到具有明显分解的纤维结构的最终阶段，该纤维结构通过与水接触，在潮湿条件下储存而转变成凝胶状物质，甚至可能变成细小的纤维碎片，而没有任何可检测的水热活性。

在宏观层面上，颜色、刚度、厚度、光透射等特性的变化可能反映出破坏，可以通过简单的技术进行测量。在微观上，可以通过光学显微镜检测和测量纤维结构的损坏，并通过微型热台技术（MHT）检测水热稳定性。但是，不能总是从视觉上察觉到变质，这可能导致由于处理不当或存放条件引起的羊皮纸的进一步受损。因此，通过简单直观的方法系统检测所有可能表明损坏和材料损坏过程的相关特征，是在羊皮纸上获得更好信息的最有效方法，以此作为对羊皮纸的处理以及将来在存储和展览中的保护的基础。此外，对评估数据的分析（包括与高级分析和实验数据的相关性）将增加有关褪变的特征和演变模式及其原因的知识和经验。

（二）羊皮纸文献破损评估程序

在实际应用中，破损评估涉及整个对象，包括其非物质价值。羊皮纸手稿或彩饰包括羊皮纸的物理和化学状态本身、墨水、染料和颜料。PDAP是基于对羊皮纸两面外观和状况的总体评估。先评估整个羊皮纸的状况，然后对定义好的圆形尺寸的特定区域的两侧进行更深入的评估。为了确保使用PDAP的所有专业人员都按照相同的标准理解并执行评估条件和方法等，术语的定义必须清晰易懂。IDAP项目组给出了PDAP评估程序的简短描述，其中还包含一些所用术语的定义示例。

1. PDAP 第 1 部分

要将特定羊皮纸上的评估数据记录在PDAP中，就需要填写数据库第1部分信息，包含羊皮纸的一般信息（见表5-12），并概述性地陈述其性质和破损情况。

表 5-12　需要在羊皮纸破损评估程序（PDAP）第 1 部分记录的信息

- IDAP 标识码
- 原来的标识码
- 所有权
- 来源
- 世纪
- 日期
- 对象类型
- 存储历史
- 目前的存储
- 供评估的气候条件
- 毛孔模式
- 动物来源鉴定
- 羊皮纸的整体颜色
- 羊皮纸的损坏/性质
- 破损的视觉分类
- 其他情况陈述
- 羊皮纸，正面
- 羊皮纸，反面

有关对象类型的知识在调查评估当中非常重要（见表 5-13）。很明显，在书芯中间保护良好的羊皮纸与外层装订羊皮纸或未受保护的羊皮纸会显示出不同的褪化模式。

表 5-13　　　　　　PDAP 中关于对象类型的定义

- 装订物——用来作为书的外层保护封面的羊皮纸
- 书芯中的受保护的羊皮纸——受书芯中的装订或其他页面保护的羊皮纸。在这种情况下，书芯也可以由几页或缝合在一起的书页组成
- 书芯中未受保护的羊皮纸——书芯中的第一张或最后一张没有绑定的羊皮纸
- 卷轴——是一直卷在卷轴里的羊皮纸。特定区域可以位于羊皮纸的或多或少受到保护的区域。信息可以在第 2 部分和第 3 部分的评论框中注明
- 单页——平整的——可以是一个单独的单张，也可以是几个单独的单张缝合在一起，一张接一张
- 单页——折叠——可以是一张单独的纸，也可以是几张单独的纸缝合在一起，然后折叠
- 加速老化的羊皮纸——是一种新的受到加速老化的羊皮纸
- 参考样品——是一个新的羊皮纸，没有受到任何形式的加速老化或处理

最后，在"第1部分"中，需要对通过直接观察得到的羊皮纸的"视觉破损分类"进行报告，为了尽量减少回答的主观性，只能选择四个确定的类别（见表5-14）。

表5-14　　　　PDAP中描述羊皮纸破损的四个类别

损坏程度	说明
完好无损	均匀，状况良好，羊皮纸表面无明显损伤
轻微破损	大部分情况下状况良好，只有一个或几个较小的可见破损的区域（生物、化学和/或物理）
破损	在羊皮纸的较大部分和/或更小的有严重可见破损的区域内，均匀的、渐进的可见破损（生物的、化学的和/或物理的）
严重破损	羊皮纸的大部分和/或几个有严重可见损坏的小区域（生物的、化学的和/或物理的）

2. PDAP第2部分

为了能够比较不同的结果，以下所有测试（包括高级分析）都必须在羊皮纸上较小且定义明确的区域（称为"特定区域"）上进行。原因是，每个羊皮纸上可以分析多个特定区域，并且随着羊皮纸知识的增加，特定区域的数量也会增加。为了跟踪获得的结果，必须对每个特定区域进行编号。

在评估报告的第2部分中，测试在特定区域内进行，但与样品侧面无关。表5-15列出了要在第2部分中执行的测试。纤维结构的厚度和密度等特性会影响光通过羊皮纸的传输。借助灯、纸板锥、照度计和参考样品，可以非常轻松地进行测量和计算。为了保护羊皮纸，重要的是使用不会产生太多热量的光源。纤维结构的变化也可以改变羊皮纸的柔韧性，因此，可以通过将羊皮纸样品的柔韧性与预定义的参考样品进行比较并简单地记录下来。

3. PDAP第3部分

在某些情况下，只能在羊皮纸的一侧检测损坏，否则可能会破坏上层，并可能导致彩绘、文字等载体受损。因此，评估报告的第3部分与特定区域的两侧有关。特定区域，指定为肉面/粒面或正面/反面。

第五章 国内外典型文献遗产评估模型分析与借鉴

表 5-15　　PDAP 第 2 部分的羊皮纸测试列表

- 特定区域编号
- 厚度
- 透光率
- 柔韧性
- 透明度
- 损坏的视觉分类

羊皮纸的颜色可能会发生变化，尤其是在遭受氧化降解时。例如变为更多的黄色或红色/棕色。特定区域的颜色可以两种方式记录：一是基于 24 个参考样品的"最佳匹配"方法，二是使用分光光度计的更高级方法。后者可以更精确地测量颜色。通过对污染物的厚度、颜色和固定性的估计观察来报告表面污染物的状况。通常会看到红色的变色以及广泛的表面污染和水渍。红色变色表明污垢中存在铁，这可能会加速化学降解。总体或局部变色通常表明羊皮纸受到降解因素的影响，因此已被注册。如前所述，某些类型的降解与表面有关。粒面的一面比肉面的一面更脆弱，经常在粒面的一面观察到所谓的玻璃状层（纤维糊化）。可以看到玻璃状层有许多不同的变化，可以是不同的降解阶段和/或类型。这通常是由于羊皮纸的糊化。结合变形观察到的"玻璃状层"表明存在损坏羊皮纸表面的风险。关于粒面，第 3 部分中记录了许多其他参数（参见表 5-16）。这些被怀疑代表了降解的不同阶段，但也可能是由于制造、动物种类等方面的差异。

此外，在第 3 部分中，记录了与文字和彩绘有关的破损。颜料的损失可能是由于机械损坏或糊化造成的羊皮纸表面损失。一些颜料可能会因其存在而催化降解。因此，铁胆油墨催化氧化，该氧化可能使羊皮纸基底退化到完全失去文字。当在笔迹的背面和周围出现视觉变色时，劣化严重。即使在很小的区域内，羊皮纸的恶化状态也可能发生很大的变化，因此重要的是对特定区域的损坏进行视觉评估（表 5-16）。而且，在许多情况下，损伤与表面有关，因此，应在特定区域的肉面和粒面（或正反两面）的每一侧进行损伤的分类。

表 5-16　　　　　　　　　PDAP 第 3 部分中的观察项目

- 肉面/粒面（正面/反面）
- 颜色
- 观察颜色
- 颜色为 LAB 值
- 变形/机械损坏
- 保护和表面处理的证据
- 表面外观
- 表面污染
- 毛孔
- 毛残留
- 静脉
- 方解石沉积
- 粒面层的存在
- 类玻璃层
- 变色
- 生物降解的迹象
- 水损坏
- 受热或干燥损坏
- 火灾伤害
- 文字/书写/彩绘损坏
- 特定区域图片，正面
- 特定区域图片，反面
- 其他的建议

4. PDAP 第 4 部分

评估程序的第 4 部分取决于少量样本。如果不允许采样或只能采集少量纤维，则无法执行第 4 部分中的某些观察。评估程序此部分中的所有观察都必须使用显微镜进行。首先在干燥状态下通过显微镜观察羊皮纸样品，然后在潮湿状态下进行观察。之后，将湿羊皮纸样品分离成纤维并进行检查。报告关于样品的观察结果，即样品在水中如何反应，分离成纤维的难易程度以及需要多少力才能完成（表 5-17）。

在微观层面上，通过观察水中的纤维样品，可以观察到由于不同类型的纤维结构特征变化而造成的损害。这些特性在本书的"羊皮纸的简单和视觉损伤评估简介"和"通过微型热表（MHT）方法检测到的微观水平上的羊皮纸纤维损伤"一章中有详细描述。基于观察到的损坏的简单相对数量，可以将纤维样品指定为四种损坏类别之一。

表5-17　　　　　　　PDAP第4部分报告的观察结果

- 如何采集检查样本
- 样品在羊皮纸结构中的位置
- 干样品
- 水中样本
- 分离湿纤维
- 检查的纤维量
- 纤维特性
- 损坏的纤维/碎片的数量
- 收缩温度
- 第4部分的其他评论
- 其他的建议
- 审查员姓名
- 检查日期

最后，通过微热表技术（MHT）测量纤维的水热稳定性，收缩温度（Ts），其中在水中加热纤维并记录收缩或糊化的温度。在IDAP项目期间，经验表明，即使在40℃或更高温度下大部分纤维可能会收缩的样品中，部分纤维的收缩或熔化也可能在室温下发生。因此，为了更正确、更详细地了解羊皮纸的水热稳定性和损坏情况，应将MHT方法与目视和纤维评估方法相结合，最好在MHT测量之前对同一样品进行评估。

（三）羊皮纸文献的破损分级及其应用

为了进行调查，使用Microsoft Access设计了一个数据库，可对收集到的信息进行分析和处理。检查基材状况时记录的信息包括原始和损坏的羊皮纸的颜色（按体积百分比），以及是否存在旧的修复、变色、发霉、柔韧性、水、热和火损坏、透明区域、变形、可见玻璃状层、方解石沉积物、文字损坏和彩绘损坏。通过从良好状态到严重损坏的四个等级对损坏的模式进行分类并记录损坏的模式，还要记录镶嵌和修复用纸的状况——变色、起皱、撕裂、变脆。根据对结合状态和羊皮纸基材状态的评估,将对象的物理、化学和总体条件从4(不可接受的状况)至1(良好,稳定的状况)进行分级。

欧盟的"改进的羊皮纸破损评估"项目组运用四个级别来描述对象的破损程度(如表5-18),根据对装订以及羊皮纸基质的评估,对其物理、化学和整体状况进行分级,并最终依据破损的严重程度评定处理的优先级(见表5-19)①。后来大英图书馆在其罗伯特·布鲁斯·科顿爵士(Sir Robert Bruce Cotton)烧毁馆藏的评估中参考了该项目的评估方法,确定了其棉布手稿状况调查的流程:对象的识别、描述装订、按预先定义的等级记录装订状况、按预先定义的等级记录载体状况、处理建议、优先级。②

表5-18　　　　　　　装订和羊皮纸状况分级和优先级确立

分级	状况				优先级
	装订	羊皮纸			
		物理	化学	总体	
4	书脊脱落;一个或多个部分松动;缝线完全断了;纸板分离;外部接头断裂,至少一个缝合支架断裂;腐朽变红	非常硬,弯曲会产生新的裂缝;变形,机械损坏;目前的版式损坏文本	严重的热损伤;严重的火焰损害;严重的水损坏;小变化但损伤程度高	不能接受的;非常不稳定;恶化态势严重;应立即采取行动	一级,需立即采取措施:限制使用直至大规模处理完成

---

① Larsen R., Identification of Damage Assessment Project (IDAP) protocol, Fellows-Jensen G., Springborg P., Improved Damage Assessment of Parchment, Care and Conservation of Manuscripts 7. Copenhagen: Museum Tusculanum Press, University of Copenhagen, 2003: 27-36; Larsen R., Improved Damage Assessment of Parchment: IDAP: Assessment, Data Collection and Sharing of Knowledge, Luxembourg: Office for Official Publications of the European Communities, 2007: 39-40.

② Beltran de Guevara M., Garside P., The conservation of the burnt Cotton Collection, Journal of the Institute of Conservation, 2013, 36 (2): 145-161.

第五章 国内外典型文献遗产评估模型分析与借鉴

续表

分级	状况				优先级
	装订	羊皮纸			
		物理	化学	总体	
3	外部接头破裂,所有支架完好无损;纸板扭曲;纸板的角或边缺失;封面材料脱层;覆盖物消失,少于一节松动	旧的修复导致基质损坏;整个文本块的撕破	整体变色;高程度损害	差;可能不稳定;需要采取行动;限制使用	二级,需要保护处理:谨慎处理
2	内部接头折断;表面覆盖材料消失;覆盖物或末端带撕裂;页角变软、变糊	边缘轻微受损,撕破	大面积状况良好,小面积损坏,边缘烧毁等	尚好;变形受损,但稳定;可以采取行动	三级,保护处理将会有益
1	不需要保护介入	不需要保护介入	状况良好	状况良好,稳定;不需要保护介入	四级,不需要保护介入

表 5-19　　　　　　羊皮纸保护处理优先等级

优先等级	处理说明
1	需要立即采取的行动:限制使用,直到处理完为止
2	希望进行保护治疗:小心轻放
3	将从保护治疗中获益
4	不需要注意保护

三　中国馆藏档案破损定级模型

当前,我国图书馆界和档案界均关注馆藏破损评估,相继发布了《古籍特藏破损定级标准》(WH/T 22-2006)、《纸质档案抢救与修复规范　第1部分:破损等级的划分》,分别对古籍和档案的破损类型和破损等级进行了划分。馆藏档案破损评估工作主要参考国家档案局于2017年8月发布的《纸质档案抢救与修复规范 第1部分：破损等级的划分》和《纸质档案抢救与修复规范 第2部分：档案保存状况的调查方法》。定级标准都将破损原因和破损性质作为确定破损级次的基本依据，明确了主要破损类别，以及提出了根据破损类别和破损程度划分破损等级的方法，对破损评估工作有较大的借鉴意义，是破损评估模型要素层面的重要参考。

（一）馆藏档案保存状况调查内容与方法

《纸质档案抢救与修复规范 第2部分：档案保存状况的调查方法》适用于各级各类档案馆，对其所藏档案的构成特点、信息内容、保存状态、破损程度、馆库条件和管理情况等开展调查。在此标准中包含档案个体调查和档案保管状况调查，介绍了档案实体保存现状调查的内容和方法，编制了档案破损状况调查表，为破损评估工作提供重要参考。

档案基本信息及案卷外观调查表记录档案外观的保存状况。其中，基本信息包括档号、全宗名称、临时号、卷内文件起止时间、卷内文件张页数；案卷外观状况包括是否成为档案砖、卷皮是否破损变形、装帧形式及破损与否、卷皮是否酸化、是否严重污染。

卷内纸张保存情况调查表要求记录纸张情况和字迹情况。其中，纸张情况包括纸张种类、酸化、老化、霉变、虫蛀、撕裂、污染、残缺、粘连、皱褶、絮化、不规范折叠、不规范修复、其他；字迹情况包括字迹种类、字迹洇化扩散、字迹褪色或酸蚀、字迹磨损、记录形式、其他。[①]

以上两份调查表的内容对档案载体和字迹保存现状、损坏程度、老化状况、形成时间、记录形式、案卷外观状况等相关问题进行全面调查，可作为定级人员和修复人员评估和修复工作的第一手材料。

此外，标准中还介绍了三种调查方法，各档案馆可根据自身馆藏的数量、档案的损坏和珍贵程度、调查经费、参加调查的人员等方面的因素，确定调查选用的方法。进行选择，并制定调查规划。一是普查，适

[①] 黄丽华、张美芳：《纸质档案抢救与修复规范 第2部分：档案保存状况的调查方法解读》，《中国档案》2018年第4期。

第五章 国内外典型文献遗产评估模型分析与借鉴

用于馆藏数量较少的档案馆对全部馆藏或者部分馆藏档案的保存状况进行普遍的、逐卷逐页的调查。二是抽样调查，档案馆根据自身情况进行分类，如按档案形成时间、保管库房、所属全宗等，在分类的基础上可进一步开展随机或等距抽样，由抽样数据统计结果反映全馆馆藏档案的保存状况。一般情况下，依据馆藏量来确定抽取的样本量。三是重点调查，在馆藏中选择一部分重点档案进行调查，通过统计数据了解总体馆藏档案的保存情况。

(二) 馆藏档案破损等级的划分

《纸质档案抢救与修复规范 第1部分：破损等级的划分》适用于各级各类档案馆、档案室纸质档案的抢救与保护。该标准参考了《古籍特藏破损定级标准》，分析总结了纸质档案实践工作中的情况，明确了纸质档案保护与修复工作中纸质档案的主要破损类别。

从评估内容看，标准所给出的破损类型包含11种，是纸质档案常见的破损类型，并未完全列出，具体内容如表5-20所示。从评估方法来看，标准采用定级的方法将破损等级划分为五级，分别为"特残破损""严重破损""中级破损""轻度破损"，具体判定规则如表5-21所示。

表5-20 《纸质档案抢救与修复规范 第1部分：破损等级的划分》术语表

中文名称	英文名称	定义
酸化	acidification	档案纸张接受了一定数量交换性氢离子，导致pH降低、酸性增大的过程
老化	aging	档案制成材料在储存和利用过程中，因自身或外部因素，性能逐渐降低的现象
霉变	mildew	霉变作用于档案制成材料上导致其理化性能下降或污染档案的现象
虫蛀	Moth damage	档案制成材料被档案害虫蛀食、污染的现象
撕裂	tearing	由于人为或者外力因素导致档案载体呈裂损状的现象
污染	contamination	由于各种原因在档案制成材料上留下污斑、污迹的现象，包括水渍、油斑、墨斑、金属锈斑、泥斑等

续表

中文名称	英文名称	定义
残缺	damage and incomplete	档案制成材料呈现残破、缺失或装订受损等现象
粘连	conglutination	由于潮湿、灰尘、霉菌、长期堆放挤压等原因而造成档案纸张彼此黏结在一起的现象
字迹洇化扩散	ink diffusing or feathering	字迹遇水、水溶液、油或有机溶剂后，色素向四周扩散，导致字迹模糊，影响识读的现象
字迹褪色	ink fading	各种原因引起档案字迹色素色度减退而逐渐模糊、影响识读的现象
字迹酸蚀	corrosion by ink acid	酸性字迹材料因氢离子作用于纸张，导致其出现老化或破损的现象

表 5-21 《纸质档案抢救与修复规范 第 1 部分：破损等级的划分》破损定级表

种类级别	特残破损	严重破损	中级破损	轻度破损
酸化	pH≤4.0	4.0＜pH≤5.0	5.0＜pH≤5.5	5.5＜pH≤6.5
霉变	霉变面积＞30%	20%＜霉变面积≤30%	5%＜霉变面积≤20%	霉变面积≤5%
虫蛀	虫蛀面积＞30%	20%＜虫蛀面积≤30%	5%＜虫蛀面积≤20%	虫蛀面积≤5%
污染	污染面积＞30%	20%＜污染面积≤30%	5%＜污染面积≤20%	污染面积≤5%
残缺	残缺面积＞30%	20%＜残缺面积≤30%	5%＜残缺面积≤20%	残缺面积≤5%
粘连	粘连面积＞30%	20%＜粘连面积≤30%	5%＜粘连面积≤20%	粘连面积≤5%
老化	机械强度严重降低，翻动时出现掉渣、裂口、破碎现象	机械强度明显降低，发黄、发脆、絮化等现象较严重	机械强度有一定程度降低，有少量氧化斑	轻微的发黄、发脆
字迹洇化扩散	严重影响档案信息识读	勉强可以识读	基本可以识读	基本不影响识读
字迹褪色	严重影响档案信息识读	勉强可以识读	基本可以识读	基本不影响识读

续表

种类级别	特殊破损	严重破损	中级破损	轻度破损
其他	—	纸张不规范折叠，导致纸张断裂或字迹因磨损无法识读	25% < 撕裂面积 ≤50%	撕裂面积 ≤25%，折叠处有磨损性断裂

四 国内外破损评估模型小结

20世纪70年代以来，保护管理逐渐成为国外文献遗产保护领域的核心问题，国外记忆机构一直在探索构建保护管理体系，以促进馆藏保存与保护工作的科学化、规范化、制度化和系统化。20世纪90年代，我国文献保护领域开始引入保护管理的思想，但至今综观各类文献保护专业教材、著作以及学术论文中很少有学者深入探讨保护管理体系问题，关于馆藏状况评估或破损状况评估的成果也是屈指可数。实践当中，我国记忆机构的馆藏保护管理体系均不完善，尤其是地方档案机构依靠经验进行档案文献遗产保管的现象十分突出。档案文献遗产保护是以对象认识为基础的，缺乏对对象状况的调查与评估就无所谓保护。从保护管理的角度来看，破损状况的调查与评估给出对象破损或恶化的表现形式和严重程度，揭示了哪些对象或馆藏需要优先处理、修复，是制订保护修复计划的重要决策工具。[1]

通过国内外典型破损评估模型的分析可知，首先，国内外破损评估的流程较为相似。一般而言，针对文献遗产对象的评估，需要基于对象的状况调查数据，在此基础上进一步开展评估。破损评估具体可分为四个步骤：①收集管理数据和对象信息；②破损状况调查，明确破损类型及其原因；③根据破损严重程度、基于客观破损状况和数据信息进行主观判断破损状况定级；④综合确定保护优先级，估算保存成本和资源需求，制订保存与修复计划。

其次，破损类型与分级标准具有差异。我国档案文献遗产不仅数量规模庞大，而且载体类型多样。既有使用结绳、刻契和实物等方式产生

---

[1] Keene S., Audits of care: A framework for collections condition surveys, Knell S. J., Care of Collections, Psychology Press, 1994: 60 – 82.

的原始文献,也有文字书写形成的历史文献(档案、手稿等);载体更是有纸质、石刻、金文、木刻、缣帛等。我国档案文献遗产破损状况是较为严重且普遍的,不同载体类型的文献因其制成材料的不同以及保存环境的差别,其破损类型、破损程度和破损原因都有一定的区别。面对如此多不同类型的文献,似乎不能用同一套术语和标准来描述文献对象的状况。

因此,在描述各种载体类型的文献状况时,首先需要明确破损类型,并明确定义其术语。进而再根据破损的严重程度划分等级。关于等级划分存在一定争议,有使用五个等级的,也有使用四个等级的,还有使用三个等级的。但使用五级标准意味着大多数对象被分配为中等,不确定等级。从整体上看,知道50%的馆藏既不好也不坏没有什么意义。而使用三个等级不允许在不同等级的条件之间进行充分区分,并且还具有不确定等级的缺点。① 因此,通常使用四个级别的标准为最佳,即良好、尚好、差、不可接受。《纸质档案抢救与修复规范 第1部分:破损等级的划分》排除没有受损的档案之后,将破损档案的等级分为:特残破损、严重破损、中级破损、轻度破损。

国内外关于破损状况的等级划分明显存在方法论上的差异。国外习惯上分为四个等级,即良好、尚好、差、不可接受。进而做出是否需要保护处理或修复的决策,以及相对应处理的优先级别。而我国制定的古籍和档案破损定级标准,在判断破损级别上给出了更加细化和定量的依据,但没有给出破损定级之后的优先处理等级。因此在档案文献遗产破损评估当中,不仅需要加入未受损的判断,还要考虑保护优先级的处理问题。

此外,关于保护处理与修复工作优先级存在差异。我国档案文献遗产,除散存民间外,大多散存在各省区的档案馆、图书馆、博物馆、民委(或民宗局)古籍办、民族研究所、文化馆等单位,有课题组对云南省楚雄彝族自治州民族档案文献遗产保护的调查表明,保管机构的保管条件参差不齐,除了档案馆、图书馆具有相对较好的保管场所、设施、

---

① Keene S., Managing conservation in museums, Oxford: Butterworth – Heinemann, 2002: 148.

第五章　国内外典型文献遗产评估模型分析与借鉴

设备之外，很多机构并不具备妥善保管的条件。① 与此同时，很多地方根本没有专门、专业的保护修复机构，很多保管单位也没有专业保护修复设备和人才，不具备保护修复能力。这种现状导致很多机构在其馆藏保管中出现不规范现象。在保管决策方面主要呈现三个问题：一是主观性强，在很大程度上基于保护人员自身常识的判断；二是呈被动性，保护决策倾向于以对象为中心，当对象或整个馆藏受损严重时才予以响应，且仅仅响应已经存在的尖锐问题；三是经验主义，面对已经出现的破损，工作人员在实施调查评估或者保护修复工作中习惯性按照固有经验进行处理，而忽视了不同价值（如善本）、不同类型文献处理中的差异化，极易造成文献的二次破坏。②

国外有学者曾建议将价值评估与状况评估结合起来决定其保护处理优先级别③，实践当中大英图书馆制定的馆藏评估指南中将"意义评估"与"状况评估"结合起来确定保存优先频段④。在我国档案文献遗产保存管理当中，同样需要将两者结合起来。一方面便于优先保护处理和修复的管理决策，另一方面，通过意义评估，确定文献遗产价值等级之后，才有利于在接下来的状况调查当中，采取更加科学、无损的评估技术和手段。在这方面，欧盟的"改进的羊皮纸破损评估"项目为我们提供了一套成熟的方法论指导。考虑到羊皮纸文献遗产的珍贵性，该项目通过简单的视觉化、非破坏性（如非侵入式光谱检测）和微样本评估方法通过数据库收集指定信息。从宏观到微观、再到分子层次评估羊皮纸的常规损害。通过创建一个可访问的数据库，管理人员可以使用早期预警系统（Early Warning System，EWS）和用户友好的数字化的羊皮纸损坏地图（Digitised User – friendly Parchment Damage Atlas，DUPDA）来帮助他

---

① 华林、刘大巧、许宏晔：《西部散存民族档案文献遗产集中保护研究》，《档案学通讯》2014 年第 5 期。

② Konsa K., Condition survey for the Estonian national preservation policy, Restaurator. International Journal for the Preservation of Library and Archival Material, 2007, 28 (4): 239 – 255；张玉祥：《西北边疆地区濒危少数民族古籍保护研究》，《图书馆工作与研究》2016 年第 8 期。

③ Leese M. N., Bradley S. M., Conservation condition surveys at the British Museum, Bar International Series, 1995, 600: 81 – 86.

④ British Library, Our Past, Our Future: A Preservation Survey Report For Scotland, [2019 – 08 – 18], http://www.scottisharchives.org.uk/preservation/pas – report/pasreport – scotland.pdf.

们容易地识别损坏①。我国尽管十分重视珍贵古籍和档案的保护,提出实施"专库或专架管理"② 以及建设档案特藏库的策略,但忽视了对这些珍贵文献遗产调查、评估、修复等环节。因此,在档案文献遗产破损评估当中必须坚持价值导向的评估方法选择。

第三节 经典风险评估模型

任何机构采取行动处理风险,最终目标就是要避免、消除或减少我们认为不可接受的风险。在记忆机构的风险管理中,重要的是要在评估这些危险可能带来的风险后确定风险及其管控优先级,也就是风险评估。风险评估是运用定性或定量方式判定具体的、公认的威胁相关风险大小或等级的最重要的决定因素。因此,需要以风险评估结果为基础,来评估其馆藏保存中面临的所有不确定性。③ 风险评估就是要识别馆藏风险,分析风险的频率和程度,确定与风险相关的来源、原因和影响,评定风险的等级为风险管理决策服务。在本书第一章,我们回顾了当前馆藏风险评估的一些主要方法和模型,以下将对其中较为典型的几种风险评估模型进行介绍。

一 加拿大自然博物馆的文化财产风险分析模型

沃勒的风险分析模型是在米哈尔斯基(Michalski)提出的"九个恶化因子"基础上提出来的。1992年学者米哈尔斯基在《博物馆藏品保护(护理)的系统方法》一文中首次提出博物馆风险评估的风险识别阶段可以通过"九个恶化因子"较为全面地对风险来源进行归因,从而帮

---

① Larsen R., Improved Damage Assessment of Parchment: IDAP: Assessment, Data Collection and Sharing of Knowledge, Luxembourg: Office for Official Publications of the European Communities, 2007: 13 – 14.

② 文化部:《文化部关于印发〈"十三五"时期全国古籍保护工作规划〉的通知》, [2019 – 08 – 18], http://www.gov.cn/xinwen/2017 – 09/06/content_ 5223039. htm。

③ Segaetsho T., Preservation risk assessment survey of the University of Botswana Library, African Journal of Library, Archives & Information Science, 2014, 24 (2): 175 – 186.

第五章 国内外典型文献遗产评估模型分析与借鉴

助博物馆更全面准确地确定风险的类型（见表5-22）。

表5-22　　米哈尔斯基提出的馆藏风险九个恶化因子

因子类型	二级类别
1. 直接物理力量：冲击、振动、磨损、重力	a. 累积性的：处理或保护不当；b. 灾难性的：地震、战争、地板倒塌
2. 破坏文化遗产的人	a. 故意：罪犯；b. 无意识：工作人员
3. 水	
4. 火	
5. 害虫	a. 昆虫；b. 害虫、鸟类、其他动物
6. 污染物：灰尘、烟雾、盐类、酸类、空气污染、挥发物、转移物质、氧气	a. 紫外线（UV）；b. 不必要的光
7. 辐射	
8. 不恰当的温度	a. 波动；b. 太高
9. 不恰当的相对湿度	a. 湿度超过70%；b. 超过、低于临界值；c. 超过0%；d. 波动

1994年学者沃勒在预防性保护的理论基础下开始对馆藏风险评估模型进行探索，在预防性保护的框架下引入系统科学的思想，提出了文化财产风险分析模型（Cultural Property Risk Analysis Model），并应用于加拿大自然博物馆的风险评估工作。该模型基于数学公式，综合考虑了风险发生的概率、价值损失和易受损范围等因素。沃勒认为，所有恶化因子造成的所有风险可以视为所有单独风险的组合，因此使用"恶化因子"和"风险类型"的组合，我们可以接近全面地去识别、分析风险，并形成对其综合的认识（见图5-4）。

恶化因子　+　风险类型　=　一般风险

图5-4　文化财产风险分析模型指标

从风险识别环节来看，主要包括对恶化因子和风险类型的定义。对于恶化因子的识别，沃勒参考借鉴了米哈尔斯基预防性保护框架中影响博物馆环境的九个恶化因子。在此基础上他提出了一个新的恶化因子，监管疏忽，后将其定义成脱离。这些恶化因子以发生的频率和对馆藏的影响的严重程度为特点，可以分成三种类型，即罕见且灾难性的、偶发且严重的、常见且缓和的，如图5-5所示。

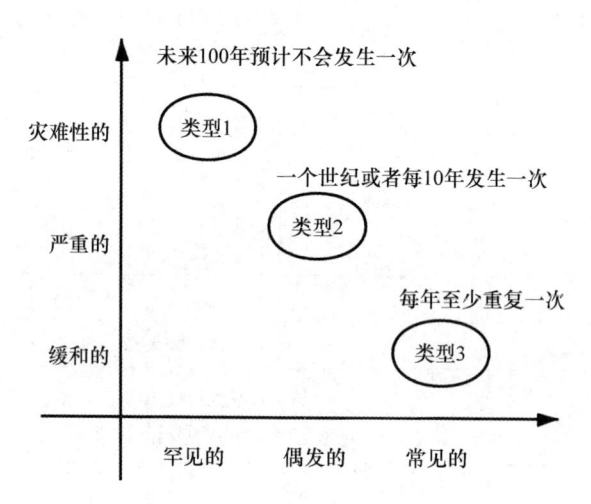

图 5-5 文化财产风险分析模型中的风险类型

为了更多具体地量化风险，沃勒又对风险发生的频率做了更细化的层次描述，即定义类型1风险为"未来100年预计不会发生一次"的事件；类型2风险为"一个世纪或者每10年发生一次"的事件；类型3为"每年至少重复一次"的连续过程或事件。通过风险恶化因子与风险类型的组合我们就能获得如表5-23所示一般风险的汇总，较为全面地反映出风险的表现形式与具体风险类型。

值得注意的是，不同类型风险的风险评估数据获取渠道也有所差异，对类型1风险的估计高度依赖于有关事件概率的统计信息。这不是一般的馆藏保护人员所能涉及的知识领域，因此必须从消防等领域的专家那里获取信息。类型2风险所需要的信息主要来自馆藏使用、展览或研究过程中形成的相关报告。对类型3风险的估计则需要将保护研究的结果同影响收藏的环境条件相结合。但目前，由于我们缺乏准确估计大多数

第五章 国内外典型文献遗产评估模型分析与借鉴

风险所需的具体信息,所以,通常可以依据博物馆工作人员对馆藏保护方面的经验,来获得合理的预估。

表 5-23 文化财产风险分析模型中一般风险和表现形式的示例

一般风险		表现形式
物理力	类型1	地震会导致书架倒塌,导致藏品破碎
	类型2	处理错误会导致装载藏品的抽屉掉落,导致藏品破碎
	类型3	重力作用在支撑力差的可变形藏品上,导致藏品变形
火	类型1	火点燃,然后闪烁到其他物体,然后蔓延到其他房间,引燃建筑和破坏整个藏品
	类型2	火点燃,然后闪烁到其他对象上,引燃一个房间,并摧毁房间所有藏品
	类型3	火点燃但不会闪烁,并且在起火点处仅摧毁个别藏品
水	类型1	来自附近河流的水溢出堤岸,淹没建筑物地下室至1米深度并浸湿藏品,导致藏品和标签的可溶部分损失
	类型2	水从泄漏的水管流入内墙,润湿悬挂在墙壁上的藏品,导致藏品有潮痕
	类型3	建筑物附近地面的水渗透地下室地板,导致直接存放在地板上的金属物体被腐蚀
犯罪	类型1	职业窃贼计划有针对性的盗窃导致藏品丢失
	类型2	被赋予访问藏品权限的人会窃取藏品或藏品的一部分,从而导致藏品的丢失
	类型3	博物馆的参观者拿走暴露在外的藏品,导致藏品部分丢失
害虫	类型2 或 类型3	昆虫害虫附着在退回的外借藏品中并影响部分藏品,导致藏品损失
污染物	类型1	博物馆附近的工业或运输事故导致污染物进入空气调节系统,污染藏品
	类型2	腐蚀性清洁液意外溢出到藏品上,导致藏品腐蚀和表面损坏
	类型3	暴露在高温和高温下的存储硬件会释放出酸性气体,腐蚀敏感藏品,导致藏品表面受损
光线、紫外线辐射	类型2 和 类型3	紫外线过滤的光线会导致藏品颜色褪色

续表

一般风险		表现形式
不恰当的温度	类型2	超冷冻机失效以及报警系统故障会导致样品熔化和 DNA 降解
	类型3	年平均或季节性温度过高导致化学反应加速,导致藏品逐渐崩解
不恰当的相对湿度	类型2	由于空气调节系统的故障导致高 RH 偏移,导致金属腐蚀,导致材料损失和藏品模糊
	类型3	冬季较低的相对湿度会导致尺寸变化,导致藏品中受约束的材料断裂
脱离	类型1	特殊情况导致藏品丢失
	类型2	由于使用或不使用而丢失与藏品有关的文档(如注释说明),将导致对象价值的损失
	类型3	如果标签丢失或无法重新关联,则标识标签的分离将影响藏品价值

在风险分析环节中,运用公式 MR = FS × LV × P × E 对风险大小进行量化:

其中,MR 代表风险等级(Magnitude of Risk),LV(Loss in Value)代表价值影响,FS(Fraction Susceptible)代表易受影响的分数,P(Possibility)代表可能性,E(Extent)代表影响范围。

具体地讲,可能性(P)是发生特定严重性事件的估计可能性,概率这一参数往往用来分析类型1风险的大小,当风险类型为2或3时,P = 1,只有为1型风险时 P 介于 0—1 之间。实际上,对于任何给定的1类风险,将存在与之一系列严重性相关联的一系列概率。例如,我们在考虑地震造成的损坏风险时将地震的最大威胁确定为来自货架或抽屉中无限制物体的移位。无限制物体行进的平均距离是显示地震严重程度的一种有效方法。在100年间发生地震导致无限制物体移动1毫米的概率非常高,接近于1。与较强地震相关的可能性会导致较大的位移的概率将逐渐减小,对于非常大的位移,接近0。概率这一参数往往用来分析类型1风险的大小。

范围(E)风险发生所波及的范围,对于确定2型与3型风险的大小有较大意义。例如,考虑到所有干燥的压制植物样本在处理过程中都会受到物理损坏。在100多年的时间里,几乎所有的标本都将被处理,

第五章　国内外典型文献遗产评估模型分析与借鉴　　125

许多将受到一些物理损害，从而导致价值损失。损害发生的程度是可以根据收集管理者的经验估算的，对于确定 2 型与 3 型风险的大小有较大意义。

易受影响的分数（FS）定义了被认为易受特定风险影响的特定馆藏，易受影响分数是连续变化的。例如，贵金属和宝石、矿物标本对专业盗贼的敏感性最高，对于体型巨大而且又没有什么金钱价值的标本来说被偷盗的可能性最低。

价值损失（LV）定义为馆藏价值减少，此处考虑的值与馆藏的利用价值有关，很难具体量化，因此是最难预估的因素之一。自然科学馆藏主要用作研究工具，这里考虑的价值通常与货币或市场价值没有直接关系。一个例外是矿物或宝石标本，其市场价值可以是显示价值的合理指标。但是，在大多数情况下，此处考虑的值与馆藏的效用有关。价值损失是最难估计的因素之一，它非常依赖于馆藏的使用方式，以及标本的哪些方面有助于它们的实用性。

易受影响分数与价值损失都是介于 0—1 之间，因此最终计算出的风险等级也是 0—1 之间的数字，当风险等级越接近 1 则风险越高。通过数理计算后，就可以直观看出风险处理的优先级，为风险应对与处理提供数据参考，如图 5-6 所示。

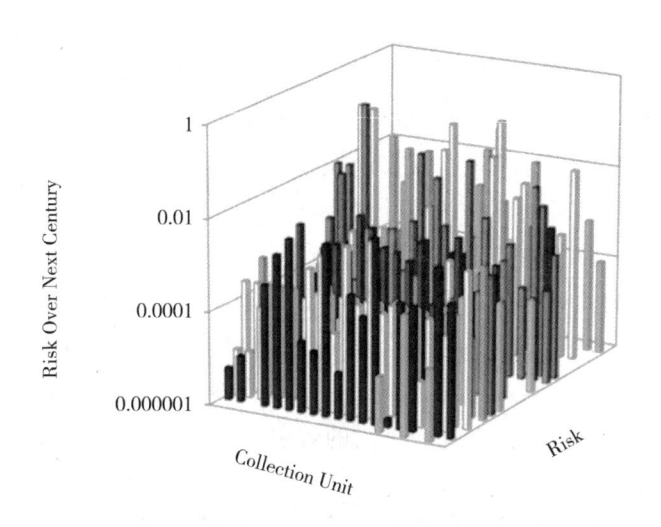

图 5-6　文化财产风险分析模型分析结果示意

风险评级的主要任务是根据风险分析环节的计算结果，确定风险处理的优先级。量化后的风险数值大的考虑优先处理，为风险管理中的风险应对工作提供参考，为风险应对策略制定提供数据支持。沃勒在提出该模型后就将其应用于加拿大自然博物馆的风险评估工作中，图5-7是加拿大自然博物馆风险分析的结果。

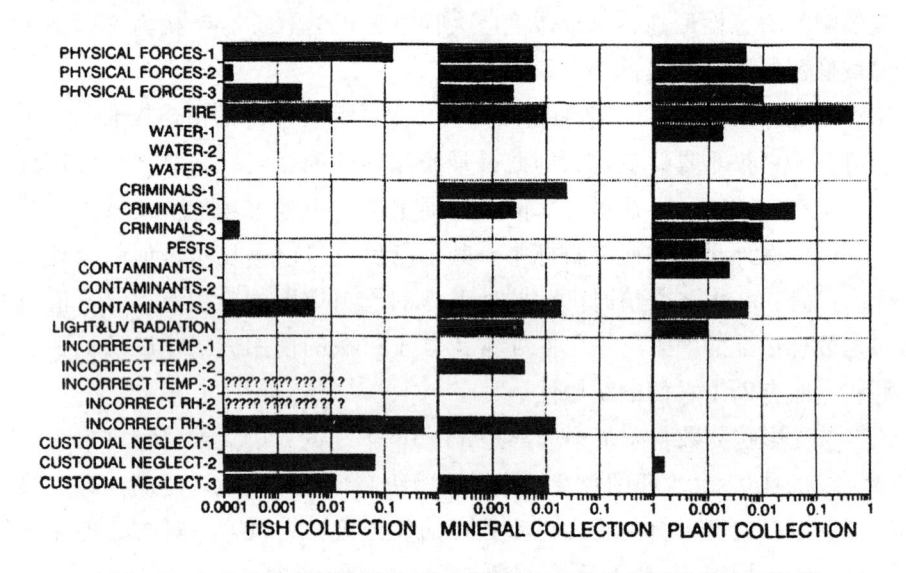

图5-7 加拿大自然博物馆鱼类、矿物类与植物类馆藏风险分析示意

由图5-7可知：对鱼类馆藏来说风险等级最高的是不正确的相对湿度类型3风险，表现为冬季低相对湿度导致尺寸变化进而导致物体中受约束材料的破裂。对矿物馆藏来说风险等级最高的是犯罪—类型1的风险，表现为职业窃贼有计划有针对性地盗窃导致物体丢失。对植物类馆藏来说，威胁最大的是火灾。文化财产风险分析模型作为在图书馆、档案馆与博物馆风险评估领域应用最广泛的风险评估模型，以其最为全面的"十个恶化因子"指标较为全面地识别风险，同时针对不同数据来源的参数确定不同的数理计算公式量化风险。既有全面性又有针对性，在文化财产风险评估方面发挥着极大的效用。

二 土耳其新世纪大学的5×5风险矩阵模型

2014年土耳其学者库祖库鲁（Kuzucuoglu）在沃勒的"十个恶化因

第五章　国内外典型文献遗产评估模型分析与借鉴　　127

子理论"的基础上结合风险矩阵的方法，形成了能够应用于图书馆、档案馆与博物馆的"5×5 风险矩阵模型"用于评估图书馆、档案馆与博物馆人员与馆藏的风险。[①] 他认为人员作为管理与利用馆藏的主要力量，能够对馆藏产生非常大的影响，因此人员的安全风险也应作为风险评估的对象之一。

该模型结合专家经验与数理统计，采取定量与定性研究相结合的方式，专注于可能影响特定馆藏、图书馆资料或博物馆、图书馆工作人员的风险。风险矩阵评估模型总体目标是检查人员（董事会、员工、志愿者和顾客）和财产（实际财产、建筑物、人工制品、图书馆资料和设备）的风险。其目的是提高图书馆、档案馆和博物馆负责人和决策者的认识。该模型参考的指标如图 5-8 所示。

恶化因子 ➕ 风险等级 ＝ 具体风险

图 5-8　5×5 风险矩阵模型指标

风险分析一般有三种方法，即定性、定量以及两者相结合。定量的方法一般适用于有系统的数据统计的领域，而对于没有可参考的具体概率数据的情况来说，可以利用定性的方式来确定风险发生的严重程度。而该方法模型将专家经验与相关事件数据结合，采取定量与定性的方式，对风险发生的可能性和严重程度先进行定性描述，把风险发生的可能性与严重程度分为五个等级（见表 5-24、表 5-25），后通过比照风险评估准则对其进行定量估计，将风险大小定义为发生的可能性与严重程度的乘积，从而确定出风险大小的 5 个等级，即不可容忍的风险、重大风险、中度风险、可容忍风险、微不足道的风险。

表 5-24　　　　　　　　　　风险发生的可能性

可能性	评定发生的可能性
非常低（1）	几乎为零

[①] Kuzucuoglu A. H., Risk management in libraries, archives and museums, IIB International Refereed Academic Social Sciences Journal, 2014, 5 (15): 277-294.

续表

可能性	评定发生的可能性
低（2）	非常罕见（每年一次）
中等（3）	罕见（一年几次）
高（4）	经常（每月一次）
非常高（5）	在正常工作条件下非常频繁（每周一次，每天一次）

表5-25　博物馆藏品和图书馆及档案材料的风险严重程度

大小	评价严重程度
非常轻微（1）	没有/非常有限的损坏：不需要保护
轻微（2）	轻微损坏：需要保护
中等（3）	适度损坏（快速，断裂）：需要保护
严重（4）	严重损坏（快速，崩解等）：需要保护
非常严重（5）	极严重的损坏（藏品/材料严重损坏）：需要保护

表5-26当中行代表风险严重程度，列代表风险发生的可能性，列行的乘积表示具体风险的量化结果。对照表5-27不同数值风险的说明，即可采取初步应对方式。

表5-26　　　　　　　　5×5风险矩阵风险分值

严重程度 / 可能性	非常严重（5）	严重（4）	中等（3）	轻微（2）	非常轻微（1）
非常高（5）	高（25）	高（20）	高（15）	中（10）	低（5）
高（4）	高（20）	高（16）	中（12）	中（8）	低（4）
中等（3）	高（15）	中（12）	中（9）	低（6）	低（3）
低（2）	中（10）	中（8）	低（6）	低（4）	低（2）
非常低（1）	低（5）	低（4）	低（3）	低（2）	低（1）

第五章 国内外典型文献遗产评估模型分析与借鉴

表 5-27 风险定级评分

风险等级	风险类别
不可容忍的风险 (25)	在确定的风险降到可接受的水平之前，不应开始工作或立即停止任何运行过程。如果尽管采取了措施，但仍无法降低风险，则应避免此类活动
重大风险 (15, 16, 20)	在确定的风险降低之前，不应开始工作或立即停止任何运行过程。如果风险与工程进度有关，则应立即采取措施，并根据这些措施决定工程进度
中度风险 (8, 9, 10, 12)	应根据具体计划采取措施降低已识别的风险
可容忍风险 (2, 3, 4, 5, 6)	应根据具体计划采取措施降低已识别的风险
微不足道的风险 (1)	可能不需要规划控制过程和保留行动记录来消除该风险

综上，图书馆、档案馆与博物馆可以得到各馆针对人员、馆藏风险评估的最终分析结果如表 5-28 所示。

表 5-28 基于矩阵分析法的风险分析表得分显示

	危险源/危害	查明的风险	损害，毁坏	P	M	R	纠正性预防控制措施
1a	电缆绝缘磨损	电击/火灾	E 受伤/死亡	5	4	20	立即更换不符合标准的有缺陷和破损的电缆。定期检查
1b	电缆绝缘磨损	火灾	C 损坏/丢失	5	5	25	应采取额外措施保护物体免受火灾，应增加灭火器的数量
2a	电气设备漏电	电击/火灾	E 伤害/死亡	4	5	20	使用无绝缘插座、绝缘电气配电板；在配电板前放置绝缘垫子；安装剩余电流继电器

续表

	危险源/危害	查明的风险	损害，毁坏	P	M	R	纠正性预防控制措施
2b	电气设备漏电	火灾	C 损坏/丢失	4	4	16	应扩展消防措施
3a	线路高度集中和混乱	绊倒	E 损伤	3	4	12	避免潜在的漏电和由此引起的火灾，所有电缆应组织和安排在管道
3b	线路高度集中和混乱	掉下来的艺术品绊倒工人	C 损坏/丢失	2	3	6	不是手工处理艺术品，而是在容器中处理艺术品。避免人工过载
4a	在配电板上附加标签和警告标志	电击/火灾	E 受伤/死亡	5	4	20	指示危险的警告标志和标签应连接到配电盘上。所有设备的操作说明应准备好并挂起
4b	在配电板上附加标签和警告标志	火灾	C 损坏/丢失	4	4	16	应扩展消防措施
5a	未能采取必要的灭火措施	火灾	E 受伤/死亡	5	5	25	应设置消防条件说明书，提供消防训练，消防设备应定期维修，警示标志显示紧急情况。火灾时应附加逃生路线，这些路线应保持畅通（桌子、椅子、橱柜等应该移除）
5b	未能采取必要的灭火措施	火灾	C 损坏/丢失	5	5	25	在保管物体（展览、阅读、储存区域）的区域，应采取额外的灭火措施

注：序号标有 a 的部分表示员工，标有 b 的部分表示馆藏和图书档案材料。另外，字母 P 表示概率，字母 M 表示幅度，字母 R 表示总风险评分。

第五章　国内外典型文献遗产评估模型分析与借鉴　　131

5×5风险矩阵模型是一种有效的风险管理工具。不仅应用在图书馆、档案馆与博物馆领域，在一些金融项目与建筑项目等领域也被广泛地应用。该模型将人员的安全风险纳入评估对象中，相较于只注重馆藏风险评估的模型，此模型考虑的范围更全面。风险矩阵模型较为灵活多变，可以根据各馆的需要加入自己需要评估的对象，适用性强。

三　中国的档案安全风险评估模型

在我国，为进一步加强各级国家综合档案馆的安全管理，提高档案安全风险防范和保障能力，确保档案馆库、档案实体和档案信息安全，2018年12月，国家档案局依据《档案法》《建筑法》《消防法》《保密法》等法规、标准，制定并发布了《档案馆安全风险评估指标体系》。该指标体系的制定体现了安全第一（档案安全保密）、预防为主（规避风险隐患）、突出重点（指标体系评估的是普遍存在的多发性的隐患，档案馆应结合实际制定有针对性的评估指标）的原则，可依据指标体系采取定性、定量与定性定量结合的方法。

《档案馆安全风险评估指标体系》共包含馆库安全、档案实体安全、档案信息安全和安全保障机制4项一级指标、15项二级指标和56项三级指标（见表5-29）。每一项指标都有相应的评估内容、评估办法和评估依据，可采取定性或定量的方法，逐项进行评估，得出的评估结论如下：高危性安全风险隐患（重大风险隐患，对程度的描述不严谨）、危险性安全风险隐患（严重影响，程度不明，缺乏数据支持）、未发现安全风险隐患（未发现，但不意味着没有）。

《指标体系》较为全面地囊括了档案馆可能面临的各种风险，评估内容贯穿建筑、档案、网络安全等相关领域，评估依据详尽，具有专业权威的特点。考虑到执行问题，《指标体系》还为每一项评估内容提供了具体的标准规范以作参照。对于使用者来说，《指标体系》是一本宝典，风险评估大部分可以按照书面要求进行。缺点包括：①评估小组由各领域专家组成，组建协调难度较大；②评估方法更倾向于走评估流程，并未提及评估的具体方法，在留给评估小组一定自由度的情况下，选择不同的评估方法会得到不同结果，没有统一标准；③评估内容多用描述性语句，缺少量化数据支撑，评估主体在评估时具有较强的主观

表 5-29　《档案馆安全风险评估指标体系》三级指标

\multicolumn{5}{c}{1 馆库安全}
1.1 馆库选址	1.2 馆库建筑	1.3 功能布局	\multicolumn{2}{c}{1.4 设施设备}
周边环境	竣工验收		\multicolumn{2}{c}{档案装具}
地质条件	楼面活荷载		\multicolumn{2}{c}{防尘防污染防有害生物设施设备}
地震防护	围护结构		\multicolumn{2}{c}{采暖通风和空气调节设备}
	防火设计、建筑		\multicolumn{2}{c}{消防设施设备}
			\multicolumn{2}{c}{安防设施设备}
水文条件			\multicolumn{2}{c}{电气设施设备}
	防水设计、建筑		\multicolumn{2}{c}{给排水}
			\multicolumn{2}{c}{电梯}
			\multicolumn{2}{c}{防雷}
\multicolumn{5}{c}{2 档案实体安全}
\multicolumn{2}{c}{2.1 档案保管}	\multicolumn{2}{c}{2.2 档案流转}	2.3 档案抢救和保护
\multicolumn{2}{c}{档案登记与统计}	\multicolumn{2}{c}{档案接收}	档案病害状况检查
\multicolumn{2}{c}{档案目录编制}	\multicolumn{2}{c}{档案出入库}	档案抢救
\multicolumn{2}{c}{档案存放状况}	\multicolumn{2}{c}{档案利用}	
\multicolumn{2}{c}{特藏档案存放}	\multicolumn{2}{c}{}	档案保护
\multicolumn{2}{c}{档案保存情况检查}	\multicolumn{2}{c}{档案销毁}	
\multicolumn{2}{c}{档案库管理}	\multicolumn{2}{c}{}	
\multicolumn{5}{c}{3 档案信息安全}
\multicolumn{2}{c}{3.1 系统安全}	\multicolumn{2}{c}{3.2 数据安全}	3.3 档案开放和利用安全
\multicolumn{2}{c}{机房安全}	\multicolumn{2}{c}{数据管理}	档案开放
\multicolumn{2}{c}{网络安全}	\multicolumn{2}{c}{档案信息资源保存与备份}	档案解密
\multicolumn{2}{c}{设备安全}	\multicolumn{2}{c}{}	涉密和未开放档案利用
\multicolumn{2}{c}{软件安全}	\multicolumn{2}{c}{档案数字化加工}	开放档案利用
\multicolumn{2}{c}{运行安全}	\multicolumn{2}{c}{}	档案公布和编辑出版
\multicolumn{5}{c}{4 安全保障机制}
4.1 组织保障	4.2 制度保障	4.3 应急措施	4.4 宣传培训	4.5 安全保卫
档案安全队伍	建立档案安全工作责任制	建立安全应急预案	安全宣传	内部安保工作
档案安全工作职责落实	建立档案安全制度	开展应急演练	安全培训	物业安保
	开展安全检查			

性；④评估结论按程度描述，不能全面客观反映评估对象的真实情况，得出结论的后续工作少有涉及。

总的来说，该《指标体系》是我国在档案领域开展风险评估的探索成果。在现阶段，它的作用是为后续进一步开展评估工作打基础。作为一个指标体系，它从静态的视角描述一个体系的构造，而在实践层面（如选取怎样的评估方法、评估工作流程如何）的考虑欠佳。虽然目前能用于辅助评估工作的规范标准有限且缺少针对性，但是我们相信，国家一定能在实践中摸索出一整套的档案安全风险评估辅助标准与执行规范，从而进一步规范评估工作、提高评估效率与质量。

四 国内外风险评估模型小结

20世纪90年代以来，文化遗产领域兴起的风险评估在几十年的发展中不断走向成熟。加拿大自然博物馆的文化财产风险分析模型在馆藏风险评估领域具有很强的适用性。至今，该模型不仅在应用中得以不断修正与完善，而且还在博物馆、图书馆、档案馆等不同类型和级别的机构得到了广泛应用。还有机构基于该模型研发了风险评估系统和工具，制定了风险管理指南。我国档案界对风险管理的关注较少，与国外以馆藏为基础的风险评估视角不同，国内往往从宏观的档案馆视角切入，且更多是在国家档案局提出建设"档案安全体系"之后，从安全风险视角切入。

国外的馆藏风险评估工作多是由机构根据实际情况自主开展，而我国档案馆安全风险评估工作由国家总揽全局，通过编制统一的指标体系来指导地方国家档案馆的风险评估工作。在思想层面，国外强调的是一种保护意识，对保护专业知识要求较高。他们认为传统博物馆、档案馆与图书馆的工作人员不仅仅要承担保护和保管的角色，还应该是安保人员、安全员、建筑维护人员甚至是策展人。所以他们比较希望馆里的工作人员能够发挥个人的主观能动性去发现风险，思考应对风险的策略，增加保护专业知识、提高保护意识。而国内强化规章标准弱化主观能动，强调档案安全保密。我国目前的这个指标体系的具体项目是基于档案馆运作流程的，指标考察的不是档案的损失，而是档案馆运作中的疏漏。这种风险管理的思维聚焦到档案、档案馆层面，指标体系同国外相比会有较大差异。

为了突出中外各风险评估模型的特点,本书从模型基本概况和分析方法等角度来对三个模型进行了比较(见表5-30)。国内外风险评估模型最主要的区别体现在评估指标和评估方法的不同。首先,在评估指标方面,国外的风险评估模型主要是着眼于馆藏风险,依据馆藏恶化十大因子进行风险的识别与分类,而国内的安全风险评估模型主要着眼于档案馆安全风险,依据馆库、实体、信息以及安全保障等维度进行安全风险的指标体系设计,评估指标具有本质上的区别。其次,在评估方法上,国外的风险评估大都采用定性与定量结合的方法,通过风险分析能够得出一个较为确定的数值,从而量化了风险的优先级。国内主要采取定性评估,通过现场查看以及相关数据、报告的查阅进行综合评判。

表5-30　　　　　　　　三种风险评估模型比较

		文化财产风险分析	5×5风险矩阵	档案馆安全风险评估模型
基本概况	评估对象	文化财产	馆藏、人员、建筑物	档案馆安全
	适用范围	图书馆、档案馆、博物馆	图书馆、档案馆、博物馆及其他行业	档案馆
	提出时间	2013年	2014年	2017年
具体内容	指标体系 概况	10个恶化因子×3种风险类型	10个恶化因子×5层风险等级	馆库安全、实体与信息安全、安全保障
	识别结果的完整程度	完整	完整	较为完整
	灵活性(是否能根据不同需求识别出不同风险)	高	高	低

第五章 国内外典型文献遗产评估模型分析与借鉴

续表

		文化财产风险分析	5×5 风险矩阵	档案馆安全风险评估模型
具体内容	风险分析 参考参数	概率、范围、价值损失、易感性分数	概率、严重程度	风险可能危害程度及防控条件
	数据来源	专业部门数据；图/档/博馆工作总结、报告；专家/工作人员经验	专业部门数据；图/档/博馆工作总结、报告；专家/工作人员经验	相关专业部门数据、报告、技术资料；现场查看、抽查等
	分析方法	定性与定量相结合	定性与定量相结合	定性
	风险评定 定级概况	按量化的风险数值 MR 高低来确定优先级，MR 需要经过数理统计计算，值的范围为 0.000001—1	以矩阵的方式确定优先处理项，风险评分 R 由两个参考参数相乘得到，值的范围为 1—25	按严重程度定为高危性、危险性和未发现安全隐患三类
	结果呈现	多用柱状图、条形图直观反映	用基于矩阵法的风险分析表反映	定性描述方法呈现
应用情况	应用难度	较高，数理计算难度在四个模型中最高	一般，计算、理解难度适中	简单
	评估结果对后续风险应对的便捷程度	一般，能够较为全面地揭示风险并评定优先级，方便进行后续风险应对	较高，前置性地提出风险应对的大致思路可供参考	较高
	评估耗时	耗时长，需要按指标体系进行风险识别、收集大量信息用于风险分析和进行复杂计算	耗时较长，需要按指标体系进行风险识别、收集信息用于风险分析	耗时较短，只需按指标体系进行风险识别和分析
	应用广泛度	应用较广泛，可应用在博物馆、档案馆、图书馆领域，尤以其中指标体系部分被广泛使用、发展	非常广泛，不仅应用于博物馆、档案馆、图书馆等，还可以应用于金融、建筑项目等领域	较窄

此外，从应用和可操作性方面来看，国外风险评估模型中提出的思路和方法在实践中可以灵活运用和不断完善，但操作难度相对较大，需要较高素质的人员，人员的素质水平直接影响评估结果。且评估周期较长，前期准备基本是根据实际面临的风险从头开始，完成风险评估全过程，需要耗费大量时间。而在国内，由于指标体系是针对档案馆的共性设计的，在实践中灵活性较差。另外，由于风险识别环节过分依赖定性描述，实践中容易出现偏差，影响评估结果客观性。指标体系的设计为国家档案局统一研制，弱化评估主体的前期准备过程，从而方便评估工作的开展。

要全面了解馆藏档案文献遗产的风险，各保存机构就需要重视风险评估，从微观视角切入，识别造成其馆藏档案文献遗产恶化或损毁的风险要素，分析这些风险发生的频率及其损害的严重程度，并最终评定风险等级，为保存管理决策，尤其是预防性保护措施的介入提供支撑。有必要参考国外馆藏风险评估模型、工具和方法，构建我国馆藏档案文献遗产风险评估模型，为机构开展档案文献遗产的风险评估提供理论和方法论支持。

以馆藏价值为导向促进遗产风险评估与破损评估的整合。在国外，以价值为导向的遗产保护已成为遗产保护领域的趋势。[1] 前文曾提出要结合意义评估结果来确定馆藏状况保护优先级。而风险评估同样需要以价值认定为基础。沃勒提出的馆藏管理三角模式中强调了馆藏价值在馆藏利用、开发、保存三个环节中的体现，而风险就是造成"价值损失的可能性"[2]。当然，除了以馆藏价值为导向，风险评估与破损状况评估同样有着区别与联系。首先，破损状况评估要求从损害后果推断出原因，而风险评估要求从原因推断出效果。破损状况评估可用于确定现有影响的过去原因，风险评估预测潜在原因可能产生的影响。其次，两者都是对特定时间点情况的评估，其中馆藏破损状况评估已经发生损害的状况，是"向后看"的过程，可以揭示确定性危害持续恶化的证据以及对象或

---

[1] 黄明玉：《文化遗产的价值评估及记录建档》，博士学位论文，复旦大学，2009年。

[2] Waller R. R., Conservation risk assessment: a strategy for managing resources for preventive conservation, Studies in Conservation, 1994, 39 (sup2): 12 – 16.

馆藏固有的不稳定性，提供实际存在的而非预测性的状况数据和信息。其评估结果甚至可以用来表明对象或馆藏没有发生恶化，并用来证明现有的预防性保护的有效性。风险评估注重对象或馆藏可能出现恶化的预测，是"向前看"的过程，提供的是不确定性危害对馆藏价值造成的风险信息。当然，在破损状况评估中查看可能的损坏原因可以为风险评估确定恶化因子提供参考，并且将这两个评估结合起来可以提供很多有帮助的信息，明确馆藏管理目标的优先级。[1]

  泰勒提出了一种将这两种评估整合到一起的综合评估方法，并介绍了此方法在英国遗产馆藏调查中的应用。[2] 这种整合对文献遗产的综合保护无疑具有重要的现实意义。对于我国档案文献遗产的保存机构而言，面对大量需要妥善保存的文献遗产，能够调度、使用的人员、经费、技术、设备等资源却十分有限，因此，在实践当中，为了优化资源的使用，进行评估的整合是最有效、可行的方法。

---

 [1] Taylor J., An integrated approach to risk assessments and condition surveys, Journal of the American institute for Conservation, 2005, 44 (2): 127 - 141.

 [2] Taylor J., An integrated approach to risk assessments and condition surveys, Journal of the American institute for Conservation, 2005, 44 (2): 127 - 141.

第六章 基于评估的档案文献遗产精准保护模式构建

评估是实现遗产保护的重要手段或决策工具。面对档案文献遗产精准化保护决策的新要求，如何清晰地揭示档案文献遗产的意义、针对性地处理和修复破损文献遗产、有效地规避文献遗产保存中的风险都需要以相关评估结果为支撑。20世纪70年代以来，国内外遗产领域围绕价值评估、破损评估和风险评估进行了大量实践与探索，形成了诸多典型的评估模型。在这些模型当中，我们注意到有很多机构在操作过程当中，为了科学确定保护优先顺序，都将价值评估与破损评估或风险评估结果相结合，我国古籍定级工作中也强调定损，将古籍定级与古籍破损分级工作相结合，实现古籍的分级保护。这些做法都为探索档案文献遗产精准化保护问题提供了重要思路，本章将尝试把意义评估、破损评估和风险评估集成起来，构建基于评估的档案文献遗产精准保护模式。

第一节 精准保护模式构建的目标

档案文献遗产精准保护模式的构建并非无中生有，而是与我国档案文献遗产保护工作的发展现状与趋势密切相关。2015年，国家档案局和财政部下发的《"十三五"时期国家重点档案保护与开发工作总体规划》提出要建立世界记忆遗产备选项目库，择优申报《世界记忆名录》，征

第六章　基于评估的档案文献遗产精准保护模式构建

集可纳入项目库的档案文献信息①；2017年，国家档案局发布《纸质档案抢救与修复规范　第1部分：破损等级的划分》、《纸质档案抢救与修复规范　第2部分：档案保存状况的调查方法》；2018年，国家档案局发布《档案馆安全风险评估指标体系》，中国档案文献遗产保护开始走向精细化管理之路。为了顺应中国档案文献遗产保护的趋势，构建出一个既能满足精准保护需求，又契合我国档案文献遗产保护政策环境、管理体制和资源配置状况的精准保护模式，本书确定了以下三大模式构建的目标。

一　构建以价值为导向的档案文献遗产精准保护模式

我国文献遗产不仅收藏于图书馆、档案馆、博物馆等官方机构，还大量散存于民间或私人手里，被称为"隐藏的/看不见的藏品"②。从机构的角度出发，按照保存质量是否可控，可将文献遗产分为：①保存质量不可控的文献遗产，主要是指散存于民间或保存在私人手里的文献遗产；②保存质量可控但无法保障的文献遗产，很多机构尤其是中西部地区的机构由于受到经费、技术、设备、人才等因素的制约，保存条件差，保存质量可控但仍处于无法保障的状态；③保存质量可控且有保障的文献遗产，主要指保存条件较好的档案馆等记忆机构中的文献遗产。文献遗产往往会因保存在质量不可控或保存质量得不到保障的地方而更易受损，甚至濒危。③所以，馆藏文献的选择与保存成为记忆机构的永恒主题，它们也是记忆机构文化和记忆传承功能实现的关键。简而言之，文

---

① 国家档案局、财政部：《国家档案局　财政部关于印发〈十三五时期国家重点档案保护与开发工作总体规划〉的通知》（2015-12-30）［2018-07-15］，http：//zfxx.ningbo.gov.cn/art/2015/12/30/art_2446_751056.html.

② Schüller D., Audiovisual research collections and their preservation, Amsterdam: European Commission on Preservation and Access, 2008: 5 - 17; Thieberger N., What Remains to be Done—Exposing Invisible Collections in the other 7000 Languages and Why it is a DH Enterprise, Digital Scholarship in the Humanities, 2016, 32（2）: 423 - 434.

③ de Graaf T., Endangered languages and the use of sound archives and fieldwork data for their documentation and revitalisation: voices from tundra and taiga, International Journal of Asia - Pacific Studies, 2011, 7（1）: 27 - 46; Thieberger N., What remains to be done—Exposing invisible collections in the other 7,000 languages and why it is a DH enterprise, Digital Scholarship in the Humanities, 2016, 32（2）: 423 - 434.

献选择就是选取有价值,值得为后代保存的文献遗产的过程,而文献保存就是要通过各种预防性和补救性的技巧、处理方法、程序和技术来保存挑选出的文献及其包含的信息①。然而,由于记忆机构可用资源往往是极其有限的,因此,长期以来,图书馆、档案馆、博物馆等机构只能按其职能分工,依照特定的法律、政策、标准和需求有选择地采集或收集相应类型有价值的文献进行保存。由此,选择成为图书馆保存计划的重要内容,而鉴定工作也成为档案馆、博物馆工作的重要环节。②对于这些机构而言,除了有选择地将具有重要价值的文献遗产纳入其馆藏当中,还要科学处理保护需求与保护供给的关系,形成一种基于价值的遗产保护模式,尽最大努力将有限的保护资源用于价值最高且最需要保护的遗产上。

当前,我国文物、古籍等领域已经基本形成以价值为核心的保护工作模式,而相比之下档案机构的价值分级工作并不理想。《中华人民共和国档案法实施办法》明确规定各级国家档案馆馆藏永久保管档案分为一、二、三级管理,制定相应的《永久保管档案分级标准与管理办法》,在馆藏全部档案无法都处于理想保护状态的前提下,对不同等级的档案实施不同的保管条件。而在认定国家重点档案过程中,档案系统仅仅依据是否属于国家重点档案的范围进行认定,并未明确定级,也没有发布分级标准。③ 因此,精准保护模式构建的首要目标就是要吸收国内外已有价值评估模型的精华,结合我国档案文献遗产保管的实际,改进并完善我国档案文献遗产的价值认定和评估工作模式,构建以价值为导向的档案文献遗产精准保护模式,形成一种识别档案"遗产价值"并判定价值高低的方法和操作规程,适用于已经进馆的档案文献遗产以及散存民间的珍贵档案文献遗产价值的识别。

---

① UNESCO, Recommendation concerning the preservation of, and access to, documentary heritage including in digital form, [2020-06-19], http://portal.unesco.org/en/ev.php-URL_ID=49358&URL_DO=DO_TOPIC&URL_SECTION=201.html.

② Niu J., Appraisal and selection for digital curation, International Journal of Digital Curation, 2014, 9 (2): 65-82.

③ 财政部:《关于印发〈国家重点档案专项资金管理办法〉的通知》,[2020-07-18], http://jkw.mof.gov.cn/zhengwuxinxi/zhengcefabu/201607/t20160704_2344607.html.

总体而言，识别档案文献遗产价值的动因是多元化的：一方面，价值识别是实现精准保护的前提，因为价值要素是影响档案文献遗产预防、治疗和修复优先顺序的重要决策指标。对于一件、一卷或一组，甚至整个全宗的档案文献遗产而言，是否进行治疗和修复、是否优先治疗和修复、采取什么材料或方法进行治疗和修复、采取什么方式进行预防和保管、开展灾害规划或编制应急预案都会基于其价值来考虑；另一方面，在提倡保护与管理并重、保护与开发并重的现代档案文献遗产保护体系建设当中，准确把握馆藏档案文献遗产价值构成和价值高低对于数字化对象的选择、编研开发工作的选题、档案资源整合、共享线索的掌握等无疑具有重要作用。

二 构建面向可持续性的档案文献遗产精准保护模式

档案文献遗产是人类社会发展的产物，是人类活动的原始记录，也是人类历史、记忆与文化的重要载体。然而，它们作为一种有机物必然会随时间而发生变化，各种来自外界的因素会对其材料的结构、性能造成不同程度的损坏。作为一项专门与损毁因子打交道的人类活动，档案文献遗产保护目标是通过预防、治疗和修复等多种手段维护档案文献遗产的完整与安全，防止其损毁并延长其寿命。

然而，档案文献遗产保护目标的实现并非一劳永逸，不仅需要技术和管理手段的持续介入，还需要保护资源的持续支撑。由于损毁因子众多，尤其是火灾、地震、战争等诸多破坏性极强的自然或人为损毁因子，用于支撑保护工作持续推进的人、财、物等保护资源同样具有不稳定性。此外，保管条件的不足以及管理的忽视都会威胁档案文献遗产的长久保存和持续利用。因此，档案文献遗产保护同样存在可持续发展的问题。档案文献遗产保护可持续发展主要是指档案文献遗产的可持续保存与利用以及用于确保档案文献遗产持续保存与利用的保护资源的可持续性。

近些年来兴起的追求资源节约、生态环保的"绿色档案馆"建设趋势是档案保护可持续发展的具体体现。2019年3月，国家档案局发布的《绿色档案馆建筑评价标准》（DA/T76-2019）强调最大限度地节约资源、保护环境和减少污染，提供健康、适用和高效的使用空间，与自然和谐共生。档案保护方法和保护材料的选择由过去只追求高效转变为既追求高效，更要求生态、环保、低毒、无残留。①

在档案文献遗产保护可持续发展理念当中，可持续性是关键要素。可持续发展所谓的可持续性主要强调资源的可持续性，也就是资源既要满足当前发展的需要，又要考虑未来长远发展的需要。档案文献遗产保护的可持续性不仅在于延长其寿命，也就是档案文献遗产的可持续保存，还在于延长其寿命的人财物等保护资源的可持续性。因此，档案文献遗产保护可持续发展就必须重视确保可持续性的能力建设，提升预防、治疗、修复以及再生的能力，以及人力、物力和财力的稳定、持续供应能力，既要防止档案文献遗产寿命因突发事件而"终止"，也要防止档案文献遗产保护因保护资源不足而"终止"或"中止"。

为了符合档案文献遗产保护可持续发展的要求，尤其是对人财物等资源供应能力的要求，本书确定了构建面向可持续性的档案文献遗产精准保护模式的目标，强调利用有限资源实现档案文献遗产的精准保护。首先，需要档案机构负责保管与保护的专业人员关注档案文献遗产的来源与背景信息，通过对档案文献载体和内容信息所体现的遗产价值的再评估，为档案文献遗产的分级管理和精准保护奠定基础；其次，需要关注档案文献遗产载体的特性、破损程度、褪化与破损原因，基于破损状况调查与评估，制定个性化治疗和修复方案；此外，也需要更加关注威胁档案文献遗产的潜在风险因子，基于完整的风险评估，对潜在的风险因子进行识别和管控，做好预防和动态监测工作。

总之，档案文献遗产保护可持续发展受保护资源的制约，中西部地区尤其如此，更加凸显了对档案文献遗产进行精准保护和高效管理的重要性，尤其是通过评估促进保护与管理决策的必要性。通过对档案文献遗产破损评估和风险评估，结合其价值大小确定其保护的优先顺序，并实施分级、精准保护，有利于将有限的资源用在最需要保存和保护的档案文献遗产上。②

---

① 聂曼影：《档案保护技术的起因、内容、要求及发展趋势》，《档案学研究》2016年第2期。

② 马翀：《历史档案分级保护体系构建初探》，《档案学研究》2007年第3期。

三 构建以数据为基础的档案文献遗产精准保护模式

自20世纪70年代后期以来，包括美国东北部文献保护中心（Northeast Document Conservation Center，NEDCC）创始人库尼亚在内的保护领域学者一直呼吁研究和理解图书馆、档案馆和博物馆的保存需求。在过去半个世纪，全面保存评估（General preservation assessment）被国外遗产组织用以理解影响馆藏长期维护的因素。通过评估政策、实践、设备和馆藏，来决定保存需求和优先事项，以及识别需要应用的资源。全面保存评估的基本目标是提供一项关于保存现状和馆藏风险的全面检查，以支持馆藏机构开展保存规划（Preservation planning）[1]。它侧重通过调查物理环境以及活动、组织政策和资源，来理解可能影响收藏品保管的所有因素。尽管所用方法以及所收集数据的类型和用途都各不相同，但它们的适用范围通常很广，包括以下信息：①管理（使命、收集政策、智力控制、人员配备/培训需求、预算）；②建筑和设施；③环境因素（温度、相对湿度、光、污染物的监视和控制）；④防止损失（害虫管理、应急准备和预防、安全）；⑤各种格式馆藏（包括展览）的状况、存储和处理；⑥补救处理（重新格式化、修复和保存、图书装帧）。

当然，研究馆藏恶化问题的方法，除了全面保存评估，还有馆藏状况调查和藏品级调查两种方法。[2] 馆藏状况调查是一项统计研究，通过收集藏品本身受损的证据，为之后的行动提供更多的信息。通过检查馆藏的代表性样本，预测更大规模行动的成本。20世纪80年代，大多数图书馆调查都是关于馆藏状况的调查。[3] 藏品级调查，是获取藏品详细信息的调查方法。其目的是提供关于正在考虑的每个对象的数据，以便

---

[1] Reed – Scott J., Planning for Preservation in Libraries, Banks P. N., Pilette R., Preservation: Issues and planning, Chicago: American Library Association, 2000: 82 – 96.

[2] Matthews G., Surveying collections: the importance of condition assessment for preservation management, Journal of Librarianship and Information Science, 1995, 27 (4): 227 – 236.

[3] Walker R. G., Greenfield J., Fox J., The Yale Survey: a large – scale study of book deterioration in the Yale University Library, College & Research Libraries, 1985 (2): 111 – 132; Chrzastowski T., Cobb D., Davis N., et al., Library Collection Deterioration: A Study at the University of Illinois at Urbana – Champaign (Research Note), College & Research Libraries, 1989, 50 (5): 577 – 584.

根据个体情况估计补救护理的费用,并规划治疗方案。藏品级调查还可以显示哪些馆藏集合是最高优先级的,并可调查确切的恶化机制。[1]

在国外,类似的以数据为基础的调查评估活动还有很多,美国东北部文献保护中心发布的《评估保存需求:自评估指南》(Assessing Preservation Needs: A Self-survey Guide)、美国加州图书馆基金的 CaliPR (California Preservation Program) 等制定保存计划的工具,其确定保护行动优先顺序的基础是收集保存需求数据[2]。当然,在调查评估活动当中,还有很多机构进行了数据库软件开发。1998年,英国图书馆研究和创新中心发表了一份研究报告,题为《评估图书馆保存需求的模型》(A model for assessing preservation needs in libraries)[3],该报告建议,国家保存办公室(NPO)应进行全面测试和软件开发,以管理调查数据。选择用于开发的数据库是 Microsoft Access,调查数据通过两种形式输入数据库:一种详细说明了保存问题,另一种表格记录了材料类型和物品所显示的损坏情况。最后,数据库通过附加相关的分数并计算保存优先级。他们开发了一系列标准报告,以图表的形式显示优先级,并将保存概况与所有已完成调查的汇总进行比较。表格显示了损坏的类型和程度,以及收藏品内材料类型的分布情况。分数的一系列变化则显示了保存因素的潜在变化。

在我国,调查与评估工作并未形成较大的气候,尤其是对于档案馆而言。一直以来,国内档案馆并未开展系统化、规模化的调查评估工作,档案文献遗产保护大多"靠观察、凭经验",这与国外重视基于数据的保护管理模式形成鲜明对比,体现出中外遗产保护当中不同的管理思维和工作方式。当然,造成这种差异的原因不单在于用于馆藏管理的人财物资源的差异,还在于我国科学保管方法的不足。俗话说,没有调查就

---

[1] Keene S., Audits of care: A framework for collections condition surveys, Knell S. J., Care of Collections, Psychology Press, 1994: 60-82; Teper T. H., Atkins S. S., Building preservation: the university of illinois at urbana-champaign's stacks assessment, College & Research Libraries, 2003, 64 (3): 211-227.

[2] 林明、周旖、张靖:《文献保护与修复》,中山大学出版社2012年版,第285—294页。

[3] Eden P., Dungworth N., Bell N., et al., A model for assessing preservation needs in libraries, London: British Library Research and Innovation Centre, 1998: 50-55.

没有发言权。其实，早有国内学者注意到评估在档案文献遗产保护当中的重要性，并阐述了针对价值、保存现状以及保存环境的调查评估，提出了建立动态性调查评估机制的观点。[①] 但置于国内档案文献遗产保护大环境下，很多因素在制约这种基于数据的保护模式的形成。

近年来，我们欣喜地看到国内档案馆在软硬件设施建设方面发生的变化。智能库房建设、档案安防一体化建设大大推进了档案保管工作的自动化和智能化进程。当然，这种自动化和智能化，仅仅实现了物理环境的控制，而要真正实现馆藏保护的自动化和智能化，必须依靠馆藏调查和评估所获得的数据。因此，本书瞄准档案文献遗产在实现全宗级、案卷级、文件级馆藏对象精准保护方面的发展空间，确定模式构建的第三个重要目标是构建以数据为基础的档案文献遗产精准保护模式，此模式将通过馆藏档案文献遗产意义评估、破损评估和风险评估，收集关于档案文献遗产价值、破损和风险的相关数据。

第二节 精准保护模式构建的原则

要构建一个符合中国国情的档案文献遗产精准保护模式不仅要考虑方法论层面的问题，还要考虑我国档案工作实际。结合我国现阶段档案文献遗产保护与管理中评估工作开展的现状与特点，借鉴欧美发达国家馆藏文献遗产保护与管理的经验和启示，我们认为，需要遵循以下模式构建的基本原则。

一 科学保护原则

"科学保护"是当代保护工作不可或缺的原则，它强调"保护工作应尽量保存或修复对象的真实天性""保护技术必须通过科学的原则和方法——尤其是自然科学和材料科学来开发、核准、筛选、执行和检测"[②]。

[①] 周耀林：《档案文献遗产保护理论与实践》，武汉大学出版社2008年版，第231—248页。

[②] [西]萨尔瓦多·穆民奥斯·比尼亚斯：《当代保护理论》，张鹏、张怡欣、吴霄婧译，同济大学出版社2012年版，第57—78页。

科学保护原则同样是文献遗产保护的基本原则之一。相较于其他类型遗产保护，文献遗产保护中的科学保护原则不仅强调保护技术方法的介入，也强调保护流程与保护管理的科学性。① 韦伯（Weber）在 20 世纪 80 年代就提出了全面保存的概念，他认为有效的保存（preservation），通常建立在四个基础活动之上，即鉴定（appraisal）、预防（prevention）、修复（restoration）和转换（conversion）。一般而言，鉴定、预防就保证了最好的结果和最佳的效益回报。这两项活动以相对较少的费用防止损害并延长文献的寿命。修复环节是在预防失败的前提下不得不采取的补救，且修复的投入往往是巨大的。转换环节主要为了保护原件，避免使用过程对珍贵且濒危原件造成的损害，并确保文献长期可获取性。② 中国人民大学"我国濒危历史档案的抢救与保护研究"课题组通过对有代表性的 12 家不同级别档案馆的历史档案的抽样调查发现，在历史档案抢救与保护中存在的主要问题是还没有开展全面、系统的普查工作及对整个历史档案的抢救与修复工作缺乏科学管理。③ 因此，无论是鉴定环节的价值评估，还是保存当中的破损等级评估和风险评估，都是实现我国档案文献遗产科学保护的客观要求。可见，科学保护也是精准保护模式构建必须遵循的原则。

二 决策导向原则

决策是指为了解决某一问题或实现某一目标在许多可以选择的方案中抉择一个最合理、最满意的方案，以引导人们达到预定的目标。于我国档案机构而言，档案文献遗产的有效保存与管理意味着要对人、财、物等保存资源做出关键性的决定，而极其有限的保存资源要求管理层做出正确的决策。有学者曾指出：机构在保存方面犯下的错误往往是难以

---

① 周耀林：《可移动文化遗产保护策略》，北京图书馆出版社 2006 年版，第 180 页；林明、周旖、张靖：《文献保护与修复》，中山大学出版社 2012 年版，第 26 页。

② Weber H., Integrated preservation: achieving best results with scarce resources, Proceedings of the 34 International Conference of the Round Table on Archives, Citra - Budapest, 1999: 103 - 108.

③ 郭莉珠、唐跃进、张美芳等：《我国濒危历史档案的抢救与保护研究》，《档案学通讯》2009 年第 2 期。

弥补的,错误的决策和不恰当的保存活动可能会对文献本身造成不可逆转的后果。[①] 因此,正确的决策是确保资源最大化利用的重要条件。当前,我国档案文献遗产保护工作决策还具有较强的主观性,基于调查和评估的客观决策方法并未引起较多重视。因此,精准保护模式构建要遵循决策导向原则,充分认识决策在档案文献遗产保护与管理活动中的重要性,尤其是通过评估促进决策的导向性。

三 便于操作原则

可操作性是法学界常用的一个概念,它通常是指法律法规的规定和创制的法律规范在实践中能够执行得通。与之相比,馆藏档案文献遗产评估同样具有很强的实践性,是档案文献遗产收集与保存工作的重要组成部分。因此,档案文献遗产精准保护模式的构建,不仅要科学合理,还要便于操作,也就是说所有评估项目的设置、评估标准的制定以及评估指标与方法的设计均需要按便于操作的原则进行,一方面要有理论依据,另一方面也要有实践基础,要切合我国档案文献遗产保护的政策环境和管理体制。当前,国家档案局已经意识到馆藏评估的重要性,并在近几年相继发布了关于破损评估与分级、安全风险评估的标准或指南。然而,我国还未构建出档案文献遗产评估体系,已有的标准、指南和管理办法的可操作性仍有待检验。并且从我国文献遗产保护实践来看,意义评估、破损评估以及风险评估,往往是相互割裂的。有学者提出在全国性的历史档案普查过程或馆藏民国文献的摸底调查过程中,将文献的价值评估与文献受损情况评估相结合,依据调查评估结果构建分级保护体系。[②] 这种在调查阶段就衔接、整合两个评估流程的思想,更具可操作性。当然,除了评估流程的整合,便于操作原则还要求档案文献遗产评估中要按照可操作的原则和方法,从易于理解和掌握的角度出发,制

[①] Weber H., Integrated preservation: achieving best results with scarce resources, Access to information preservation issues, Proceedings of the 34 International Conference of the Round Table on Archives Citra - Budapest 1999. 2000: 103-108.

[②] 马翀:《历史档案分级保护体系构建初探》,《档案学研究》2007年第3期;张春梅:《浅析民国文献分级保护体系的构建——基于复旦大学图书馆民国文献管理的思考》,《大学图书馆学报》2015年第3期。

定评估标准和操作指南。因此，便于操作也是精准保护模式构建需要遵循的重要原则。

第三节 精准保护模式构建的维度

我国档案机构用于档案文献遗产保护的资源极其有限，正确的决策才能确保资源最大化利用。这就要求通过评估来促进决策，比如通过意义评估来促进档案文献遗产选择与资源配置决策，通过破损评估来促进其治疗和修复决策，通过风险评估来促进其预防决策。因此，本书将首先研究档案文献遗产保护中评估、决策、保护三者之间的关系，探讨档案文献遗产精准保护目标实现对决策的要求。最后，适用前面所提出的三种评估方法，从价值维度、载体维度和环境维度构建基于评估的档案文献遗产精准保护模式（如图 6-1 所示），并确定其评估指标、评估标准、评估方式等内容。

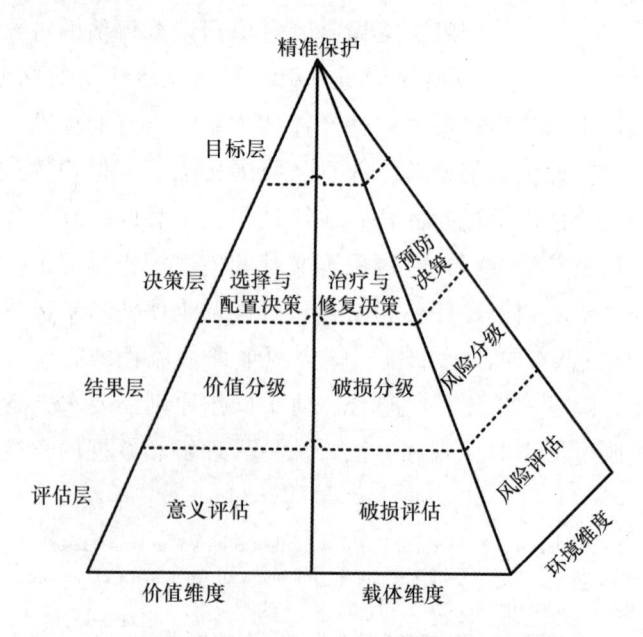

图 6-1 基于评估的档案文献遗产精准保护模式构建维度

第六章　基于评估的档案文献遗产精准保护模式构建

一　价值维度

价值是记忆机构开展收集或馆藏选择工作需要考虑的重要因素。档案机构之所以尽最大努力保护档案，首先就是因为它们是有价值的。任何记忆机构在资源建设工作中都有一道门槛，或者说衡量的标尺，例如档案馆的档案鉴定，图书馆的资源选择标准。这一点在档案工作中体现的最明显，没有价值的文件甚至都不能称为档案，更不用说要对其进行长期保存了。

在档案界，主要有两项实践活动与档案价值的判定相关。第一项为决定档案"存毁"的档案鉴定工作，它是档案部门或档案人员依据一定的原则、方法、标准，科学地判定档案的历史价值与现实价值，确定档案的保管期限，并通过价值核查和质量检查，剔除失去保存价值的档案予以销毁的一项档案业务工作。第二项为决定档案价值高低的档案文献遗产名录遴选工作，它是档案机构依据一定的原则、方法、标准，科学地判定档案的遗产价值，确定档案是否应该入选各级档案文献遗产名录，得到重点保护与管理的一项专门性档案工作。

档案鉴定，鉴定的主要是档案的价值。谢伦伯格在《现代档案——原则与技术》中提出的文件双重价值观，第一价值（主要价值）是指公共文件对资源形成者也就是原机关的原始价值，包括行政价值、财政价值和法定价值[1]；第二价值（次要价值）是指公共文件对其他机关及非政府方面使用者的从属价值，包括证据价值、信息价值、科学价值、历史价值和研究价值等[2]。这些价值已成为图书馆、档案馆等众多记忆机构评估与鉴定政策的重要参考。

随着20世纪遗产概念的出现，人们逐渐认识到保护文化遗产实际上

---

[1] Tibbo H. R., On the nature and importance of archiving in the digital age, Zelkowitz M., Advances in Computers: Information Repositories. San Diego: Academic Press, 2003: 1-67.

[2] Schellenberg T. R., The appraisal of modern public records, [2020-07-19], https://www.archives.gov/research/alic/reference/archives-resources/appraisal-of-records.html; Whyte A., Wilson A., How to Appraise and Select Research Data for Curation: a Digital Curation Centre and Australian National Data Service "working level" guide, (2010-10-25) [2020-07-18], http://www.dcc.ac.uk/resources/how-guides/appraise-select-data.

就是要保护其文化价值。后来,图书馆和博物馆的收集和选择政策中也考虑到美学、艺术和文化价值,例如 UNESCO 保护数字遗产的选择指南以及澳大利亚评估藏品意义的指导方针[1]。因此,对文化遗产价值的理解与评估也就成为遗产保护的首要与核心工作。近些年来,在国际遗产保护浪潮的推动下,人们对遗产价值评估的概念与方法有了相对成熟的工作程序和实践经验,以价值为导向的遗产保护成为遗产保护领域的新思路和新趋势[2]。

在常规的档案鉴定业务工作当中,档案工作者必须从大量的文件中选择具有持久价值的文件长期保存,鉴定是决定为后代保存什么的基本要素。但从更宏观的遗产保护层面来看,以价值为导向的遗产保护工作中,遗产价值的再评估已然成为保护规划与政策制定的工具。[3] 而在宏观层面的遗产价值评估中,"意义评估"(Significance assessment)是当前遗产价值评估的主流方法之一,在澳大利亚的文献遗产评估和 UNESCO 的《世界记忆名录》中得到广泛应用。《世界记忆名录》选择的是具有"世界意义"的文献遗产,而相应的区域名录(亚太地区名录)和国家名录(澳大利亚和中国的国家名录)选择的是具有区域意义和国家意义的文献遗产。

总之,不管是微观的鉴定工作还是宏观层面的意义评估,其目的都是要完成文献遗产的价值判断和认定,通过"选择决策"和"资源配置决策"促进机构馆藏建设中保存计划的制定以及世界、区域、国家或地方珍贵文献遗产的遴选,将保护重心向更有价值的档案文献遗产倾斜。档案保护需要引入"遗产"的视角,基于遗产的视角和价值的维度来审视档案保护,也需要强调档案机构对馆藏档案文献遗产价值的二次鉴定或再评估,可以引入意义评估模式,初步判定档案文献遗产的历史价值、艺术价值、科学或研究价值、社会和精神价值等,并可以通过参考古籍

---

[1] Webb C., Guidelines for the preservation of digital heritage, [2020 - 07 - 18], http://unesdoc.unesco.org/images/0013/001300/130071e.pdf; Russell R., Winkworth K., Significance 2.0: A guide to assessing the significance of collections, [2020 - 07 - 18], https://www.arts.gov.au/sites/g/files/net1761/f/significance - 2.0.pdf.

[2] 黄明玉:《文化遗产的价值评估及记录建档》,博士学位论文,复旦大学,2009 年。

[3] 黄明玉:《文化遗产的价值评估及记录建档》,博士学位论文,复旦大学,2009 年。

第六章　基于评估的档案文献遗产精准保护模式构建　　151

定级标准等价值的分级标准对文献遗产的价值进行模糊分级，解决当前档案分级鉴定实践与研究当中的瓶颈问题，确保馆藏层级的保护工作有针对性地开展，旨在构建以价值为导向的档案文献遗产保护模式。

二　载体维度

档案文献遗产通常是信息内容及其载体的统一体。信息内容与载体之间的关系既可能是附带的，也可能是不可分割的。载体被认为与信息内容具有同等重要的地位，因为载体可具有重要的审美、文化或技术特性。[①] 尤其是对于许多珍贵的模拟信息载体而言，一旦载体受损，其信息内容也将消失。因此，载体与信息内容在很大程度上都是潜在的记忆来源。尽管对于数字信息而言，不仅仅要强调信息载体，还要强调获取信息的设备，但这并不影响对信息载体重要性的判断。[②] 任何信息载体的寿命都是有限的，也是极其脆弱的。档案遭受的威胁首先来自其固有的性质——载体的老化和过时。纸张和其他信息载体随着时间的推移而老化，尤其是纸张质量参差不齐且保存条件又不受控的濒危档案文献遗产，其载体不稳定性与恶化情况更为突出。与此同时，随着信息技术的革新，由于存储和读取程序的过时，旧存储介质的信息将变得不可获取。此外，这些材料还受到外部诸多自然和人为因素的不利影响。在保护领域，人们通常使用"破损"来描述遗产对象所遭受的不利影响。破损，既是一个形容词也是名词，表示的是一种状态或一种结果，即残破损坏的状态或结果。档案文献遗产的破损是指其在外形或内容上遭到损伤。

由于档案文献遗产受损程度不同，有的纸张只是轻度破损，有的重度破损甚至脆化；有的档案需要单面修复，有的需要双面修复；有的可用机械修复，有的则必须采用传统修复技术。还有的档案同时存在多种问题，需要将传统技术和现代化技术相结合，这些情况都给修复工作带

---

① UNESCO, Recommendation concerning the Preservation of, and Access to, Documentary Heritage Including in Digital Form, [2020 - 06 - 19], http：//portal. unesco. org/en/ev. php - URL_ID = 49358&URL_ DO = DO_ TOPIC&URL_ SECTION = 201. html.

② Prodan A. C., The digital "Memory of the World"：an exploration of documentary practices in the age of digital technology, Brandenburg：Brandenburg University of Technology Cottbus - Senftenberg, 2014：3.

来困扰。这就需要确定一个档案文献遗产破损程度的定级标准,根据档案受损的不同原因和程度来对档案划分破损等级,以便技术人员在制定抢救或修复方案时根据不同档案的受损级别(如一般破损、严重破损)和原因来制定相应的修复措施,确定修复的技术和工具,从而做到有条不紊,提高抢救或修复的质量和效率。[1] 一直以来,我国档案文献遗产的抢救与保护工作并未对调查评估有充分的重视,在每年的关于档案工作的统计数据中,关于档案修复的信息基本只能了解到需要保护的档案总数和当年已经修复的数量,然而这些档案中历史档案的损坏程度如何,其具体信息内容如何,稀缺珍贵与否,有多少已濒危等一些问题都不能准确掌握。全面调查的缺失使得对历史档案保护总体状况的了解不够全面和系统,以至于难以制定有针对性的保护方案和长期保护策略。而作为历史档案抢救和保护的主要实施者,一些档案馆目前尚未做过全馆馆藏情况的相关普查,由此,对本馆馆藏历史档案的各方面情况只是大致了解,并不能做到细致入微。[2]

国外实践当中有以各种目标为导向的调查或评估活动,其中馆藏评估、保存规划调查和保存评估调查等前三种调查活动均从整个机构的保存管理活动出发,目的是确定机构保存需求,为制定保存策略、规划提供数据和信息支撑。因此,这三个活动的调查范围较广,除了针对馆藏本身价值、状况的调查,还涉及存储的建筑环境、设施、设备等方面的调查。正是由于这三项活动调查工作量较大,因此在调查方法和调查深度方面相较于后两种调查活动明显不足。这三种活动一般采取的是粗略的视觉调查和判断,尽管也会采用抽样调查的方式,但在所抽取样本的逐个对象调查中,调查项以及调查结果的客观性相比后两项活动有一定差距。也就是说,前三项调查或评估活动通常不提供对特定对象的特定状况的评估。馆藏状况调查和破损评估虽说是机构开展前三项调查的重要组成部分,但其调查的目标更加具体化,因此所搜集的数据和信息也主要针对的是对象或馆藏本身的状况,且调查结果更强调科学性和客观

---

[1] 朱玉媛、黄丽华、肖兰芳:《国家重点档案抢救工程的标准建设》,《档案学研究》2009年第4期。

[2] 郭莉珠、唐跃进、张美芳等:《我国濒危历史档案的抢救与保护研究》,《档案学通讯》2009年第2期。

第六章 基于评估的档案文献遗产精准保护模式构建　　153

性。当然，馆藏状况调查与破损评估也有一定的区别，馆藏状况评估更加强调调查对象信息的全面性，不仅包括受损情况，还包括载体材料来源、特性、结构、制造方法等基本情况。

　　档案文献遗产破损评估实质上是一个关于馆藏档案文献遗产破损状况数据和信息搜集与综合评估的过程。这个过程收集的信息包括档案文献遗产破损位置、破损原因、破损面积、破损定级、破损程度以及破损状况描述组成。破损评估的目标是确定对象破损的类型、破损的程度与等级，进一步明确恶化的性质和破损的原因，为修复和保护计划的制订提供决策依据。总之，破损评估关注的是载体受损的结果，通过文献载体受损情况的调查评估，区分载体破损等级，以促进文献修复的对症下药，并确定优先修复的顺序。从载体维度来审视档案文献遗产保护，将通过对档案载体破损状况的调查与评估，揭示档案破损的表象，评估破损的程度和级别，最终结合价值分级和破损分级，来确定修复工作开展的优先次序。在实际工作中，档案文献遗产的破损评估工作与修复工作、保护工作是相互联系、密不可分的。破损评估结果往往是修复和保护工作介入的信息支撑，为其提供决策依据。

三　环境维度

　　传统的文献保存环境主要考察的是文献保存的微环境或库房环境，如温湿度、光照、空气污染、生物侵害等。[1] 后来有学者将影响文献保存的环境拓展到宏观的大环境层面，认为文献保存环境不仅包括自然环境（温湿度、光照、灰尘、自然灾害等），还包括人为因素（战争、火灾、盗窃、蓄意破坏等）和建筑环境等。[2] 实践当中，20世纪90年代，UNESCO发起的世界记忆计划旨在保存被认为对地区或群体具有重要意义且面临消失风险的濒危文献遗产，该计划将文献遗产丢失归因于自然和人为灾难的破坏，承认了文献遗产的脆弱性和全球事务的不稳定性。[3]

---

[1] 林明、周旖、张靖：《文献保护与修复》，中山大学出版社2012年版，第70页。
[2] 周耀林：《档案文献遗产保护理论与实践》，武汉大学出版社2008年版，第112—149页。
[3] Abid A., Memory of the world - preseving the documentary heritage, IFLA journal, 1995, 21 (3): 169-174.

随后发布的《世界记忆：失去的记忆——二十世纪毁灭的图书馆与档案馆》报告指出造成档案馆遭到毁灭或破坏的主要原因包括：粗心大意、意外火灾、纵火、飓风、抢劫、炮击和空袭、外部和内部的洪水等①，同样描述了文献保存所面临的诸多外部环境。随着数字遗产的出现，UNESCO 于 2015 年发布的《关于保存和获取包括数字遗产在内的文献遗产的建议书》在强调自然或人为灾害的基础上，进一步提出数字遗产"因为技术快速变革而逐渐变得不可获取"的技术环境②。而当前在非洲的很多地区，文献遗产保存面临的环境威胁更加复杂多样，除了我们通常所说的地理位置——保存文献的地点可能发生自然灾害（地震、洪水、飓风、火山爆发、极端温度），还包括社会环境——仇外、种族灭绝暴行销毁目标群体存在的文献证据，政治环境——以实现特定的政治议程为目的，蓄意破坏或盗窃文件，以掩盖不当行为。③

"预防为主，防治结合"是我国档案保护的基本原则。如果说档案文献遗产保护的载体维度是为了理解档案文献遗产"正在发生或已经发生的损害"，其结果是为了治疗和修复，也就是为"治"做准备，那么环境维度需要考虑的就是还未发生的潜在威胁因子，其结果就是要为"防"做准备。20 世纪 90 年代以来，风险评估等预防性保护策略成为文献保存与保护研究中关注的焦点。风险评估被认为可以提高预防性保护的有效性，也被认为是 21 世纪促进决策最重要的工具，因此它也是国外各种灾害规划中必不可少的内容。任何事物都可能因为潜在危险而处于风险之中，文献遗产也不例外。保存在世界各地的图书馆、档案馆、博物馆以及其他机构、组织或个体手里的文献遗产都面临着环境条件和人为驱动的潜在危险所带来的风险。很明显，相较于其他非官方组织或个人，档案馆等官方机构保存条件较好，面临的风险也相对较小。

---

① Van der Hoeven H., Van Albada J., Memory of the world: lost memory – libraries and archives destroyed in the twentieth century, Paris: UNESCO, 1996: 19.

② UNESCO, Recommendation concerning the Preservation of, and Access to, Documentary Heritage Including in Digital Form, [2020 – 06 – 19], http: //portal. unesco. org/en/ev. php – URL_ID = 49358&URL_ DO = DO_ TOPIC&URL_ SECTION = 201. html.

③ Motsi A., Preservation of endangered archives: A case of timbuktu manuscripts, Journal of the South African Society of Archivists, 2017, 50: 1 – 27.

档案文献遗产保存的环境，一般可以归为内部环境和外部环境。内部环境包括库房与建筑环境（温湿度、光照、建筑安全等级等）；外部环境可进一步分为政治环境、经济环境、文化环境、社会环境、地理环境等。这里的政治环境主要强调的是国家政局是否安定、民族是否团结统一；经济环境主要是考察国家和地方财政对少数民族文献遗产保护是否持续地投入，投入力度如何；文化环境主要是考察国家和地方政府对少数民族文化抢救与保护的政策方针，以及各少数民族自身对其文化传承的态度、观念和意识等；社会环境主要考察少数民族地方是否和谐、各民族相处是否融洽；地理环境主要是考察文献保存地点的气候条件以及可能发生的自然灾害。档案文献遗产保存的风险往往是内外部环境使然。因此，开展风险评估，主要是从环境维度出发，识别威胁档案文献遗产保存的风险要素，才能为档案文献遗产保存政策的制定提供决策支持。

第四节 精准保护模式内核的阐释

遗产保护领域有两个核心术语，保护（conservation）和修复（restoration）。联合国教科文组织发布的《水下文化遗产行动手册》指出保护包括旨在稳定文化场所和文物的所有措施和行动，以稳定其现有状态，同时确保其对后代的可访问性。保护行动可以按先后顺序分为预防性保护（Preventive conservation）和治疗性保护（Curative conservation）。预防性保护包括所有间接措施和行动，旨在避免和最大限度地减少材料或人工制品的日后恶化或损失。治疗性保护包括直接应用于一项或一组遗产的所有操作，旨在阻止破坏性过程，并在可能的情况下稳定其状态，以防进一步恶化。修复（Restoration）是保护过程的延续，其目的是尽可能地恢复遗产的原始外观，从而提供遗产可以展出的条件。[①]

---

① UCH, Manual for activities directed at UCH conservation, [2020-07-29], http://www.unesco.org/new/en/culture/themes/underwater-cultural-heritage/unesco-manual-for-activities-directed-at-underwater-cultural-heritage/unesco-manual/conservation-management/conservation/.

对于以馆藏文献为主的图书馆和档案馆而言，更倾向于使用保存/保管（preservation）、保护和修复这三个术语来表征文献遗产保护领域的核心内容。美国档案工作者协会（SAA）的档案术语词典（*Dictionary of Archives Terminology*）中，保存通常是指通过非侵入性处理使材料不受各种损害或破坏的行为。保护强调通过化学或物理治疗来恢复或稳定材料，以确保其尽可能长时间地保持原状。修复则指致力于使某一对象尽可能恢复原状的过程。可见，图书馆和档案馆领域所强调的保存，与遗产领域强调的预防性保护相似，目的都是防止损害的发生；图书馆和档案馆领域所言的保护，主要是指遗产领域所言的治疗性保护，指处理正在发生的损害，防止其继续发生下去；而修复包括使材料恢复其原始外观的技术。

周耀林和李姗姗在《可移动文化遗产保护体系》一书中，指出预防性保护是施加于可移动文化遗产保管环境的整体性、综合性行为，以减缓藏品的恶化和损毁。"治疗性保护"是通过外界的干预直接作用于可移动遗产（整体、部分、一组或单个遗产）的保护行为，以消除正在损毁遗产的外界因素，从而使遗产恢复到健康的状态。凡是将可移动文化遗产从"病痛"中解救出来的技术都属于治疗方面的内容。修复是对已经发生变形或变性的遗产进行处理，使之恢复到原有的形态或性质，并通过这种"还原"活动获得其原始的史学、美学、科学及社会学价值。在此基础上，本书认为，保护的总体目标是稳定遗产对象的现有状态，保持其长期可访问性和可获取性。其中预防性保护是采取间接措施和行动，最大限度防止恶化和损毁的发生。治疗性保护是采取直接措施和行动，阻止破坏性过程，尽可能稳定其状态，防止进一步恶化。修复是保护过程的延续，修复介入意味着保护已失效。损坏结果已经发生时，需要通过修复来尽最大努力还原其原始状态，档案文献遗产保护在时间维度的环节拆分见表6-1。

表6-1　　　　　　　　　　保护方式的时间维度

时间节点	损毁发生前	损毁发生中	损毁发生后
保护阶段	预防	治疗	修复
保护目标	防止损毁发生	阻止损毁继续发生	恢复损毁发生前的状态

第六章 基于评估的档案文献遗产精准保护模式构建

档案文献遗产精准保护是指运用科学的调查与评估方法，遵循合理程序，对档案文献遗产价值及威胁其可持续性的因子进行精准识别，以实现保存资源精准配置以及受损档案文献遗产精准治疗、修复与防控的新型保护方式。以实现精准保护的决策为导向，本书遵循上述基本原则，从三个维度出发最终构建了基于评估的档案文献遗产精准保护模式（见图6-2）。

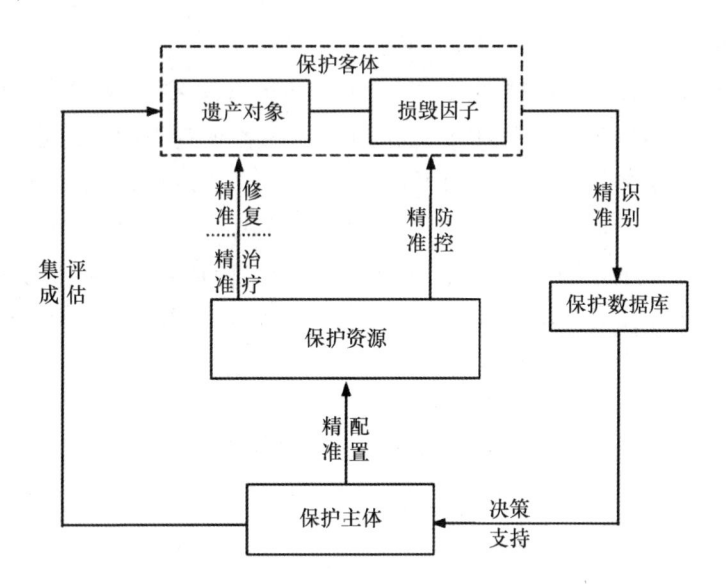

图6-2 基于评估的档案文献遗产精准保护模式

一 精准保护模式的核心要素

档案文献保护工作作为一种与遗产对象及其损毁因子打交道的人类活动，体现了馆藏档案文献遗产保存生态系统中，保护主体、客体及各相关要素之间的相互作用。长期以来，由此形成的一般意义上的档案文献遗产保护模式主要涉及保护主体、保护客体、保护方法与保护资源四个基本要素。基于评估的档案文献遗产精准保护模式强调评估的核心导向作用，因此，由集成评估形成的保护数据库是此模式的核心要素之一。同时，此模式当中，保护方法（包括保护技术）要素被进一步细分为精准治疗、精准修复、精准防控三个模块，将在后文进一步阐释。

（一）保护主体

档案文献遗产保护主体是指具体开展档案文献遗产保护工作的机构、组织或个人。严格来讲，我国档案文献遗产的保护主体是多元的。首先，从行政保护主体来看，涉及文化系统、档案系统和民委系统等，文化部、国家档案局和国家民委分别是最高领导机构。其次，从具体的保护工作执行主体来看，除了档案馆、图书馆、博物馆等官方机构之外，许有社会组织或个人也是保护的直接主体。

作为一种面向馆藏档案文献遗产的保护模式，档案文献遗产精准保护模式中所谓的保护主体主要是作为个体的各级各类国家综合档案馆。考虑到精准保护模式所涉及的工作面广、内容较复杂，作为保护主体的档案馆，尤其是中小型档案馆，很难由一个部门（如保管处）独立完成。因此，本书认为需要采取跨部门协同的工作模式，可由档案保管或保护部门牵头组建集成评估专项工作组，小组成员构成及分工如表6-2所示。

表6-2　基于评估的档案文献遗产精准保护模式涉及的保护主体

具体主体		任务分工	人员配置
领导小组		规划与统筹	档案馆分管领导，相关部门领导
专家组		评估与决策的咨询	馆外古籍保护、历史研究、文物保护、档案保护等领域的专家
执行小组	调查评估工作组	开展调查，进行价值评估、破损评估与风险评估	档案保管、保护、安全等相关部门人员
	数据库开发工作组	结合本馆实际开发调查评估数据库管理系统	信息技术部门
	治疗修复工作组	开展治疗性保护和修复工作	档案保护和修复专业人员
	风险防控工作组	开展风险防控工作	档案保管、安全等部门工作人员
	资源配置工作组	统筹调度人财物等资源	办公室和财务部门工作人员

（二）保护客体

保护是遗产机构肩负的一项面向未来的历史使命，其最终目标是将当代馆藏遗产带到未来，让子孙后代能够获取这些历史遗产，实现遗产

第六章　基于评估的档案文献遗产精准保护模式构建　　　159

对象价值的延续。因此，本质上看，遗产机构一直以来致力于保护的都是遗产的价值，遗产价值才是遗产保护的客体。由此，档案文献遗产保护，需要保护的同样是档案文献遗产所承载的遗产价值。然而，遗产价值具有历时性特征，会随时间发生改变。

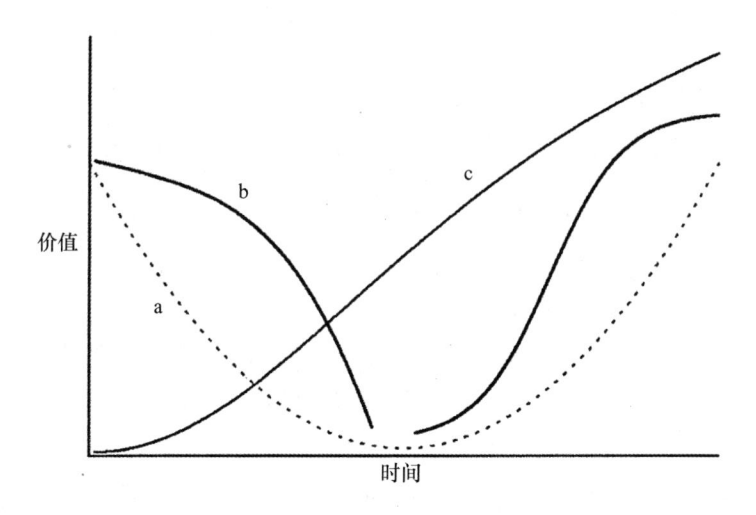

图 6-3　遗产对象与馆藏价值随时间变化的函数曲线

在国外，有学者认为，随着时间的推移，任何单个对象的价值变化通常显示为最初的下降，然后是一段低价值时期，有时被称为"垃圾阶段"，最后以价值的增长结束。[①] 这些曲线可能是不相交的[②]（图 6-3 曲线 b），悬链线的[③]（图 6-3 曲线 a）或某种组合。考虑馆藏的价值时，情况会有所不同。馆藏从一开始就增值，只要开发和使用持续发生，价值就会持续增加。由于馆藏的效用价值随信息内容的增加而增加，并且信息内容是馆藏大小的某种置换函数，所以 Waller 预计馆藏价值首先会

---

① Ashley - Smith J., Risk analysis, Bradley S., The interface between science and conservation, London: British museum, 1997: 123 - 132.

② Van Gigch J. P., Rosvall J., Lagerqvist B., Setting a strategic framework for conservation standards, Standards for preservation and rehabilitation, West Conshohocken: ASTM International, 1996: 64 - 71.

③ Benarie M., Valuation of cultural heritage, European Cultural Heritage Newsletter on Research, 1989, 3 (4): 7 - 9.

以指数方式增加。随着馆藏变得非常大,由于给定的开发量或使用量,价值的增量增加会减少。因此,馆藏价值随时间变化会出现一条 S 形曲线(图 6-3 曲线 c)[1]。沃勒提出的 CPRAM 考虑一个世纪期间的风险,但只考虑当前馆藏的有效期约为五年的情况。在馆藏寿命的后一个较短时间段内,价值增长大致呈线性。以数学方式表示,藏品的价值通过开发、使用、客户意识、社区参与而增加,并通过损害和损失而减少,如下面等式所示[2]。

$$V_{ti}^{total} = V_{t0}^{total} + \Delta V_i^{development} + \Delta V_i^{use} + \Delta V_i^{awareness} + \Delta V_i^{involvement} - \Delta V_i^{damageinstorage} - \Delta V_i^{damageinuse}$$

V_{ti}^{total} = 时间为 i 时馆藏的总价值

V_{t0}^{total} = 时间为 0 时馆藏的总价值

$\Delta V_i^{development}$ = 从时间 0 到 i 期间因开发造成的馆藏价值变化

ΔV_i^{ues} = 从时间 0 到 i 期间因利用造成的馆藏价值变化

$\Delta V_i^{awareness}$ = 从时间 0 到 i 期间因意识造成的馆藏价值变化

$\Delta V_i^{involvement}$ = 从时间 0 到 i 期间因社区参与造成的馆藏价值变化

$\Delta V_i^{damageinstorage}$ = 从时间 0 到 i 期间因存储损毁造成的馆藏价值变化

$\Delta V_i^{damageinuse}$ = 从时间 0 到 i 期间因利用损毁造成的馆藏价值变化

"使用"一词包括使用的各个方面,即运输、保护处理、展示、分析等。由于在存储或使用过程中未能有效保护而造成损坏或损失,从而导致馆藏价值降低。可见,要实现文化遗产价值的可持续性,除了关注促其增值的因素,还要关注损害价值的因素。从遗产保护的视角来看,档案文献遗产保护的客体同样是档案文献遗产的价值,具体而言,要实现档案文献遗产价值的持续,要关注的不只是档案文献遗产本身(初始价值),还有各种不利于档案文献遗产长久安全保存的损毁因子,也就是后期存储和使用过程中造成遗产价值受损的因子。因此,档案文献遗

---

[1] Waller R. R., Cultural property risk analysis model: development and application to preventive conservation at the Canadian Museum of Nature, Göteborg: Acta Universitatis Gothoburgensis, 2003: 38-40.

[2] Waller R. R., Cultural property risk analysis model: development and application to preventive conservation at the Canadian Museum of Nature, Göteborg: Acta Universitatis Gothoburgensis, 2003: 38-40.

第六章　基于评估的档案文献遗产精准保护模式构建　　161

产保护的客体实际上是遗产对象及其损毁因子的统一体。遗产对象的载体形态较多，包括纸质载体和非纸质载体，本书主要针对纸质载体形态的档案文献遗产。遗产对象的统计单位一般分为件、卷和组，在评估工作当中，除了以此为单位，也可以以全宗为单位进行馆藏档案文献遗产集合的整体评估。

（三）保护资源

保护资源，也称"保存资源"，是档案机构能够用于档案文献遗产保管保护工作的人力、物力和财力资源的统称。首先，保护专业人才是档案文献遗产精准保护模式实现的基础性资源，无论是宏观的统筹规划，还是调查评估、治疗修复、数据库开发等具体的执行工作，终究都需要保护专业人才的参与和支撑。尤其是档案修复工作，更是只有具备修复技艺的专业人才才能胜任。保护专业人员匮乏一直以来是我国基层档案机构面临的突出问题，这种情况毫无疑问在很大程度上制约了地方档案文献遗产保护事业的整体发展。精准保护模式的运行当中，需要考察地方档案机构保护人才充足度、年龄结构与知识结构以及后续人才引入计划，要实现人力资源的精准配置，必须盘活已有人力资源，通过短期培训等方式，解决专业人员不足的难题。

其次，经费投入同样是档案文献遗产精准保护模式实现的重要保障性资源，无论是档案馆库建设、设备装具购置、设备运行维护，还是档案修复和档案数字化等工作都会需要经费的支持。当前，档案保护经费主要来源于地方各级财政投入，中央财政适当补助，总体上看地方档案保护资金是极为有限的。要确保精准保护模式运行中财力资源保障能力，不仅要拓展保护经费的获取渠道，还要致力于保护经费的精确分配。此外，档案文献遗产精准保护涉及的物力资源一般涉及库房（特藏库）、保存设备设施、数字保存存储资源以及其他保护修复工作消耗品等。

（四）保护数据库

20世纪90年代以来，数据库成为馆藏机构开展保护与修复工作的重要工具。针对我国档案文献遗产的抢救与保护工作，有学者认为需要充分利用现代计算机和通信技术，设立开放性、分布式的文献抢救信息平台，其内容涉及四个方面：一是建立各类基础资料和信息库，包括抢救材料种类、产地、品种、规格和价格等;二是设立专家数据库,将我国文献抢救与保护方面的专家纳入其中,在制定抢救计划和具体抢救操作中可以针对不同的抢救对象,请有关专家加以指导;三是将已抢救的文献全部纳入信息库中,建立一个完整的抢救过程数据体系,同时,提供已有的抢救实验方法和成功与失败的案例;四是实现抢救信息采集、传输、存储、管理和服务的网络化,建立珍贵文献数据库,建立修复文献历史档案。[①]

一直以来,我国档案文献遗产保护与修复工作的信息化并未引起重视,保护与修复数据库并未建立起来。档案文献遗产精准保护模式当中,保护数据库要素是模式实现的一个重要支撑要素,是该模式运行中的重要辅助工具,其功能主要包括辅助调查评估和辅助相关决策。该数据库将致力于实现价值评估、破损评估和风险评估的集成化。

二 精准保护模式的构成模块

基于评估的档案文献遗产精准保护模式主要包括精准识别、精准配置、精准治疗、精准修复和精准防控五个模块。

(一) 精准识别模块

过去的几十年,我国在国家重点档案的抢救与保护工作中做出了许多探索与努力,投入了大量人力、物力和财力,抢救了一大批珍贵的濒危档案文献遗产,极大地改善了档案文献遗产的保管条件。但这种抢救性保护模式,采取的措施主要是修复、仿真复制、特藏库改造、装具更换、设备购置等,是一种比较简单且粗放的保护模式。实践证明,抢救性保护模式仅仅是特定时期采取的一种权宜之计,并不是档案文献遗产保护的长久之计。当前,抢救工作已然完成,但保护工作仍需持续推进。近年来,档案文献遗产保护的自动化、智能化取得重要进展,基于馆库的整体性保护向基于遗产对象的精准化保护转变已是大势所趋。

一直以来,较为粗放的局部检查工作,虽能应付重点档案的抢救修复工作,但由于缺乏针对全部档案文献遗产的调查与评估,实际工作中

[①] 张美芳、张松道:《文献遗产保护技术管理理论与实践》,吉林文史出版社2009年版,第114—115页。

第六章　基于评估的档案文献遗产精准保护模式构建　　　163

存在"到底哪些是需要优先抢救或保护的对象""到底是什么因子造成档案文献遗产的损毁""到底有哪些潜在的风险因子会威胁档案文献遗产长久保存""如何针对不同的破损情况进行治疗和修复"等不确定问题。导致档案文献遗产保护一直停留在"依靠经验"的阶段，缺乏科学保护之精神，"破坏性"修复时有发生。解决此问题的一个关键是，通过科学有效的调查和评估程序，精准识别并判断每一件（组、卷）档案文献遗产的价值与损毁因子，识别出档案文献遗产保护当中面临的共性与个性问题。精准识别是精准保护工作的第一步，其识别成效直接影响后面相关工作的开展。

在基于评估的档案文献遗产精准保护模式当中，精准识别模块是在近些年档案文献遗产保护领域调查评估、分级保护等思想基础上的进一步升华。此模块的重要方法论就是通过"对象级"或"馆藏级"的调查和评估，获取关于档案文献遗产价值和损毁因子的详尽数据和信息。具体而言，精准识别模块要完成的工作包括：第一，识别馆藏档案的遗产价值以及价值的大小；第二，哪些正在遭受损毁，损毁的因子是什么；第三，哪些已经遭受损毁，破损的原因是什么，破损的表现以及破损的程度如何；第四，哪些潜在损毁因子会对遗产造成威胁，风险发生的频率和造成损毁的程度如何。

（二）精准配置模块

在面向档案文献遗产精准保护决策的语境下，对保护对象的精准识别是新时期档案文献遗产保护工作的首要前提，而保存资源的精准配置则是档案文献遗产保护可持续发展的核心推动力。一直以来，保存资源的有限性是所有遗产机构的共识，也是制约保护工作可持续发展的重要因素。为了充分利用有限资源实现保护工作的最优化，国外遗产机构从20世纪70年代开始就致力于各类保存评估工具的开发，意在通过馆藏的调查与评估工作，来促进保存工作的科学规划和保存资源的优化配置。

在我国，宏观层面，由于区域经济发展水平的差异，各地区、各层级档案馆的保存资源具有较大的差距；微观层面，每一个机构能够用于配置的保存资源也是各不相同且极其有限的。为缓解资源配置问题，从2010年至今，中西部地区县级综合档案馆建设列入国家发展改革委专项规划,中央财政持续拨款用于中西部地区县级综合档案馆建设,使中西部地区县级综合档案馆档案库房严重不足的形势得以明显缓解,档案安全保障条件得到明显改善。同时,国家档案局主导开展的国家重点档案抢救与保护、保护与开发,采取项目管理的方式,通过地方各级档案馆申报的方式分配专项资金。但以上都是自上而下的保存资源配置方式,并不能完全解决保存资源配置不均衡的问题,因为对于某一个档案馆而言,除了获取国家分配的保存资源,还需要考虑如何将国家、地方及其他渠道所获取到的各类保存资源有效配置到最需要保护的档案文献遗产。

精准保护模式当中,精准配置模块是在保存规划、保护优先事项、保存资源配置等保存管理思想的基础上设计的。该模块主要是基于精准识别的结果,统筹馆内人力、物力和财力等保存资源的配置,综合考量档案文献遗产的价值高低、破损原因、破损程度、风险等级等,将有限的保存资源精准配置,使保护需求与供给能够一一对应,提升保存资源配置的质量和效率。

(三) 精准治疗模块

如果将档案文献遗产的保护看作是保持档案文献遗产健康状态的行为,那么作为档案保护与修复专业机构的档案馆就是"医院",精准识别模块就是以"诊断"为目的全面体检,而精准治疗模块就是"对症下药"的过程,而精准修复模块则是"手术治疗"的过程。在医疗领域,精准医学(precision medicine)同样是一种新型的医学概念与医疗模式,其本质是通过一定技术和方法寻找到疾病的原因和治疗的靶点,对病人进行个性化精准治疗以提高疾病诊治与预防的效益。[1]

精准治疗是指充分依靠精准识别模块对害虫、微生物、酸碱性、污染物等损毁因子的全面识别、诊断,研究制定受损档案文献遗产的治疗策略,最终使得受损档案文献遗产获得最适宜的治疗。精准治疗依赖于精准识别模块的诊断结果,而精准诊断则需要深入了解各个损毁因子的损毁机理。几十年来,我国档案保护领域积累了大量的研究成果,其中关于环境条件、有害微生物、害虫等各类损毁因子对档案制成材料和字

---

[1] 苏晓娜:《新型医学概念及医疗模式——"精准医学"》,《解放军医药杂志》2015年第5期。

第六章 基于评估的档案文献遗产精准保护模式构建

迹材料的损毁机理及相应的治疗技术方法的研究已经比较成熟,这为精准治疗的实现奠定了基础。

(四) 精准修复模块

文献遗产的修复工作有诸多需要遵循的原则,最重要的原则包括整旧如旧、最少干预原则。整旧如旧原则要求在修复过程中,尽量采用与原件相同或相近的工序、技术和材料,使之在修复后也能保有原件的风貌、特色及版本价值,并注意保存与原件文物价值、文献价值有关的信息。最少干预原则要求最低程度的干预,目的是最大限度保持原件的原貌,这体现在修复实践中的方方面面:对糨糊的用量要求"宁少勿多,宁稀勿稠",对需要补缺的档案"宁补勿裱,宁补勿托";对修裱质量要求"宁薄勿厚,宁软勿硬"等。

在精准保护模式当中,精准修复模块作为一种"手术治疗"的技艺,同样需要精准识别模块提供关于档案纸张和字迹材料及其破损性质和程度的"诊断"信息,以便选用合适的修复用纸、确定合理的修复方法和程序。这些诊断信息,包括档案的污染情况(污斑、水斑、油斑、霉斑等)、纸张的酸碱度、字迹的水溶性、档案的破损情况和装订情况等。

(五) 精准防控模块

档案文献遗产保护是一项专门与档案损毁因子打交道的人类活动,其目标是通过预防和治疗、修复等多种手段维护档案的完整与安全,防止档案损毁、延长档案寿命。因此,"预防为主,防治结合"成为我国档案保护的基本原则。如果说治疗和修复主要针对正在发生和已经发生的损毁,那么预防就是针对还未发生但可能会发生的损毁。在国际文献遗产保护当中,甚至是整个文化遗产保护领域,预防性保护都具有非常重要的地位。在遗产预防性保护的发展历程中,风险管理理论的引入对于提升预防性保护的精准程度具有重要的推动作用。

精准防控的前提仍然是精准识别,通过风险评估环节对风险要素的精准识别和风险大小的精准评估,确定与风险相关的来源或原因和影响,评定风险的等级,为档案文献遗产保存风险的精准防控提供决策支持。精准防控模块包括布防的精准化,要对识别出来的等级较高的风险进行精准防控，同时，要注重风险的动态监测，根据风险的变化情况，对风险点进行动态管理和调整。

三 精准保护模式的主要特点

精准保护模式作为一种适用于馆藏档案文献遗产的新型保护模式，相比于传统的粗放式保护模式，主要不同之处在于，精准保护模式当中，决策方式发生了根本变化，保护主体基于广泛的调查、识别与评估，获取关于客体及所有客体损毁因子的数据和信息，进而实现相应的治疗、修复、预防和配置决策。精准保护模式的特点主要包括以下几个方面。

（一）保护系统性

档案文献遗产保护工作是一项系统工程，但当前无论是中国档案文献遗产工程、国家重点档案保护与开发项目，还是档案馆库建设、破损评估、安全风险评估、应急管理，都是相对独立进行的，未形成一个较为完整的保护体系。从全局的角度来看，目前我国档案文献遗产数据库、档案馆风险和灾害数据库、档案病害数据库等诸多基础数据库尚未开始建设，无法为国家层面的统筹提供支持。基于评估的档案文献遗产精准保护模式，在保护方面更具系统性。该模式通过意义评估、破损评估和风险评估等基础调查与评估活动的集成，实现预防、治疗与修复工作的有机融合，并促进保存资源精准配置的实现，为档案文献遗产保护、管理与开发一体化的实现提供条件。

（二）评估导向性

调查评估工作是档案文献遗产保护走向精准化的前提，但一直以来，我国"经验式"的档案文献遗产保护，忽略了调查评估的重要性。近几年，国家档案局相继发布了《纸质档案抢救与修复规范 第1部分：破损等级的划分》《纸质档案抢救与修复规范 第2部分：档案保存状况的调查方法》《档案馆安全风险评估指标体系》等行业标准或指南，试图改变以往粗放式的保护模式。基于评估的档案文献遗产精准保护模式，强调的并非调查评估本身，而是评估的导向性，因为只有将评估的目标、过程与结果与档案文献遗产的预防决策、治疗决策、修复决策以及保存资源的配置决策等结合起来，才能发挥出评估的作用，因此，评估导向

第六章　基于评估的档案文献遗产精准保护模式构建

性是精准保护模式区别于其他粗放保护模式的重要特征。

（三）应用拓展性

近年来，人工智能在档案领域的应用探索成为数智时代背景下档案学研究的重要前沿话题。在智慧档案馆建设的浪潮当中，仅仅依靠智能密集架、基于 RFID 的档案实体智能管理、库房环境智能控制等物理层面的智能，并不能完全实现档案管理的智慧化。基于评估的档案文献遗产精准保护模式为档案保护工作的智能化提供了新的思路，这得益于该模式的应用拓展性特点，在实现精准保护目标的基础上，该模式运行基于对象级别获取的数据和信息，也可以结合更高级的分析工具，实现对象的动态监测和动态评估，从而实现基本对象的精准开发。

第七章　基于评估的档案文献遗产精准保护模式实现

本书将意义评估、破损评估和风险评估结合起来建构基于评估的档案文献遗产精准保护模式，强调了评估在实现档案文献遗产精准保护决策当中的基础性作用。然而，这三类评估都有各自的评估要素、评估标准和评估流程，对地方档案机构而言，面对大量需要妥善保存的珍贵档案文献遗产，能够调度、使用的人员、经费、技术、设备等资源十分有限，精准保护模式的实现还需解决诸多问题，例如：如何设计既具科学性又便于操作的评估要素和分级标准？如何实现多项调查评估工作流程的集成？如何利用数据库工具辅助实现调查评估与决策？如何确保精准保护模式的顺利启动与运行？本章内容将重点解决模式实现当中的评估要素、评估流程、评估系统和评估保障等问题。

第一节　档案文献遗产集成评估要素设计

一　意义评估要素与分级标准

（一）意义评估要素

根据第一章第二节对价值评估研究文献的回顾，基本厘清了遗产领域的意义评估与档案价值分级鉴定之间的联系与区别。本书认为，档案文献遗产的意义是其遗产价值的集合，档案文献遗产意义评估是基于意义评估理论方法对档案的遗产价值进行的二次鉴定。如果说档案价值鉴定是依靠年龄、职能等因素对档案价值进行的粗略或宏观判断，那么意

第七章 基于评估的档案文献遗产精准保护模式实现

义评估则是通过时间、地点、人物、主题、形式与风格、民族与社群、稀有性、系统性等要素对档案文献遗产载体材料、记录方式和记录信息所体现出的历史与研究意义、美学意义、社会意义等进行的综合评估。因此，本书倾向于在档案文献遗产价值的再评估中，使用意义和意义评估两个概念。

通过第五章第一节对典型价值评估模型的比较分析可见，源自澳大利亚的意义评估模型对联合国教科文组织的名录评定模型以及我国的文物和古籍领域形成的普查定级模型均有一定的影响，其中最大的影响体现在评估要素的选择方面。

澳大利亚《意义2.0》给出的意义评估标准当中，将评估标准分为主要标准和比较标准，主要标准包括历史意义、艺术或美学意义、科学或研究意义、社会或精神意义四个评估要素，比较标准包括来源、稀有或代表性、现状或完整性、解释能力四个评估要素。在使用评估标准时应注意对于某个藏品来说，一个或多个标准都可能适用并相互关联，但没有必要找出所有标准的证据来证明其意义，只需在主要标准中确定某个对于该藏品来说更重要的要素进行分析，再通过比较标准与主要标准的相互作用，修正或阐明意义的程度。藏品在某个评估要素下的意义程度大小取决于提示问题的答案。

联合国教科文组织公布的《世界记忆名录》评估标准参考澳大利亚意义评估标准，结合文献遗产的特殊性，提出了具有"世界意义"的文献遗产的评估标准，将标准分为基本条件和相对条件。基本条件包括真实性、独特性和不可替代性、时间、地点、人物、主题、形式和风格等评估要素，其中真实性是门槛条件，独特性和不可替代性是必须条件，后几项要素中需要满足至少1项；相对条件包括稀有性、完整性、濒危性、管理计划等评估要素。

《中国档案文献遗产工程入选标准细则》选择了《世界记忆名录》评估标准当中的时间、地点、民族与人物、主题内容、形式和风格、系统性和稀有性七项评估要素，增加了民族作为评估要素（见表7-1）。近些年来，上海、四川等省发布的《上海市档案文献遗产申报办法》《四川省档案文献遗产申评办法》也增加了一些评估要素，包括真实性、完整性、法律前提、形成者、典型性和代表性等。《中国档案文献遗产名录》入选标准中指出确定档案文献文化价值的标准是相对标准,因为任何一件或一组具体档案文献的文化价值的确定,没有绝对的评价尺度。其影响的大小、重要的程度,均取决于与其他档案文献的比较,具体可从以下几方面入手(见表7-1)。档案文献符合下列七项标准之一者,即有可能被列入名录,而符合的标准越多,或虽仅符合一项标准,但其典型性特别突出,其被列入名录的可能性就越大①。

如果将澳大利亚的意义评估要素和世界记忆工程、中国档案文献遗产工程的评估要素进行比较,可以发现,后者通过对时间、地点、人物、主题内容等要素的评估,体现的是档案记录内容体现的历史意义;形式与风格要素体现的是美学意义;民族要素体现的是社会或精神意义;而地点、人物、民族等要素体现出的特定信息内容,也能体现出一定的科学或研究意义。

表7-1　　　　　　　　《中国档案文献遗产名录》入选标准

要素	衡量尺度
时间	档案文献遗产的时间性,包含两方面意思。一是档案文献产生时间的远近,在其他标准等同的前提下,文献产生的时间越久远,其遗产价值越大。二是档案文献产生时间的具体阶段性。这是档案文献遗产价值判定上在时间相对性方面的考虑。历史呈阶段性发展,不同的历史阶段在历史上的作用不同。而产生于某一重要历史阶段的档案文献,也可能会比时间久远些的档案文献更具价值
主题内容	一般情况下,反映中国历史上某一发展阶段中政治、经济、军事、文化、外交、科学技术、社会生活等方面发生过的某些重大事件的具有典型意义、标志性的档案文献,无疑具有重大价值
地区	不同的地域、地区在历史上,政治、经济、文化、社会生活等方面发展水平不均,在各个历史阶段中所起到的作用与贡献也不一样
民族与人物	在民族发展史上,具有划时代意义的档案文献,及反映了某一民族在历史过程中形成、发展、消亡的档案文献,无疑具有典型意义。杰出人物在历史上的作用是不容忽略的。因此,历史上一些著名人物的手书原稿,无疑要较同时代普通人物的档案文献要珍贵

---

① 《中国档案文献遗产名录》入选标准［2021-01-01］,https：//www.saac.gov.cn/mowcn/cn/c100333/common_column.shtml。

第七章 基于评估的档案文献遗产精准保护模式实现

续表

要素	衡量尺度
形式与风格	形式与风格独异,在美学、考古学、文献学方面具有典型意义,反映了某种历史上出现过的档案文献面貌的档案文献,具有重要意义
系统性	如果该档案文献遗产显示出高度的系统性,它的价值也会加倍
稀有性	如果该档案文献遗产是独一无二的,特别稀有,则显然具有很高的价值

结合我国档案机构馆藏档案文献遗产的实际,本书最终选取历史与研究意义、社会意义、美学意义以及比较条件4个方面的8个评估要素(见表7-2),其中必须满足一项意义方面的要求。

表7-2 档案文献遗产意义评估要素

条件类型	评估要素	衡量尺度
历史与研究意义	时间	档案文献的形成年代是否久远 档案文献是否形成于重要或特殊历史时期
	地点	档案文献是否与特定的地点或地域有关 该地点或地域在某个历史阶段是否处于特殊地位(如文化起源地、重要革命根据地、某朝代都城等)
	人物	档案文献是否与特定个人或群体有关(如著名人物手稿) 档案文献是否反映个人或群体在与政治、科技、文化等相关的历史事件中产生过重要影响
	主题	档案文献涉及国家或地方政治、经济、军事、文化、科技、教育、艺术、社会、生态的哪一方面 档案文献与哪一特定的重大变化、活动、工程、事件相关,其在描述或促进理解该变化、活动、工程、事件当中的重要程度如何
社会意义	民族	档案文献是否反映中华民族或某一特定民族或族群的形成、发展、消亡的历史过程 档案文献是否反映中华民族或某一特定民族或族群的生活习俗、文化艺术、民族宗教信仰等特色
美学意义	形式与风格	档案文献在形式上是否为已失传或濒临消失的书写技术和载体 档案文献在美学、考古学、文献学上是否具有独特风格和典型意义 档案文献的书写文字是否具有书法、文字学研究价值

续表

条件类型	评估要素	衡量尺度
比较条件	系统性	档案文献在同类题材中或在形态方面是否显示出高度的系统性
	稀有性	档案文献是否特别罕见、稀有或濒危

(1) 历史与研究意义

历史与研究意义主要考察档案文献在描述再现或深入研究人类社会各个时期的历史活动中体现的价值，换言之，就是档案文献对于理解一个时期、地点、活动、行业、人或特定事件有什么帮助，研究人员过去、当前或未来是否对/会对该档案文献有积极的兴趣。具体而言，历史与研究意义可以通过时间、地点、人物、主题四个要素中的任一要素得以体现。

①时间。在档案鉴定当中，"年龄鉴定论"强调高龄档案应当受到尊重，也就是说，档案文献形成的年代越久远，其价值会越高。古籍定级标准当中的"历史文物价值"标准，将产生的历史时代早晚纳入其中。但从"遗产"视角出发，审视时间要素，不再局限于年龄，而需要综合考量档案文献所体现的历史时代。《世界记忆名录》评估标准就对时间要素进行了如下解释"绝对年龄本身并不会使文献变得重要，但每份文献都是特定时代的产物。有些文献能够特别唤起时代记忆，该时代可能充满危机，或发生了重大的社会或文化变革。这份文献也可能是新的发现或是同类中最具代表性的第一个"。

在国内，上海市档案文献遗产评选办法直接将时间要素限定为"形成于1949年及以前"，四川省档案文献遗产评选办法表述为"一般应形成于中华人民共和国成立之前。内容具有重大价值，或其载体特殊、罕见的档案文献，形成时间不受此限"。浙江省档案文献遗产评选办法则采取了相对宽泛的解释："年代久远或重要历史时期形成的文献，可作为价值评判的一个重要依据。"本书认为，从动态发展的角度来看，严格的时间限制有失科学性。有学者提出要"以馆藏永久档案的形成时间早晚和形成时所处的历史时期是否特殊为标准"[①]，本书赞同此观点。在

---

① 李玉华、管先海：《关于地市级档案馆馆藏永久档案分级管理的思考》，《档案管理》2012年第6期。

意义评估当中，时间要素不能与"年龄鉴定论"中的年龄等同，它既应考察档案形成的时间早晚，又要考虑形成时期的特殊性和重要性，还应参照古籍定级中"不唯时"的原则。正如四川省的做法，对于内容具有重大价值，或其载体特殊、罕见的档案文献，形成时间不受此限。

②地点。地点或指更大范围的地域，同样是档案文献遗产意义评估当中可能影响档案文献遗产价值大小的要素。按照《世界记忆名录》评估标准的描述，文献遗产可能含有关于某地域在世界历史文化中的重要信息，或者含有对已经消失的自然环境、城市或机构的相关描述。在国内，浙江省和上海市等地的档案文献遗产评选细则当中，同样将地点作为评估要素，例如浙江省档案文献遗产评选细则指出有些地区在某个历史阶段处于特殊地位（如文化起源地、某朝代都城等），同内容的相关文献较其他地区具有更高价值；上海市档案文献遗产评选细则对地域要素的说明为"形成地域在某个历史阶段处于特殊地位，如文化起源地、重要革命根据地等"。本书认为，很多档案文献的记录内容都与某地域相关，但只有具备历史重要性的地域才能体现出档案文献的重要性。

③人物。人物同样是档案文献遗产意义评估中需要考虑的要素。当前，对于此要素的理解存在一些差异。按照《世界记忆名录》评估标准的解释，文献的社会和文化内容反映了人类行为或社会、工业、艺术和政治发展的重要方面，它可能体现了伟大的运动、转变、进步等，折射出关键个人或群体的影响。也就是说，档案文献记录的内容能够反映关键个人或群体在某些重要事件中的影响。在国内，大多将其直接理解为知名人物的手稿，如浙江省的"杰出人物的手稿"、上海市的"著名历史人物的手稿"、四川省的"形成者为国内著名人物的档案文献"，另外，四川省还专门指出"国内外重要历史人物关于四川的手稿"这一评估点。本书认为，对于人物这一评估要素，可以理解为著名人物手稿，也可以理解为反映个人或群体在政治、科技、文化等相关的历史事件中产生重要影响的档案文献。

④主题。主题或主题内容要素是档案文献遗产意义评估中最重要的评估要素之一。《世界记忆名录》的评估标准指出：主题代表了自然、社会和人文科学、政治、意识形态、体育和艺术中的特定历史或知识发展。在国内，浙江省将主题内容要素表述为"涉及生产力、生产关系进

步、政治、经济体制重大变化，本地区的重大事件，理论研究、文艺创作等的重大突破等的档案文献。"之后，上海市和四川省对此要素的表述进行了完善，上海市表述为"涉及政治、经济、军事、文化、外交、科技、教育、艺术及社会生活等方面的重大变化、重大事件、重要活动、重要工程、重要人物，或具有鲜明的地方和行业特色"，四川省则阐释为"反映国家或地方政治、经济、军事、文化、科技、教育、艺术、社会、生态等方面，具有鲜明地方和行业特色的唯一性档案文献"。此类表述均罗列了档案文献遗产内容信息所体现的主题，是档案文献遗产信息价值的重要考察指标，本书认为，这一要素主要考察档案文献涉及国家或地方政治、经济、军事、文化、科技、教育、艺术、社会、生态的哪一方面，档案文献与哪一特定的重大变化、活动、工程、事件相关，其在描述或促进理解该变化、活动、工程、事件当中的重要程度如何。

（2）社会意义

历史与研究意义重在考察档案文献的历史凭证价值或参考价值不同，社会意义则倾向于考察档案文献体现出来的文化价值，从更微观的角度来审视，就是档案文献与民族或族群、社群的相关性。澳大利亚的意义评估标准中关注了遗产的社群或精神意义，具体需要回答以下几个问题：它对现在的社群或团体有特别的价值吗；为什么这对他们很重要；对于一个特定的群体来说，它是否具有精神上的意义；它是否蕴含对特定群体而言重要的信仰、想法、习俗、传统、实践或故事。

在国内，浙江省将民族要素阐释为"反映某一民族形成、发展、消亡的档案文献，各民族宗教信仰、生活习俗、文化艺术等方面的档案"，四川省进一步解释为"反映某一民族或重要族群的形成、发展、演变过程或反映典型的民族生活习俗、文化艺术等特色的档案文献"，上海市则表述为"反映某一民族或族群的形成、发展、消亡的历史过程或反映典型的生活习俗、文化艺术、民族宗教信仰等特色档案文献"。本书认为，民族这一评估要素应着重考察档案文献是否反映中华民族或某一特定民族或族群的形成、发展、消亡的历史过程；档案文献是否反映中华民族或某一特定民族或族群的生活习俗、文化艺术、民族宗教信仰等特色。

第七章　基于评估的档案文献遗产精准保护模式实现

（3）美学意义

关于美学或艺术意义，澳大利亚在遗产意义评估当中，列出了此要素的考察点：它是精心设计的，手工制作的还是普通制造的；它是特定风格、设计、艺术运动或艺术家作品的一个很好的例子吗；它的设计是原创还是创新；它是漂亮的、赏心悦目的还是结构匀称的；它是否表现出高度的创造性或技术成就；它是否描述了感兴趣或重要的主题、人物、地点、活动或事件。按照《世界记忆名录》评估标准的解释，遗产对象有突出的审美、风格或语言价值，可以是一种表示风俗、媒介、已经消失或正在消失的载体或格式的典型和关键范例。

在国内，浙江省对此要素进行了详尽说明："对于已失传或濒临消失的技术和载体，及在美学、考古学、文献学上具有独特风格和典型意义的档案文献，如用特殊载体制作的文献，或文献的文字具有书法、文字学研究价值等，其价值就越大"。上海市将其解释为"在形式上体现已失传或濒临消失的书写技术和载体，或在美学、考古学、文献学上具有独特风格和典型意义。如用特殊载体制作的文献，或文献的文字具有书法、文字学研究价值等"，四川省也有类似表述："在形式上体现已失传或濒临消失的书写技术和载体，或在美学、考古学、文献学上具有独特风格和典型意义，或其文字具有书法、文字学研究价值等的档案文献"。可见，在档案领域，主要通过形式和风格这一评估要素来考察档案文献记录符号、记录载体体现的美学意义，具体而言，需要回答以下三个问题，即档案文献在形式上是否为已失传或濒临消失的书写技术和载体；档案文献在美学、考古学、文献学上是否具有独特风格和典型意义；档案文献的书写文字是否具有书法、文字学研究价值。

（4）比较条件

在馆藏档案文献遗产意义评估当中，需要通过一些比较条件来衡量档案文献价值的高低。澳大利亚的意义评估标准当中，设置了"来源""稀有或代表性""现状或完整性""解释能力"四个比较标准项。我国档案文献遗产名录评选当中，也考虑到系统性、稀有性等比较要素。

①系统性。四川、上海和浙江等地都认同系统性要素作为比较要素。其中，上海市将其阐述为"在同类题材中或在形态方面显示出高度的系统性"，浙江省则表述为"具有高度系统完整性在价值上要高于同内容

的一般档案文献"。本书认为,系统性主要考察档案文献在同类题材中或在形态方面是否显示出高度的系统性,包括其对所记录活动发生始末的解释程度。

②稀有性。澳大利亚意义评估标准的相应说明中要求回答如下问题:它是否有不同寻常的品质,使其区别于其他类或类别的遗产对象;它是独特的还是濒危的。《世界记忆名录》评估标准将此要素解释为"对象的内容或物理性质是否使其成为某一时间或者类型的现存稀有典例"。国内档案文献遗产名录评选同样尊重稀有性,上海市档案文献遗产工程评估标准中稀有性指"特别稀有,具有罕见性、特殊性",浙江省则指出"特别稀有的档案文献在价值上要高于同内容的一般档案文献"。本书认为,稀有性主要考察档案文献是否特别罕见、稀有或濒危。

(二) 意义分级标准

在判定文献遗产意义等级方面,国内外主要有两种模式。第一种模式是世界记忆工程、中国档案文献遗产工程采取的名录模式,通过申报—评定的方式,遴选出具有世界意义、区域意义、国家意义和地方意义的文献遗产,但这种模式并不完全适用于馆藏文献遗产的意义分级,因为对我国各地档案馆而言,能够入选省级及以上档案文献遗产名录的档案文献数量较少,如果仍按照世界—区域—国家—地方意义的标准进行分级,分级结果对本书所言的精准保护和管理而言并无实质效果;第二种模式是中华古籍保护计划采取的定级模式,通过普查—定级的方式,对馆藏的古籍进行全国范围内的定级工作,全国上下按照统一的定级标准对古籍价值高低进行判定。当前,要从国家层面进行自上而下的档案文献遗产意义评估与分级,需要耗费的资源较大,且这种模式并不适于可持续的使用。因此,本书更倾向于强调意义分级并非从国家视角出发判定绝对价值高低,而是结合各级各类档案馆自身馆藏特点判定相对价值高低。

在馆藏永久档案分级方面,有学者曾指出按照《档案法实施办法》的有关规定,依据各级国家档案馆馆藏永久档案的特点,综合考虑档案的来源、内容、形式、形成时间和地方特色等因素,兼顾档案的政治性、历史性和全面性要求,将馆藏永久档案划分为一级、二级、三级。一级档案为珍品档案，主要指那些珍贵稀少、年代久远、载体特殊、独具特色，或在全国具有代表性、典型性、首创性、不可替代性及重要文物价值的档案，其数量应控制在馆藏永久档案总数的5%以内，原则上凡是入选《世界记忆名录》和《中国档案文献遗产名录》的档案都应作为一级档案保管；二级档案为重要档案，主要指那些反映本地政治、经济、文化、宗教等方面具有地方特色、时间较早、内容丰富的档案，其数量应控制在馆藏永久档案总数的30%以内；三级档案主要指馆藏档案中除一级、二级档案以外的其他应永久保管的有一定参考价值的档案[①]。本书参考其分级思想，结合意义评估的结果，按照档案文献遗产在历史与研究意义、美学意义、社会意义以及比较条件等方面体现的价值高低，将馆藏档案文献遗产分为三个级别。

一级（珍品级）档案文献遗产是馆藏中具有特别重要历史/研究、美学或社会意义的代表性档案文献遗产。例如，馆藏当中形成年代最为久远的档案文献，主题内容最能代表地方特色或行业特色的档案文献，与本地区少数民族、地域或历史人物相关的档案文献，载体形式或记录形式最为罕见特殊或濒危的档案文献。一级档案文献遗产是馆藏中的精品与珍品，是角逐档案文献遗产名录评选的优先选择对象，已经入选档案文献遗产名录的档案文献自动归为一级。

二级（特藏级）档案文献遗产是馆藏中具有重要历史/研究、美学或社会意义的档案文献。例如，馆藏当中形成年代久远的档案文献，主题内容具有地方特色或行业特色的档案文献，与本地区有影响力的少数民族或历史人物、重要的地域相关的档案文献，载体形式或记录形式具有特殊性的档案文献。

三级（普通级）档案文献遗产是馆藏中具有一定历史、研究、美学或社会意义的档案文献。主要包括除一级、二级档案文献遗产以外的其他应永久保管的有一定意义的档案文献。

最后，本书依据上述调查和评估内容，设计了调查与评估结合的表格（见表7-3）。

---

① 吴绪成、刘晓春：《馆藏档案分级管理的若干思考》，《湖北档案》2006年第11期。

表7-3　　　　　　　　　　调查评估表格设计

档案文献题名			档号		
保存地址索引					
评估人员			评估时间		
评估要素	档案文献具体表现情况		档案文献意义陈述		档案文献遗产等级
时间（年份或年代）					
地点					
人物					
主题					
民族					
形式和风格					
稀有性					
系统性					

二　破损评估要素与分级标准

（一）破损评估要素

本书第五章第二节介绍了我国古籍和档案领域在破损评估中的两项标准。从评估内容看，《古籍特藏破损定级标准》定义了古籍中主要存在的10种破损类别，包括酸化、老化、霉蚀、粘连、虫蛀、鼠啮、絮化、撕裂、缺损、烬毁、线断，各类型的图书馆可根据定义中体现的特征对破损种类进行识别。《纸质档案抢救与修复规范　第1部分：破损等级的划分》参考了《古籍特藏破损定级标准》，分析总结了纸质档案实践工作中的情况，明确了纸质档案保护与修复工作中纸质档案的主要破损类别，所给出的破损类型包含11种，包括酸化、老化、霉变、虫蛀、撕裂、污染、残缺、粘连、字迹洇化扩散、字迹褪色、字迹酸蚀。

本书参考上述两项标准的具体术语定义，以"种类尽全面，定义不交叉"为原则，总结出馆藏档案文献遗产破损种类表象。同时，参考我国古籍修复领域的经验，将纸质档案的破损种类分为两种性质：一类是动态渐进性，另一类是相对静止性[1]。动态渐进性损害的表现特征主要

---

[1] 张平：《关于〈古籍特藏破损定级标准〉的编制》，《国家图书馆学刊》2006年第3期。

第七章 基于评估的档案文献遗产精准保护模式实现

是酸化和老化，其表现形式较为隐蔽，不易发现；而相对静止性损害的表现特征主要是鼠虫等伤害，其破损特征非常明显，极易发现。相对静止性损害只是局部的，而动态渐进性损害是致命伤，在同等保存条件下会继续恶化，严重影响馆藏档案的保存寿命。

此外，本书对破损种类的成因进行简要归纳和总结，形成《馆藏档案文献遗产破损种类表象及成因参考表》（表7-4）。该表包含纸质档案目前常见的16种定义不存在交叉关系的破损种类，分别给出以肉眼观测或触感检查的方式能判断的破损表象，列出在档案形成及管理中可能导致破损的原因。评估人员可检查馆藏档案的具体破损表象，从而判断具体的破损种类。具体内容如表7-4所示。

表7-4　　馆藏档案文献遗产破损种类表象及成因参考表[①]

性质	种类	具体表象	主要成因
动态渐进性损害	酸化	①纸张变硬，严重至无法翻动 ②纸张变脆，严重至碎成纸屑	①纸张成分含松香等酸性物质 ②外部环境中空气、灰尘等含酸性物质
	老化	①纸张变色，中部或四周颜色变暗至深棕或棕红色，出现黄褐色斑点等 ②纸张变硬、焦脆、掉渣或呈粉状等	原因较为复杂，光照、污染、潮湿等因素均会对纸张产生不良影响
	锈蚀	装订金属材料生锈并使周围纸张老化或破损	装订金属材料因水氧作用产生碱性氧化物腐蚀纸张
	霉变	①纸张变色，出现如黑色、紫色、淡黄色的菌斑 ②纸张变薄、变轻 ③纸张相互粘连，严重至成砖	纸张受潮浸水后霉菌生长繁殖分泌纤维素酶降解纸纤维
	粘连	纸张无法自然揭开，相互粘连，严重至成砖	①浸水后灰尘水解分泌黏液 ②受潮滋生细菌或真菌分泌黏液使纸张粘结 ③长期堆放挤压使纸张粘结

---

① 表象描述参考：《古籍特藏破损定级标准》术语表、《纸质档案抢救与修复规范　第1部分：破损等级的划分》术语表、泸州市档案馆馆务利用科修复日志、泸州市图书馆古籍修复中心工作日志。

续表

性质	种类	具体表象	主要成因
动态渐进性损害	字迹洇化扩散	①字迹发生位移 ②字迹线条变粗，向四周扩散，导致字迹模糊	①字迹色素长期受高温影响，油性成分流动 ②字迹色素遇水、水溶液、油或有机溶剂，水溶成分流动
	字迹酸蚀	字迹周围纸张出现老化或破损	酸性字迹材料因氢离子作用于纸张
	字迹褪色	字迹色素色度减退，文字变淡模糊	①字迹色素成分自身不耐久，于纸张未成膜 ②字迹受紫外线、高温、有害气体影响，与纸张脱离
相对静止性损害	虫蛀	①纸张上有圆形或曲线形蛀洞、蛀痕 ②成册时呈贯穿状，即蛀洞从封面贯穿到封底	库房环境没有温湿度控制滋生虫害环境
	鼠啮	①纸张四周造成缺损，面积大小不一 ②页数多数成片损坏缺失 ③伴随生霉、粘连现象	①库房环境简陋潮湿 ②档案缺少装具或装具受损
	烬毁	①因火烧导致缺损 ②在灭火时被水浇过，大多伴随霉变、粘连、变形	档案遇火灼烧或烧毁
	残缺	页面不完整，页数缺失	自然因素如水浸、霉变、大面积虫蛀、鼠啮、纸张老化、磨损；人为因素如撕毁
	污染	①空气灰尘沉积成垢覆盖字迹 ②纸张附着水渍、油斑、墨斑、金属锈斑、泥斑	①纸张上有害生物繁殖，金属装订材料生锈，污水转移扩散字迹等 ②使用者疏忽造成人为污染
	磨损	褶皱处折痕断裂或字迹无法识别 纸张四周因过度磨损导致呈棉絮状	纸张使用过程中受到过度摩擦
	装帧损坏	装帧材料裂口或脱落	人为或环境外力造成装订材料断裂或脱落
	撕裂	纸张裂口，形式多样	人为或环境外力造成纸张裂口

第七章 基于评估的档案文献遗产精准保护模式实现

(二) 破损分级标准

参考前文《古籍特藏破损定级标准》《纸质档案抢救与修复规范第1部分：破损等级的划分》的定级表，结合实践工作经验，形成馆藏档案文献遗产破损评估定级参考表（表7-5），以此开展破损定级工作。

表7-5 馆藏档案文献遗产破损评估定级参考表①

种类	级别	特残破损	严重破损	中度破损	轻度破损
动态渐进性损害	酸化	pH≤4.0	4.0＜pH≤5.0	5.0＜pH≤5.5	5.5＜pH≤6.5
	老化	纸张机械强度严重降低，翻动时出现掉渣、裂口、破碎现象，纸张中部及四周呈深棕或棕红色	纸张机械强度明显降低，纸张发脆、絮化等现象较严重，纸张中部及四周变棕或暗黄色	纸张机械强度有一定程度降低，纸张变色，有少量黄褐色氧化斑	纸张轻微的发黄、发脆
	锈蚀				
	字迹酸蚀				
	霉变	霉变、粘连面积＞30%；霉变、粘连页数总量＞60%	20%＜霉变、粘连面积≤30%；40%＜霉变、粘连页数总量≤60%	5%＜霉变、粘连面积≤20%；10%＜霉变、粘连页数总量≤40%	霉变、粘连面积≤5%；霉变、粘连页数总量≤10%
	粘连				
	字迹洇化扩散				
	字迹褪色	严重影响档案信息识读	勉强可以识读	基本可以识读	有褪色现象，基本不影响识读
相对静止性损害	虫蛀	虫蛀、鼠啮、烬毁、残缺、污染面积＞30%；虫蛀、鼠啮、烬毁、残缺、污染页数总量＞60%	20%＜虫蛀、鼠啮、烬毁、残缺、污染面积≤30%；40%＜虫蛀、鼠啮、烬毁、残缺、污染页数总量≤60%	5%＜虫蛀、鼠啮、烬毁、残缺、污染面积≤20%；10%＜虫蛀、鼠啮、烬毁、残缺、污染页数总量≤40%	虫蛀、鼠啮、烬毁、残缺、污染面积≤5%；虫蛀、鼠啮、烬毁、残缺、污染页数总量≤10%
	鼠啮				
	烬毁				
	残缺				
	污染				

① 数据描述参考：《古籍特藏破损定级标准》《纸质档案抢救与修复规范 第1部分：破损等级的划分》。

续表

种类 \ 级别		特残破损	严重破损	中度破损	轻度破损
相对静止性损害	磨损	纸张絮化严重，絮化页数总量＞40%；严重影响档案信息识读	20%＜絮化页数总量≤40%；勉强可以识读	5%＜絮化页数总量≤20%；基本可以识读	絮化页数总量≤5%；基本不影响识读
	其他	装帧完全损坏，脱页严重，页数缺失较多；撕裂面积＞75%	装帧严重损坏，页数有缺失；50%≤撕裂面积＜75%	装帧损坏，卷皮完全破损，页数顺序凌乱；25%＜撕裂面积≤50%	装帧轻微损坏，卷皮破损，折痕断裂；纸张撕裂面积≤25%

从破损种类描述来看，此定级表新增了档案馆在评估工作中所描述的破损种类"锈蚀""字迹酸蚀""烬毁""鼠啮"和"磨损"及其判定描述，并在"其他"部分增加有关"装帧损坏"的判定描述。结合纸质损害性质分类的方法，将破损种类按"动态渐进性损害"与"相对静止性损害"分类，有助于档案馆为多种破损种类并存的馆藏档案进行个性保护或管理，如对动态渐进性损害较多的档案开展动态检测等。

从定级判断方法来看，此定级表基于单页面积数据的判定描述，以古籍为参考新增了对多页或成册档案的判定描述，方便评估人员对如"鼠啮"等对档案实体造成整体损害的破损种类的程度进行判定。

《馆藏档案文献遗产破损评估定级表》将纸质档案破损等级划分为四个等级，即"特残破损""严重破损""中度破损""轻度破损"四级，其具体判定方式如下：

第一类，特残破损。凡具有下列情况之一，定为特残破损：酸化特别严重，纸张酸碱值小于等于4.0。纸张老化严重，或因字迹或装订材料严重腐蚀纸张，翻动时出现掉渣、裂口、破碎现象，纸张中部及四周呈深棕或棕红色。档案字迹洇化或褪色至字迹难辨，严重影响档案信息识读。单页或少页档案纸张霉变、粘连、虫蛀、鼠啮、烬毁、残缺、污染面积大于30%，或成册档案霉变、粘连、虫蛀、鼠啮、烬毁、残缺、

第七章 基于评估的档案文献遗产精准保护模式实现

污染页数达到整部档案的60%以上,其中任何一种破损种类符合,都为特残破损。纸张磨损至严重絮化,单页或少页档案严重影响档案信息识读,或成册档案絮化页数总量大于40%。特殊装帧完全损坏致页数缺漏较多,撕裂面积大于75%。

第二类,严重破损。凡具有下列情况之一,定为严重破损:酸化严重,纸张酸碱值大于4.0小于等于5.0。纸张老化比较严重,或因字迹或装订材料腐蚀纸张,纸张发脆、絮化等现象较严重,纸张中部及四周变棕或暗黄色。档案字迹洇化或褪色至字迹比较难辨,勉强可以识读档案信息。单页或少页档案纸张霉变、粘连、虫蛀、鼠啮、烬毁、残缺、污染面积大于20%至小于等于30%,或成册档案霉变、粘连、虫蛀、鼠啮、烬毁、残缺、污染页数达到整册档案的40%,且小于等于60%,其中任何一种破损种类符合,都为严重破损。纸张磨损至比较严重絮化,单页或少页档案勉强可以识读档案信息,或成册档案絮化页数总量大于20%,小于等于40%。特殊装帧严重损坏致页数缺漏,撕裂面积大于50%,小于75%。

第三类,中度破损。凡具有下列情况之一,定为中度破损:较为酸化,纸张酸碱值大于5.0小于等于5.5。纸张老化,或因字迹或装订材料轻微腐蚀纸张,纸张变色,有少量黄褐色氧化斑。档案字迹洇化或褪色至字迹辨认出现障碍,基本可以识读档案信息。单页或少页档案纸张霉变、粘连、虫蛀、鼠啮、烬毁、残缺、污染面积大于5%且小于等于20%,或成册档案霉变、粘连、虫蛀、鼠啮、烬毁、残缺、污染页数达到整册档案的10%,且小于等于40%,其中任何一种破损种类符合,都为中度破损。纸张磨损至出现絮化,单页或少页档案基本可以识读档案信息,或成册档案絮化页数总量达到5%,不足20%。特殊装帧损坏,卷皮完全破损,页数完整但顺序混乱,撕裂面积达到25%,不足50%。

第四类,轻度破损。凡具有下列情况之一,定为中度破损:出现酸化,纸张酸碱值大于5.5小于等于6.5。纸张老化,或因字迹或装订材料出现腐蚀纸张苗头,纸张轻微的发黄、发脆。档案字迹洇化至字迹辨认出现少量障碍,纸张轻微褪色,基本不影响识读档案信息。单页或少页档案纸张霉变、粘连、虫蛀、鼠啮、烬毁、残缺、污染面积小于等于

5%，或成册档案霉变、粘连、虫蛀、鼠啮、烬毁、残缺、污染页数不足整册档案的10%，其中任何一种破损种类符合，都为轻度破损。纸张磨损至絮化，单页或少页档案基本可以识读档案信息，或成册档案絮化页数总量不足5%。特殊装帧轻微损坏，成册档案卷皮破损，纸张不规范折叠导致折痕断裂，撕裂面积不足25%。

其中，当评估对象出现某一种破损种类，以其破损数据符合的程度评出其破损级别。当评估对象出现两种及以上破损种类，且其破损程度符合同一级别的条件时，则评为该级别。当评估对象出现两种及以上破损种类，且其破损程度符合不同级别的条件时，以破损程度最严重的种类所处的情况作为判定依据，得出评估对象的破损级别。

三 风险评估要素与分级标准

（一）风险评估要素

风险评估要素主要包含风险因素、风险发生的可能性与风险后果的严重性。本书第五章第三节介绍了国内外文化机构风险评估的方法与标准，着重论述了国外应用最为广泛的"十大恶化因子"理论。加拿大自然博物馆的沃勒借鉴米哈尔斯基预防性保护框架中影响博物馆环境的九大恶化因子，即：①物理力量；②火；③水；④罪犯；⑤害虫；⑥污染物；⑦光和紫外线辐射；⑧不恰当的温度；⑨不恰当的相对湿度，以此为基础提出了新的恶化因子，即管理疏忽，后将其定义成脱离。

我国《档案馆安全风险评估指标体系》[①]则主要从馆库安全、档案实体安全、档案信息安全及安全保障机制四大方面及其具体的二、三级指标项设立评估要点，各部分所排查评估的风险因素侧重点不同。本书结合我国档案保护工作中的"十防"，即防高低温、防盗、防火、防水、防虫、防鼠、防尘、防光、防霉、防污染，以及国外沃勒的"十个恶化因子"理论将我国《档案馆安全风险评估指标体系》所呈现的风险因素

---

① 国家档案局：《国家档案局办公室关于印发〈档案馆安全风险评估指标体系〉的通知》，(2018-12-24) [2020-03-23]，http://www.saac.gov.cn/daj/tzgg/201902/fd66636dbe7c4a2a8ef7fdf6f3bcf57f/files/81b900914b09418c8235b29e138ff68e.pdf。

进行如下归类,详见表7-6。

表7-6 《档案馆安全风险评估指标体系》中的三级指标及对应考察的风险因素

一级指标	二级指标	三级指标	风险因素
馆库安全	馆库选址	周边环境	场地潮湿、排水不畅、空气污染、易燃易爆气体、高压线
		地质条件	滑坡、崩塌、泥石流、岩溶塌陷、采空塌陷、地裂缝、地面沉降
		地震防护	地震
		水文条件	洪水、风暴潮、海啸、内涝、水库、河道溃塌
	馆库建筑	竣工验收	场地潮湿、排水不畅、空气污染、易燃易爆气体、高压线、滑坡、崩塌、泥石流、岩溶塌陷、采空塌陷、地裂缝、地面沉降、地震、洪水、风暴潮、海啸、内涝、水库、河道溃塌
		楼面活荷载	崩塌
		围护结构	光照强度、温度、湿度不适当
		防火设计、建设	火灾
		防水设计、建设	地下水积水、漏水、机械通风空调设备故障
	功能布局	功能布局	光照、温度不适当、电气设备故障
	设施设备	档案装具	承重设备变形倒塌、外力挤压、外力碰撞、短路断电、电气设备故障产生高温、盗窃
		防尘、防污染和防有害生物设备设施	有害气体、颗粒物、有害生物
		采暖通风和空气调节设施设备	空调设备、采暖设备故障、漏水、漏气
		消防设施设备	火灾、水灾
		安防设施设备	各类损坏馆藏的违法犯罪行为
		电气设施设备	漏电、绝缘层老化、龟裂碳化
		给排水设施设备	漏水、积水
		电梯设施设备	外力撞击
		防雷设施设备	停电、火灾

续表

一级指标	二级指标	三级指标	风险因素
档案实体安全	档案保管	档案登记与统计	登记遗漏、工作人员操作失误
		档案目录编制	工作人员操作失误、馆藏缺失
		档案存放状况	档案错放、馆藏缺失
		特藏档案存放	犯罪、外力破坏、温度、湿度、光照、虫害、污染、火、水
		档案保存情况检查	馆藏缺失
		档案库管理	犯罪、外力破坏、温度、湿度、光照、虫害、污染、火、水
	档案流转	档案接收	工作人员操作失误、虫害、尘土
		档案出入库	运输撞击、盗窃、工作人员操作失误
		档案利用	泄密、偷窃、外力破坏
		档案销毁	管理疏忽导致销毁错误
	档案抢救和保护	档案病害状况检查	病虫害
		档案抢救	规划不科学、制度不完善、技术不成熟
		档案保护	规划不科学、制度不完善、技术不成熟

将我国《档案馆安全风险评估指标体系》所涉及的风险因素与"十个恶化因子"相结合，能获得较为全面的风险因素识别结果，最终归纳得出档案文献遗产的风险因素，详见表7-7。

表7-7　　　　　　　馆藏档案文献遗产风险因素列表

恶化因子	风险因素	对档案文献遗产的影响
物理力量	滑坡、泥石流、岩溶塌陷、采空塌陷、地裂缝、地面沉降、地震、武装冲突、馆室档案装具倾覆、馆室承重设备变形倒塌、运输过程中的碰撞挤压、运输途中档案倾覆、电梯故障导致外力碰撞、人为误操作撕裂等	丢失、水浸、磨损、撕裂等
火	雷电、烟花、周边存放易燃易爆气体、电气装置起火、吸烟、蜡烛、打火机、火柴、改扩建工程、高压线起火等	烧毁等

第七章 基于评估的档案文献遗产精准保护模式实现　　187

续表

恶化因子	风险因素	对档案文献遗产的影响
水	洪水、风暴潮、海啸、内涝、水库或河道溃塌、地下水渗漏、水管爆裂、清洁用水、消防设备漏水等	水浸、丢失、字迹洇化扩散、褪色、污染、霉化等
有害生物	虫灾、微生物、当地生物（昆虫、啮齿动物、鸟类、蝙蝠啃食等）	虫蛀、鼠啮、霉化等
污染物	有害气体、灰尘、食物残渣、带有污染物的气体排放材料的储存、带有污染物的修复材料等	酸化、腐蚀等
光和紫外线	阳光照射、电光源照射（灯）	褪色、泛黄、崩解等
不恰当的温度	当地温度、库房温度失衡（灯、加热器）等	加速老化、变形、脱水、脆化、软化等
不恰当的相对湿度	当地湿度、库房湿度失衡、微气候失衡等	加速老化、变形、开裂、腐蚀、霉化、字迹模糊等
罪犯（小偷和破坏者）	盗窃、纵火、投放污染气体与液体、恶意毁坏、恶意篡改等	丢失、缺页、污染、烧烬、信息无法读取等
管理疏忽	文件的标识标签脱落和丢失、移交或记录过程中的馆藏缺失、档案错放、员工退休工作未及时交接、数字档案信息备份和容灾措施缺失等	丢失、信息分离等

（二）风险分级标准

风险分级就是判断风险因素引发风险事件发生的可能性以及发生后造成后果的严重程度的级别。本书在前文对比分析了国内外的风险评估工具以及我国风险评估工作现状，考虑到可操作性，确定引入风险矩阵对风险等级进行划分。

风险大小以风险发生的可能性与风险后果严重性的乘积结果呈现，划分风险发生的可能性为非常低、低、中等、高、非常高五个级别，其中非常低是指几乎不可能发生，为其赋值1；低是指每年发生一次，为其赋值2；中等是指一年发生几次，为其赋值3；高是指每月发生一次，为其赋值4；非常高是指每周发生一次或每天发生一次，为其赋值5。风险发生的可能性等级详见表7-8。

表7-8　　　　　　　　风险发生的可能性等级

可能性（P）	分值	评定发生的可能性
非常低	1	几乎不发生
低	2	非常罕见（每年发生一次）
中等	3	罕见（一年发生几次）
高	4	经常（每月发生一次）
非常高	5	在正常工作条件下非常频繁（每周发生一次或者每天发生一次）

确定风险等级除了分析风险发生可能性外还需要判定风险后果严重性，本书将风险后果严重性分为非常轻微、轻微、中等、严重与非常严重五个级别，并用定性语言加以描述，将后果非常轻微描述为不会或会造成非常有限的损伤，并为其赋值1；将后果轻微描述为会造成轻微损伤并为其赋值2；将后果中等描述为会造成中等损伤并为其赋值3；将后果严重描述为会造成严重损伤并为其赋值4；将后果非常严重描述为会造成极严重损伤并为其赋值5，详见表7-9。

表7-9　　　　　　　　风险后果严重性等级

大小（M）	分值	评价严重程度
非常轻微	1	不会/会造成非常有限的损伤
轻微	2	会造成轻微损伤
中等	3	会造成中等损伤
严重	4	会造成严重损伤
非常严重	5	会造成极严重的损伤

风险分级需要运用公式 $R = P \times M$（风险大小＝风险发生可能性等级×风险后果严重性等级），参考风险矩阵计算出对应风险的分值，比照风险定级评分表确定极高、高、中等、低、极低五个级别的风险。数值在20分以上的均为极高风险，数值在13—20之间的均为高风险，数值在7—12之间的均为中风险，数值在2—6之间的为低风险，数值为1的为极低风险（见表7-10）。在确定风险等级后，还应根据档案馆对档

第七章 基于评估的档案文献遗产精准保护模式实现

案文献遗产遭受损害的可接受程度划分可接受风险的级别（见表7-11）。一般来说，在我国任何档案文献遗产的破损与丢失都属于不可接受的范畴，因此只有风险发生可能性非常低与发生后严重程度非常轻微的风险才属于可接受风险，在本套分级标准中则为风险分值为1，风险等级为极低的风险。

表7-10　　　　　　馆藏档案文献遗产5×5风险矩阵

影响后果 可能性	非常严重（5）	严重（4）	中等（3）	轻微（2）	非常轻微（1）
非常高（5）	25	20	15	10	5
高（4）	20	16	12	8	4
中等（3）	15	12	9	6	3
低（2）	10	8	6	4	2
非常低（1）	5	4	3	2	1

表7-11　　　　　　馆藏档案文献遗产风险定级

风险等级	风险类别
极高风险（20以上）	应立即采取行动来降低该风险发生可能性或者缓解后果的严重程度，确保降低风险等级，如果尽管采取了措施，但仍无法降低风险，则应避免此类活动
高风险（13—20）	应立即采取行动来降低该风险发生可能性或者缓解后果的严重程度
中度风险（7—12）	应实施措施降低该风险
低风险（2—6）	应实施措施降低该风险
极低风险（1）（可接受的风险）	可能不需要规划控制过程和采取措施消除该风险

第二节　档案文献遗产集成评估流程设计

档案文献遗产集成评估流程是意义评估、破损评估和风险评估流程的集成，本书提取每一种评估的英文首字母后，将其命名为SDR集成评估流程，依据档案文献遗产精准保护模式的可操作性原则，本书跳出档案机构意义评估、破损评估和风险评估及其相关活动如修复、预防等活动中设计的流程，重新设计 SDR 集成评估流程，如图 7-1 所示，该流程将集成评估分为三个部分，即评估前准备、评估主环节和评估后行动。

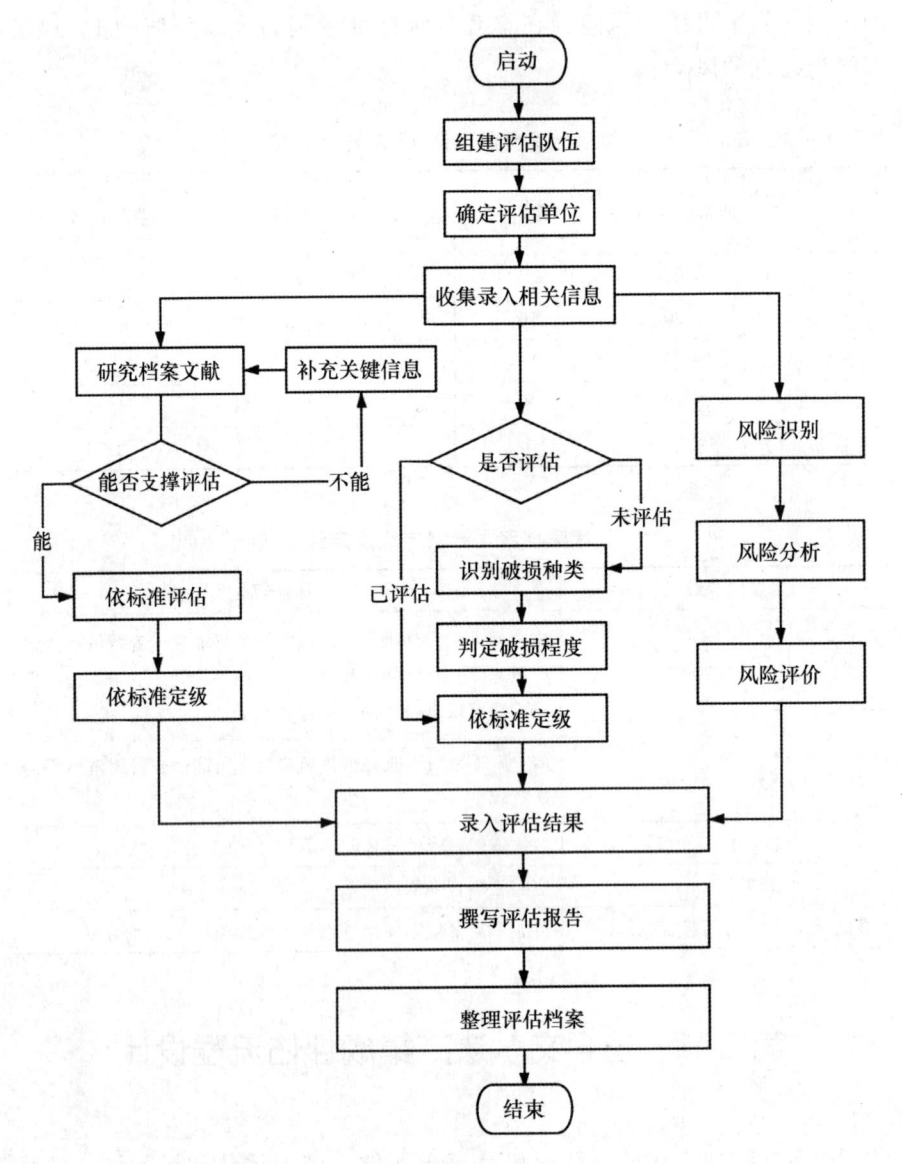

图 7-1　档案文献遗产 SDR 集成评估流程

第七章　基于评估的档案文献遗产精准保护模式实现

一　评估前准备

SDR 集成评估前的准备工作主要包括三项内容。

第一，组建评估队伍。从现有工作经验看，档案馆通常以馆内修复人员作为判定馆藏破损情况的具体操作主体，而图书馆或古籍修复中心评估队伍则以修复师为主，社会志愿者为辅。而意义评估或风险评估则以收集或保管等部门单独负责。然而，档案馆尤其是地方档案馆的人员配置比较有限，加上集成评估工作涉及的领域较多、工作量大，单靠一个部门很难完成全部评估工作。所以，启动评估工作的第一步则是组建一个跨部门的集成评估工作组。工作组需要由档案馆领导直接负责，办公室、收集、鉴定、保管、保护（修复）、安全保障等部门的工作人员参与，分为意义评估、破损评估和风险评估三个执行小组。由于评估工作需要耗费一定时间，档案馆可以考虑吸收学生或社会志愿者群体协助，或以外包或众包的形式开展。

第二，确定评估单位。"卷"和"件"是馆藏档案文献遗产的两个基本管理与统计单位。在开展档案文献遗产评估之前，各档案馆还需提前考虑的就是评估单位，是以件为单位进行逐件评估，还是以卷为单位进行逐卷评估，抑或是遵循原始馆藏整理单位以卷或件为单位进行混合式评估，都需要结合馆藏档案文献遗产的数量、价值、破损和风险情况，以及调查经费、人员等支持情况进行综合判定。从理论上看，以件为单位进行评估更利于实现精准保护与管理。但对于一些案卷而言，卷内档案文献的价值大小、载体材料、年代分布、破损情况、风险因素都没有太大区别，则可以选择以卷为单位进行综合评估。当然，结合评估目的，若馆藏单位面临被动的灾后突发评估，则需对受灾部分馆藏开展全面普查和逐件评估。

第三，收集相关信息。无论是以件还是卷为评估单位，都应该按照全宗、卷、件的顺序进行相关信息的收集。查阅、收集、记录、核实并可一并在辅助评估工具中录入馆内外关于某个全宗、某卷、某件档案文献的关键信息。相关信息在此主要指代三类信息。

第一类信息是与意义评估相关的信息，包括全宗指南信息（全宗号、立档单位、起止时间、全宗来源情况、档案内容与成分介绍等）；案卷信息（案卷题名、备考表、卷内目录等）；档案文献本身的信息（题名、档号、目录、载体材料信息、记录材料、记录符号、记录内容），可参考国家重点档案文件级著录成果。此外，还应广泛查找并收集利用档案文献开展二次研究的相关信息，外界对此档案文献的评价信息以及其他所有有助于开展评估的信息。为了最大限度地保护珍贵档案原件，评估工作应尽量减少对原件的接触，若有数字化扫描件，可使用数字副本进行评估。此外，还可联系档案文献遗产形成者、历史学者或其他利益相关者，获取关于档案文献遗产的相关信息。

第二类信息是与破损评估相关的信息。主要包括历史上开展的调查、检查、评估、修复、抢救、数字化等信息。通过档案馆年鉴、大事记、抢救修复档案、检查评估报告等来获取相关有用信息。例如，调查馆藏单位面临重大自然灾害和突发安全事件时对档案采取的抢救、保护和修复措施。重大自然灾害和突发安全事件需要调查其发生时间和受损范围，其中，重大自然灾害主要包括火灾、洪涝、地震、泥石流或其他自然灾害；突发安全事件主要包括丢失、损坏。若评估对象曾在上述事件中受损，则需调查馆藏单位是否对其开展过具体修复、是否缩微、是否数字化等。若开展过具体修复，则可了解其修复经验和注意事项，避免二次受损；若开展过缩微和数字化，在后续修复中可避免重复操作，浪费人财物资源。

第三类信息是风险评估相关的信息。调查本档案馆曾开展的安全检查、风险评估活动记录，灾害或突发事件发生的事件、类型、原因、后果等。

二　评估主环节

SDR 集成评估主环节包括意义评估、破损评估和风险评估三个部分，三部分可以同时并行开展也可以分先后进行。

意义评估的主要任务是全面识别馆藏永久保管档案文献的历史与研究意义、社会意义和美学意义等，按照标准判断价值高低，并对馆藏档案文献遗产的意义进行定级，具体来说，包括三个环节。

第一，研究文献遗产。意义评估工作小组需结合收集到的文献遗产相关材料信息，研究其材料性质、形式与风格、时代背景、主题内容及

第七章 基于评估的档案文献遗产精准保护模式实现

其与民族、人物、地域等的关联。其间，可以咨询档案形成机构、捐赠者以及相关专家学者，获取关于档案文献背景和潜在价值的信息。最后，可咨询相关人士或领域专家，以判断此档案文献遗产与类似档案文献遗产的相似或不同之处，进一步确定其意义及系统性、稀有性等相关方面的信息。第二，依标准评估。结合研究结果，依据档案文献遗产意义评估标准理解档案文献的价值和意义。第三，依标准定级。依照档案文献遗产意义分级标准，对档案文献遗产的意义进行定级。

破损评估阶段的主要任务包括识别馆藏档案文献的破损种类，测量相关数据后判定破损程度，按照标准定级，该阶段将要求破损评估小组成员厘清评估对象的破损种类、破损程度、破损原因，按照标准和模型中的参考表定出明确的破损级别。

第一，识别破损种类。参考《馆藏档案文献遗产破损种类表象及成因参考表》（表7-3），识别破损种类。该表包含纸质档案目前常见的16种定义不存在交叉关系的破损种类，分别以肉眼观测或触感检查的方式能判断的破损表象，列出在档案形成及管理中可能导致破损的原因。评估人员可检查馆藏档案的具体破损表象，从而判断具体的破损种类。

第二，判定破损程度。该步骤同样参考《馆藏档案文献遗产破损种类表象及成因参考表》（表7-4）。评估人员在根据表象识别出某一具体评估对象的破损种类和破损原因后，需要按馆内相关工作要求，测量每一破损种类的相关数据，以此判断破损的严重程度，为后续破损级别的确定、修复技术的选择和保管环境的改善提供参考。因此，模型以《纸质档案抢救与修复规范》的操作指导和馆藏单位的工作经验为基础，形成《馆藏档案文献遗产破损区域测量方式参考表》（表7-12）作为本步骤的具体方法。

第三，按照标准定级。在获取具体破损种类及相关数据后，参考《馆藏档案文献遗产破损评估定级参考表》（表7-5），以期开展破损定级工作。

表 7 - 12　　　　馆藏档案文献遗产破损区域测量方式参考表①

性质	种类	测量数据	测量方法
动态渐进性损害	酸化	纸张 pH 值	在样本纸张四周及中间分别测试 pH，并计算平均值作为结果 ①将待测纸张放在洁净的台面上，于待测处滴一滴蒸馏水，使用玻璃或甘汞平头电极 pH 计，将电极放在湿处，待读数稳定后，读取相应 pH 值 ②使用 pH 试纸，在待测处滴一滴蒸馏水，将试纸在湿处摁压，与标准颜色对比，确定相应 pH 值②
动态渐进性损害	老化 霉变 粘连 字迹酸蚀 锈蚀	纸张出现具体表象的面积 出现具体表象的页数占总页数之比	①肉眼观测纸张现有色度与原有色度差异，是否出现有色斑点 ②肉眼观测纸张完整度 ③检查纸张翻动流畅度与触感 ④大致测量受损面积或受损页数比例
动态渐进性损害	字迹泅化扩散 字迹褪色	字迹位置准确度与清晰度	肉眼观测字迹位置及清晰度，判断字迹是否移位、清晰
相对静止性损害	虫蛀 鼠啮 撕裂 残缺	纸张出现具体表象的面积 出现具体表象的页数占总页数之比	①大致测量受损面积或受损页数比例 ②肉眼观测字迹清晰度
相对静止性损害	污染 磨损 烬毁	纸张出现具体表象的面积 出现具体表象的页数占总页数之比	①大致测量受损面积或受损页数比例 ②肉眼观测字迹清晰度
相对静止性损害	装帧损坏	结构与材料完好度	肉眼观测特殊装帧形式材料与档案卷皮是否完好可用

---

① 方法描述参考：泸州市档案馆馆务利用科、泸州市图书馆古籍修复中心。
② 中华人民共和国国家档案局：《纸质档案抢救与修复规范　第 4 部分：修复操作指南》，[2018 - 06 - 20]，http://www.saac.gov.cn/daj/hybz/201806/e5b48d8906d24b19b353b84405b49895/files/1aa17cd14755401f88ef570c101fa24f.pdf。

第七章 基于评估的档案文献遗产精准保护模式实现　　195

　　风险评估的主要任务是识别风险因素、分析风险发生的可能性与后果严重程度，依据风险评价准则为风险定级，确定风险应对的顺序，合理配置有限的保护资源。该阶段涵盖风险评估的三大环节，即风险因素识别、风险分析与风险评价。

　　第一，风险因素识别。风险评估小组可参考馆藏档案文献遗产风险列表（表7-7）对风险因素进行识别，确定出本单位存在的风险因素（见表7-13）。

表7-13　　　　　　　　　　风险识别示例

序号	恶化因子	风险因素
1	火	电气装置引发的火
2	物理力量	地震
3	有害生物	微生物
4	火	吸烟、火柴、打火机引发的火
5	火	改扩建工程引发的火
6	水	清洁用水
7	水	水管爆裂
8	水	地下水渗漏
9	有害生物	当地生物啃食
10	水	消防设备漏水
…	……	……

　　第二，风险分析。风险分析则是依据风险因素列表，以风险数据库的历史数据与专家经验为基准，对本馆所识别风险的后果严重性以及发生可能性进行定性描述。可能性即相邻两个风险事件发生的平均时间，风险发生后果的严重性则需要根据数据库中关于风险事件的后果描述进行判断。最后，还需比对分析结果与风险评价准则，为风险发生的可能性和后果的严重程度赋值（见表7-14）。

表7-14　　　　　　　　　　风险分析示例

序号	恶化因子	风险因素	风险发生的可能性	风险严重程度	风险发生可能性赋值	风险发生后果严重性赋值
1	火	电气装置引发的火	罕见	纸质档案损坏非常严重	3	5
2	物理力量	地震	非常罕见	纸质档案损坏非常严重	2	2
3	有害生物	微生物	非常频繁	纸质档案损坏轻微	5	2
4	火	吸烟、火柴、打火机引发的火	非常罕见	纸质档案损坏中等	2	3
5	火	改扩建工程引发的火	几乎没有发生	纸质档案损坏非常严重	1	5
6	水	清洁用水	非常频繁	纸质档案损坏非常轻微	5	1
7	水	水管爆裂	非常罕见	纸质档案损坏轻微	2	2
8	水	地下水渗漏	几乎没有发生	纸质档案损坏轻微	1	2
9	有害生物	当地生物啃食	几乎没有发生	纸质档案损坏轻微	1	2
10	水	消防设备漏水	几乎没有发生	纸质档案损坏非常轻微	1	1
…	……	……	……	……	……	……

第三，风险评价。风险评价环节是对风险进行定级、排序，确认风险大小等级以及风险处理的优先级别。该环节需结合风险分析的结果，参考风险矩阵，确定风险分值所对应的风险等级，最终形成风险评估表（见表7-15）。

表7-15　　　　　　　　　　风险评价示例

序号	恶化因子	风险因素	风险发生的可能性	风险发生后的严重程度	风险发生可能性赋值	风险发生后果严重性赋值	风险分值	风险等级及色标
1	火	电气装置引发的火	罕见	纸质档案损坏非常严重	3	5	15	高

第七章　基于评估的档案文献遗产精准保护模式实现

续表

序号	恶化因子	风险因素	风险发生的可能性	风险发生后的严重程度	风险发生可能性赋值	风险发生后果严重性赋值	风险分值	风险等级及色标
2	物理力量	地震	非常罕见	纸质档案损坏非常严重	2	2	4	高
3	有害生物	微生物	非常频繁	纸质档案损坏轻微	5	2	10	高
4	火	吸烟、火柴、打火机引发的火	非常罕见	纸质档案损坏中等	2	3	6	低
5	火	改扩建工程引发的火	几乎没有发生	纸质档案损坏非常严重	1	5	5	低
6	水	清洁用水	非常频繁	纸质档案损坏非常轻微	5	1	5	低
7	水	水管爆裂	非常罕见	纸质档案损坏轻微	2	2	4	低
8	水	地下水渗漏	几乎没有发生	纸质档案损坏轻微	1	2	2	低
9	有害生物	当地生物啃食	几乎没有发生	纸质档案损坏轻微	1	2	2	低
10	水	消防设备漏水	几乎没有发生	纸质档案损坏非常轻微	1	1	1	极低
…	……	……	……	……	……	……	……	……

三　评估后行动

SDR 集成评估核心环节完成后，首先，录入评估结果环节需要各评估小组成员在数据库辅助评估工作中录入意义评估、破损评估和风险评估的最终结果。其次，需要根据呈现的评估结果，撰写评估报告。报告内容需要最终呈现并区分馆藏档案文献当中不同价值、不同破损情况和不同程度风险，能够精准识别出哪些是濒危档案文献遗产及其濒危的原因，能够找到馆藏当中亟须抢救与修复的那一批档案文献遗产，能够找出馆藏管理中需要优先解决的风险和隐患等，为管理层提供下一步馆藏管理的决策建议和制定保存规划提供参考。最后，在评估工作全部结束后，需要整理本次评估过程积累的所有档案资料。

第三节 档案文献遗产集成评估工具开发

在明确集成评估流程的同时，馆藏档案文献遗产与评估工作人力资源的不平衡关系也是影响评估落实的一个阻碍因素。若要提升评估的效率，就需要借助满足评估流程需求的评估工具辅助评估和决策。法国国家图书馆早在20世纪末就开始利用信息系统录入图书管理的常用条目，同时补充了纸质状况、封面状况、装帧记录等图书保护方面的信息。[1]在我国，部分图书馆在古籍定级过程中也将破损定级字段纳入著录范围，如武汉大学图书馆在古籍编目系统中设置了古籍定级和古籍破损定级字段，试图完善古籍编目数据的内容，建立古籍定级和古籍破损定级的电子文档。[2]研究中，不少学者也建议完善文化资源保存情况数据库，加强计算机技术与破损评估管理活动融合。档案文献遗产精准保护模式是以一种数据为基础的模式，此模式实现过程中需要收集关于档案文献遗产价值状况、破损状况和风险状况的相关数据。因此，集成评估工具需要满足记录数据、存储数据、分析数据的需求。本书提出面向精准保护的档案文献遗产评估数据库的概念级初步构想，旨在服务于档案文献遗产的精准保护。

一 档案文献遗产集成评估数据库的设计

（一）集成评估数据库需求分析

档案文献遗产集成评估数据库是集成评估操作流程的辅助工具，其

---

[1] 周耀林：《法国国家图书馆的图书保护探析》，《中国图书馆学报》2003年第5期。

[2] 吴芹芳：《古籍定级和古籍破损定级在编目系统中的著录》，《图书馆论坛》2011年第3期。

第七章　基于评估的档案文献遗产精准保护模式实现　　199

目的是使评估和保护人员便捷地存取信息，提升评估工作效率，实现评估工作与档案文献遗产保护管理工作的对接与融合。数据库设计主要基于集成评估流程，并参考档案保存情况台账的相关设计，尽可能将所需信息展现完整。

档案文献遗产集成评估实质上是馆藏档案文献遗产价值、破损、风险等相关状况数据和信息搜集与综合评估的过程。利用此数据库，首先，工作人员可根据档案文献遗产的基本信息获取诸如题名、档号、目录、载体材料信息、记录材料、抢救历史、修复记录等相关信息；其次，工作人员可记录评估工作的时间及人员信息，以便在动态的评估工作中复盘评估经验。

由于该数据库主要是面向馆藏单位内部使用，内容设计较为简单，数据库模型采用数据库中建设最为成熟的关系型数据库。关系型数据库具有如下特点：一是结构较为清晰，容易理解，适合评估流程涉及的各个环节与变量；二是使用较为方便，有成熟的软件可供使用，语言通用；三是易于维护，实体与参照完整性能降低数据冗余，较好地实现数据存储和浏览。

（二）保护数据库概念逻辑设计

1. 实体及其属性设计

数据库中的实体是一个以客观对象或某种概念存在的数据对象，可根据实际需求来定义。在关系数据库中，通常使用一个单独的二维表描述实体。而实体所具有的某一特性称为属性，一个实体可用若干属性来描述，相互交错联系的属性也应在不同实体描述中根据需求适当设置。①本书从档案文献遗产的集成评估工作应用视角出发，将数据库概念模型中的实体分为以下6种。

①档案文献遗产。档案文献遗产作为评估对象，其基本信息是数据库的核心。

②载体状况。档案文献遗产的载体不尽相同，大多数是纸张，信息记录也主要通过字迹呈现。因此载体和记录形式是评估活动的主要调查与识别对象。

---

①　祝群喜、李飞、张杨：《数据库基础教程》，清华大学出版社2014年版，第19页。

③保护环境。即档案文献遗产所处相关设施条件和管理环境等客观条件。

④保护管理。即馆藏单位对其馆内档案文献遗产开展的一系列保护活动，包含以往的抢救历史。

⑤评估活动。即馆藏单位针对档案文献遗产开展评估工作时有关时间和人员的记录。

⑥等级结果。即馆藏单位对所评估的档案文献遗产开展评估活动后获得的评估结果与建议采取的对策，包括整体技术需求、修复次序建议、具体技术需求等。

基于上述6种实体，主要相关属性分析如下（馆藏单位可根据自身情况调整相关描述字段）。

①档案文献遗产属性。参考我国档案元数据标准的相关内容，基于前文的研究结果，我们确定的档案文献遗产属性有：管理号、全宗号、全宗名称、档号/案卷号、题名/案卷名称、关键词、保存地址索引、时间、人物、地点、民族、主题、形式/风格、稀有性、系统性、意义级别。

②载体状况属性。以纸张为例，作为大多数档案文献遗产的载体，馆藏单位通常从其物理性能、光学性能、机械性能、化学性能等来描述其基本情况。字迹是识别档案信息的基础，描述情况的方式有字迹种类（圆珠笔、墨水等）以及记录形式（手工书写、打印、油印、复印等）。通常情况下，同一案卷的纸质档案纸张和字迹保存情况基本相同。因此，我们确定的载体情况属性有：载体号、档号/案卷号、材料、尺寸、记录形式、装帧形式、物理性能、化学性能、机械性能、光学性能、破损种类数量、破损种类、破损描述、破损照片、破损性质、破损级别。

③保护环境属性。档案文献遗产的保护环境主要指与文献遗产实体接触的保护环境以及馆藏单位的保管制度，其中，保护环境包括室内装修和室内设施等。一般情况下，同一库房的档案保存条件基本相同，保管制度通常较为稳定。根据策划调查阶段的工作需求，我们使用的档案保存条件属性主要有：保存地址索引、档号/案卷号、温度、相对湿度、光照、防灾预案、防光措施、防尘措施、防虫措施、防霉措施、防水措施、防震措施、消防设施、安防设施、保管制度、风险级别。

第七章 基于评估的档案文献遗产精准保护模式实现

④保护管理属性。在调查阶段要求对档案文献遗产的抢救历史进行调查，保护决策阶段要求给出档案文献遗产的具体保护建议。同时，追溯保护活动将为保护方案的更新以及新的保护计划的制定提供参考。因此，我们确定的档案保护活动相关属性有：管理员、档号/案卷号、缩微号、电子文档号、保护状态（即正常在馆、待修复、已修复、馆外送修）、已用抢救技术、抢救时间、抢救效果、管理人员。

⑤评估活动属性。根据集成评估的需要，我们确定的评估活动属性主要有：评估号、档号/案卷号、保存地址索引、评估时间、人员姓名、单位部门。

⑥等级结果属性。我们确定的等级结果属性主要有：描述号、档号/案卷号、意义级别、破损级别、风险级别、修复难度、修复次序建议、预防性保护建议、治疗性保护建议等。

档案文献遗产集成评估数据库实体属性如表 7-16 所示。

表 7-16　　档案文献遗产集成评估数据库实体属性设计

实体	主要相关属性
档案文献遗产	全宗号、全宗名称、档号/案卷号、题名/案卷名称、关键词、保存地址索引、时间、人物、地点、民族、主题、形式/风格、稀有性、系统性、意义级别
载体状况	载体号、档号/案卷号、材料、尺寸、记录形式、装帧形式、物理性能、化学性能、机械性能、光学性能、破损种类数量、破损种类、破损描述、破损照片、破损性质、破损级别
保护环境	保存地址索引、档号/案卷号、温度、相对湿度、光照、防灾预案、防光措施、防尘措施、防虫措施、防霉措施、防水措施、防震措施、消防设施、安防设施、保管制度、风险级别
保护管理	管理号、档号/案卷号、缩微号、电子文档号、保护状态、已用抢救技术、抢救时间、抢救效果、管理人员
评估活动	评估号、档号/案卷号、保存地址索引、评估时间、人员姓名、单位部门
等级结果	描述号、档号/案卷号、意义级别、破损级别、风险级别、修复难度、修复次序建议、预防性保护建议、治疗性保护建议等

2. 关系设计

关系设计主要包含数据库中不同实体之间的联系以及实体内部的各属性之间的联系，其中两个实体之间的关系包括一对一联系、一对多联系、多对多联系三种。上述 6 个实体之间的关系大致如下。

①档案文献遗产与载体状况。每份档案文献遗产都有其固定的载体，且载体多由记录材质和书写材质组成，不可更改。然而，不同的档案文献遗产可能因其材质的物理性能、化学性能、机械性能、光学性能以及书写字迹、构成材料相同导致载体相同，因此二者为多对一的负载关系。

②档案文献遗产与保护环境。在馆藏机构中，多份档案文献遗产均按其档号等识别号保存在条件一定的管理环境中，但随着时间或技术的发展，其保存环境可能会随之迁移，周围的环境条件和保护措施也因环境改变而改变，具有不确定性，因此二者为多对多的保存关系。

③档案文献遗产与保护管理。馆藏单位的管理对象为每件（卷）档案文献遗产，馆藏单位通常会面向档案文献遗产开展一系列的保护管理活动，活动内容也会随着时间或条件的变化而日渐优化，新的修复历史也不断形成，因此二者为多对一的管理关系。

④档案文献遗产与评估活动。每份档案文献遗产在馆藏机构设置的评估活动中将对应形成新的评估记录和修复记录，且评估内容会随着轮次的循环和需求的更新而变化，因此二者为多对一的评估关系。

⑤实体可能产生的其他联系。在集成评估的实际操作中，这些其他联系可以通过档号或案卷号属性建立间接联系，不必体现于数据库内。

3. E-R 图及其关系模式

基于上述实体、属性和关系设计，该数据库 E-R 模型呈现如图 7-2 所示。

将以上 E-R 模型转化为关系模式，主要有以下 6 种，其中，以横线表示主码，波浪线表示外码。

档案文献遗产（档号/案卷号、题名/案卷名称、关键词、保存地址索引、时间、人物、地点、民族、主题、形式风格、稀有性、系统性、意义级别）。

载体状况（载体号、档号/案卷号、材料、尺寸、记录形式、装帧形式、物理性能、化学性能、机械性能、光学性能、破损种类数量、破损

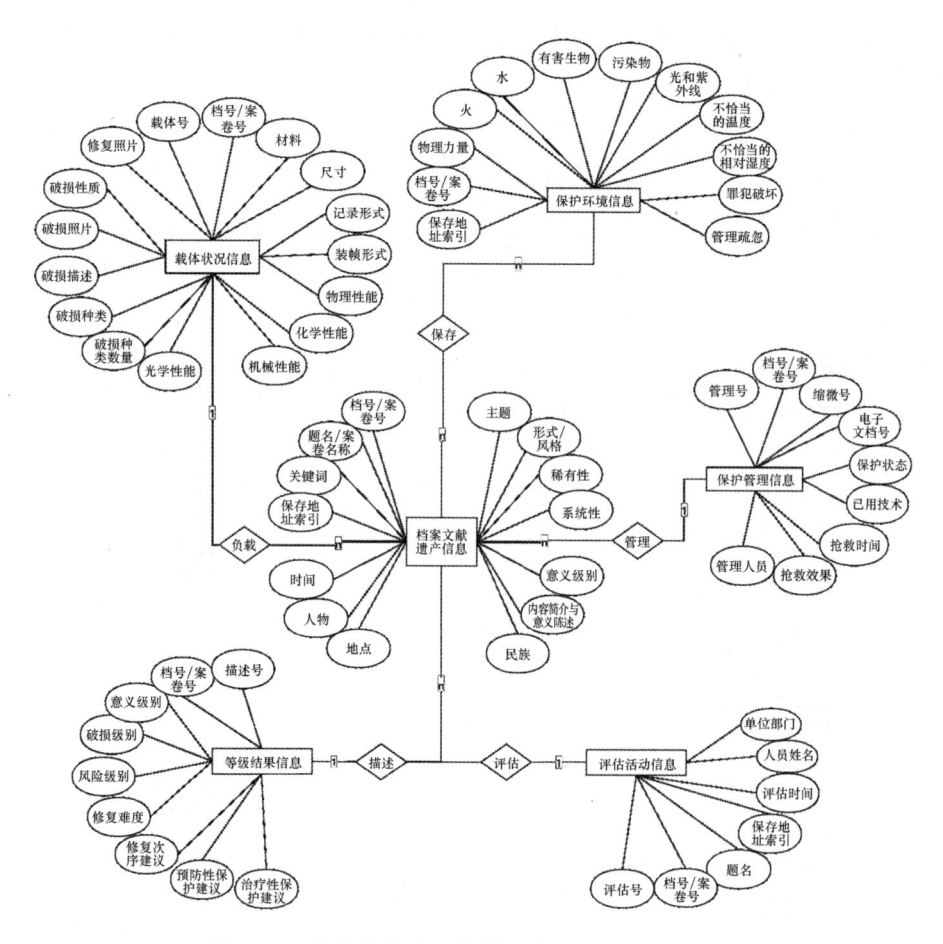

第七章　基于评估的档案文献遗产精准保护模式实现　　203

图 7-2　档案文献遗产集成评估数据库 E-R 模型

种类、破损描述、破损照片、破损性质、破损级别)。

保存环境(<u>保存地址索引</u>、<u>档号/案卷号</u>、温度、相对湿度、光照、防灾预案、防光措施、防尘措施、防虫措施、防霉措施、防水措施、防震措施、消防设施、安防设施、保管制度、风险级别)。

保护管理(<u>管理号</u>、<u>档号/案卷号</u>、缩微号、电子文档号、保护状态、已用技术、抢救时间、抢救效果、管理人员)。

评估活动(<u>评估号</u>、<u>档号/案卷号</u>、保存地址索引、评估时间、人员姓名、单位部门)。

等级结果(<u>描述号</u>、<u>档号/案卷号</u>、意义级别、破损级别、风险级别、修复难度、修复次序建议、预防性保护建议、治疗性保护建议)。

(三) 物理设计

本数据库使用 Access 2007 作为设计工具,依照前文实体设计内容,根据 E-R 模型设计数据表,数据表用于存储数据。实体对应于表的列,实体之间的关系对应为表的约束。在实际操作当中,主要包含档案文献遗产信息数据表、载体状况信息数据表、保存环境信息数据表、保护管理信息数据表、评估活动信息数据表、等级结果信息数据表,具体内容与表间结构关系见表 7-17 至表 7-22,图 7-3。

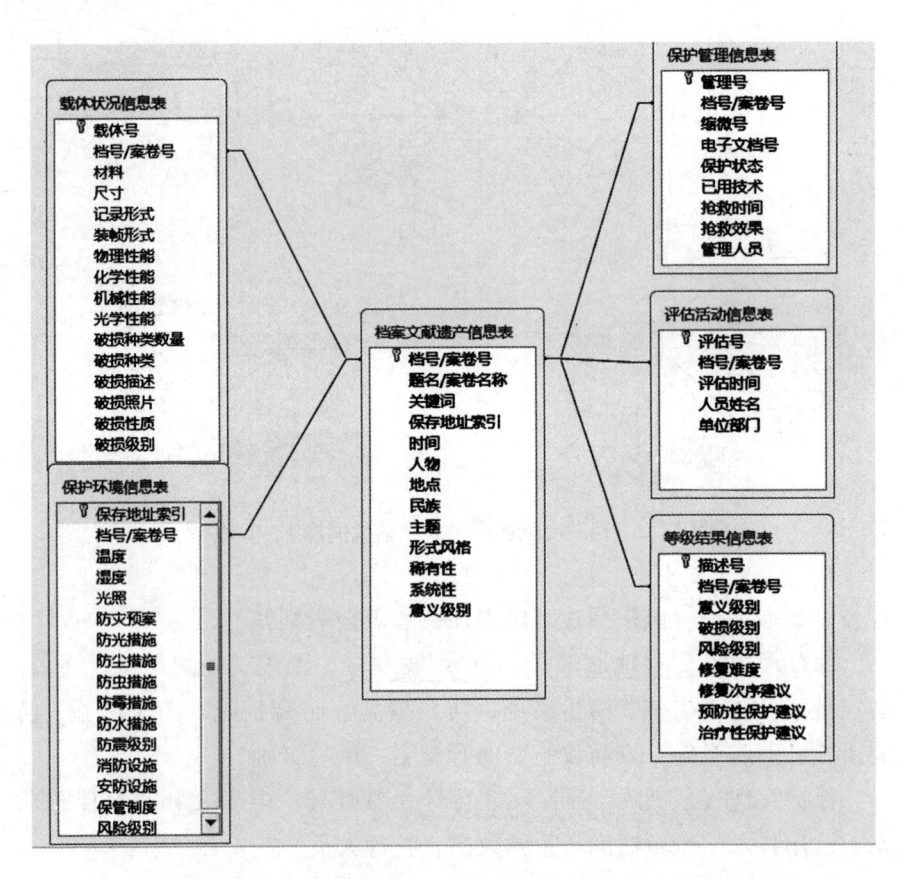

图 7-3 档案文献遗产集成评估数据库表间结构关系

第七章 基于评估的档案文献遗产精准保护模式实现

表 7-17　　　　　　　　　　档案文献遗产信息数据

字段名称	数据类型和大小	允许为空（Y/N）	说明
档号/案卷号（主键）	自动编号	N	馆藏单位给定的唯一编号
题名/案卷名称	文本（200）	N	档案文献遗产的题名全称
关键词	文本（200）	N	档案文献遗产的关键词
保存地址索引	自动编号	N	馆藏单位给定的存放位置编号
时间	日期（18）	N	档案文献遗产的形成时间
人物	文本（20）	N	档案文献遗产的主要责任者
地点	文本（50）	N	档案文献遗产所处的地区
民族	文本（20）	N	档案文献遗产所属的民族
主题	文本（50）	Y	档案文献遗产反映的内容
民族	文本（20）	N	档案文献遗产所属的民族
形式风格	文本（20）	Y	档案文献遗产的美学、文献学、考古学等风格与价值
稀有性	备注	Y	档案文献遗产价值的稀有度
系统性	备注	Y	档案文献遗产在同类题材中的系统性
意义级别	数字（整形）	N	馆藏单位评定的价值等级

表 7-18　　　　　　　　　　载体状况信息数据

字段名称	数据类型和大小	允许为空（Y/N）	说明
载体号（主键）	自动编号	N	馆藏单位给定的载体信息编号
材料	文本（20）	N	档案文献遗产的载体材质
档号/案卷号（外键）	自动编号	N	馆藏单位给定的唯一编号
尺寸	数字（长整型）	N	档案文献遗产的载体尺寸
记录形式	文本（20）	N	内容的书写材质及形式
装帧形式	文本（50）	N	档案文献遗产的装帧形式
物理性能	文本（50）	Y	载体材质的原始物理性能
化学性能	文本（50）	Y	载体材质的原始化学性能
机械性能	文本（50）	Y	载体材质的原始机械性能
光学性能	文本（50）	Y	载体材质的原始光学性能

续表

字段名称	数据类型和大小	允许为空（Y/N）	说明
破损种类	文本（50）	Y	评估人员识别的破损种类
破损级别	文本（200）	Y	工作人员评定的破损级别
破损描述	备注	Y	破损种类的位置和程度描述
破损照片	OLE 对象	Y	破损部位的照片
破损性质	文本（20）	Y	破损种类的性质
破损级别	数字（整形）	N	档案文献遗产载体的破损级别

表 7-19　　　　　　　　　保护环境信息数据

字段名称	数据类型和大小	允许为空（Y/N）	说明
保存地址索引（主键）	自动编号	N	馆藏单位给定的存放位置编号
档号/案卷号（外键）	自动编号	N	馆藏单位给定的唯一编号
温度	数字（长整型）	N	库房的正常温度
相对湿度	数字（长整型）	N	库房的相对湿度
光照	文本（20）	Y	库房的常规光照情况
防灾预案	文本（200）	Y	馆藏单位制订的防灾计划
防光措施	备注	Y	库房的防光设备和管理
防尘措施	备注	Y	库房的防尘设备和管理
防虫措施	备注	Y	库房的防虫设备和管理
防霉措施	备注	Y	库房的防霉设备和管理
防水措施	备注	Y	库房的防水设备和管理
防震级别	数字（整型）	N	馆藏库房的防震指数
消防设施	备注	Y	库房的消防灭火设备和管理
安防设施	备注	Y	库房的监控系统和报警装置
保管制度	备注	Y	库房的保管制度
风险级别	数字（整形）	N	工作人员评定的风险级别

第七章 基于评估的档案文献遗产精准保护模式实现

表7-20　　　　　　　　　保护管理信息数据

字段名称	数据类型和大小	允许为空（Y/N）	说明
管理号（主键）	自动编号	N	馆藏单位给定的管理方案编号
档号/案卷号（外键）	自动编号	N	馆藏单位给定的唯一编号
缩微号	文本（20）	Y	档案文献遗产缩微版本的唯一编号
电子文档号	文本（20）	Y	档案文献遗产数字化版本的唯一编号
保护状态	文本（20）	N	档案文献遗产的保护状态
已用技术	文本（200）	Y	已被使用的抢救技术
抢救时间	日期（18）	Y	档案文献遗产的抢救时间
抢救效果	备注	Y	档案文献遗产的抢救效果
管理人员	文本（20）	N	档案文献遗产的日常管理人

表7-21　　　　　　　　　评估活动信息数据

字段名称	数据类型和大小	允许为空（Y/N）	说明
评估号（主键）	自动编号	N	馆藏单位给定的评估批次编号
档号/案卷号（外键）	自动编号	N	馆藏单位给定的唯一编号
评估时间	日期（18）	Y	评估工作开展的时间
人员姓名	文本（50）	Y	评估定级的人员
单位部门	文本（50）	Y	评估人员的单位或部门

表7-22　　　　　　　　　等级结果信息数据

字段名称	数据类型和大小	允许为空（Y/N）	说明
描述号（主键）	自动编号	N	馆藏单位给定的评估结果编号
档号/案卷号（外键）	自动编号	N	馆藏单位给定的唯一编号
意义级别	文本（20）	N	馆藏单位评定的价值等级
破损级别	文本（20）	N	馆藏单位评定的破损等级
风险级别	文本（20）	N	馆藏单位评定的风险等级
修复难度	文本（200）	Y	馆藏单位修复的困难程度
修复次序建议	文本（20）	Y	针对评估对象的修复次序建议

续表

字段名称	数据类型和大小	允许为空（Y/N）	说明
预防性保护建议	备注	Y	针对评估对象的具体修复预防性保护建议
治疗性保护建议	备注	Y	针对评估对象的治疗性保护建议

二 档案文献遗产集成评估系统的设计

馆藏档案文献遗产集成评估系统的设计与开发主要包括两方面内容：一是对档案文献遗产价值状况、破损状况和风险状况相关数据表的录入，主要以"档案文献遗产信息表""保护环境信息表""保护管理信息表""载体状况信息表""评估活动信息表"五种表格呈现；二是对档案文献遗产进行意义、破损和风险方面的定级，并给出预防性、治疗性和抢救性保护建议，主要以"等级评估"模块下的"等级结果信息表"呈现。

（一）需求分析

馆藏档案文献遗产集成评估系统实现在线上设置档案文献遗产各方面的数据表和评估流程，统一收集数据的类型，让管理人员在档案文献遗产的保管和使用过程中更加快捷、完整地查找并记录管理活动数据，减轻工作人员填写纸质表格的工作量，实现档案文献遗产评估工作的无纸化管理。

本系统适用于档案馆内档案文献遗产意义评估、破损评估、风险评估等活动以及获取结果导向的档案文献遗产保护建议。从档案馆评估人员的角度来看，评估者偏向于通过更加方便快捷的方式获取馆藏档案文献遗产的保存状况数据，特别是在档案文献遗产意义、破损、风险等方面的数据，旨在利用有限资源开展修复、优化保存环境。

例如，档案馆以年为周期开展档案文献遗产的评估工作，系统首先可以提供评估活动的历史记录，使此轮评估人员充分了解档案文献遗产的修复历史以及管理历史等信息。其次为评估人员提供开展评估的记录和计算工具，按照评估系统的使用手册开展意义评估、破损评估和风险评估工作。针对使用需求，系统需要满足的功能应当包括呈现馆藏档案文献遗产及其保管环境的基本信息，呈现评估活动的记录，引导评估工作的环节记录和结果计算。

（二）总体与选型设计

依据系统功能需求，系统可划分为三个层次，分别为用户界面、后台处理和数据存储。系统将录入的馆藏档案文献遗产的基本信息及评估结果存储在数据库中。后台响应用户的请求，将数据库中的数据经过处理后返回到前端，前端将返回的数据以文字记录的形式呈现在网站上。系统总体架构如图7-4所示：

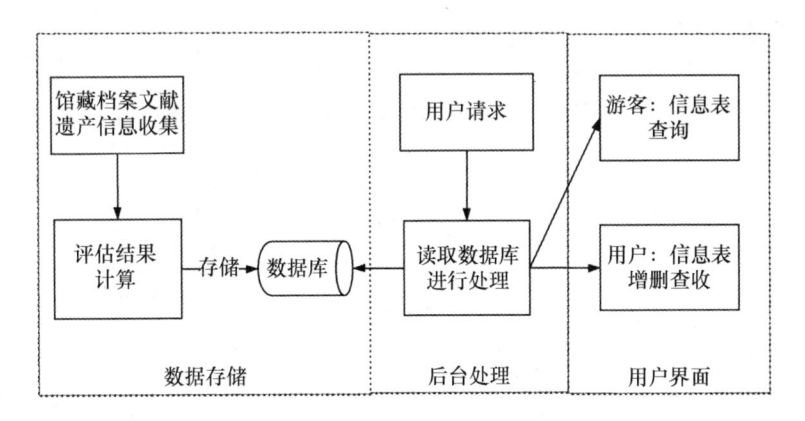

图7-4 档案文献遗产集成评估系统架构

本评估系统是在 Microsoft Windows10 操作系统下的馆藏档案文献遗产集成评估网站，采用 B/S 架构。浏览器端使用 Javascript 与 HTML 语言呈现馆藏档案文献遗产信息记录与评估界面并实现用户与系统的交互。服务器端使用 Python 语言开发。网站的整体开发基于 Django 框架。本评估系统在 JetBrains PyCharm 2018.2.2 x64 编译环境中开发，集成 Sqlite 构建数据库存储基本信息等数据。

（三）系统模块设计

依据用户需求、系统实现的目的以及对操作流程的分析，用户使用本系统的具体流程为：用户进入网站后，通过选择自己的身份，确认操作者以游客的身份访问或以用户的身份登录；系统将以操作模块和信息表模块的方式呈现馆藏档案文献遗产的信息增添、查询、删除和修改，游客身份访问的功能只限于档案文献遗产信息的查询。用户于系统"用户管理"功能进行注册登录，结合对信息系统设计的安全性、统一性、可扩展性等原则的考虑，将系统分为"档案查询""档案管理""等级评估"三个功能开展信息记录与等级评估。

档案查询功能：为用户提供基于不同表的分类信息查询功能，由于本应用设置的信息表包括档案文献遗产信息表、保护环境信息表、保护管理信息表、载体状况信息表、评估活动信息表、等级结果信息表，因此查询表目包括上述六类表。

档案管理功能：基于用户的选择以表目的方式为用户呈现档案文献遗产、保护环境、评估活动、评估结果等信息，并提供增加、删除、更改、查询功能，精确地为评估活动各环节提供记录或查询平台和结果计算工具。

等级评估功能：基于评估信息的记录，准确、集成地为用户提供馆藏档案文献遗产意义评估、破损评估和风险评估的结果记录或计算工具，结合修复难度的选择推荐恰当的修复次序建议，以及预防性和治疗性保护的建议，并提供一键评估和一键修复次序的建议等功能。

(四) 数据库设计

本研究使用的是经过收集、整理的原创性数据，原始数据及经过标准化处理的加工数据均存储于 Sqlite 数据库中，构成关系型数据库。本应用的数据库总共由六个二维表组成，涵盖的数据分别是：档案文献遗产信息、保护环境信息、保护管理信息、载体状况信息、评估活动信息、等级结果信息。数据库的 E-R 图如下：

(五) 系统功能实现

1. 用户登录功能

馆藏档案文献遗产集成评估系统于首页"用户管理"功能进行注册登录。点击"用户管理"功能，首先进入"用户注册"模块，创建自定义的账号、密码后，再进入"用户登录"模块，输入账号、密码登录，账号、密码及权限暂自定。如组图 7-6 所示。

2. 增加记录功能

用户登录后，若需增添档案文献遗产评估记录，首先点击"档案管理"功能进行档案文献遗产记录的增加。点击"档案管理"功能，首先

第七章 基于评估的档案文献遗产精准保护模式实现 211

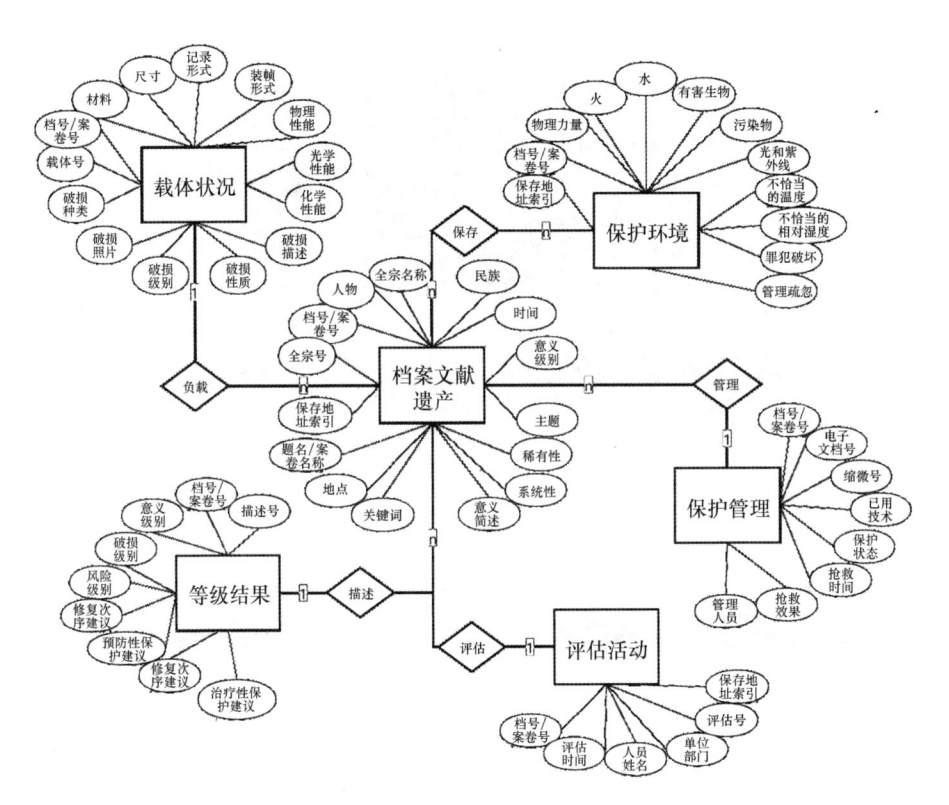

图 7-5 档案文献遗产集成评估数据库 E-R 模型

进入"增加记录"模块,依次填写"档案文献遗产信息表""保护环境信息表""保护管理信息表""载体状况信息表""评估活动信息表""等级结果信息表"。

①填写档案文献遗产信息表

档案文献遗产信息表填写前可选择评估单位为"案卷"或"件"。所填写内容包含"档号/案卷号""题名/案卷名称""全宗号""全宗名称""关键词""保存地址索引""时间""人物""地点""民族""主题""形式风格""稀有性""系统性""意义简述""意义级别"十六项。表内带*号的项为必填项。填写示例如图 7-8、图 7-9 所示。

其中,意义级别需进行选择。结合收集到的档案文献遗产相关材料信息,对其历史与研究意义、社会意义、美学意义以及比较条件四个方

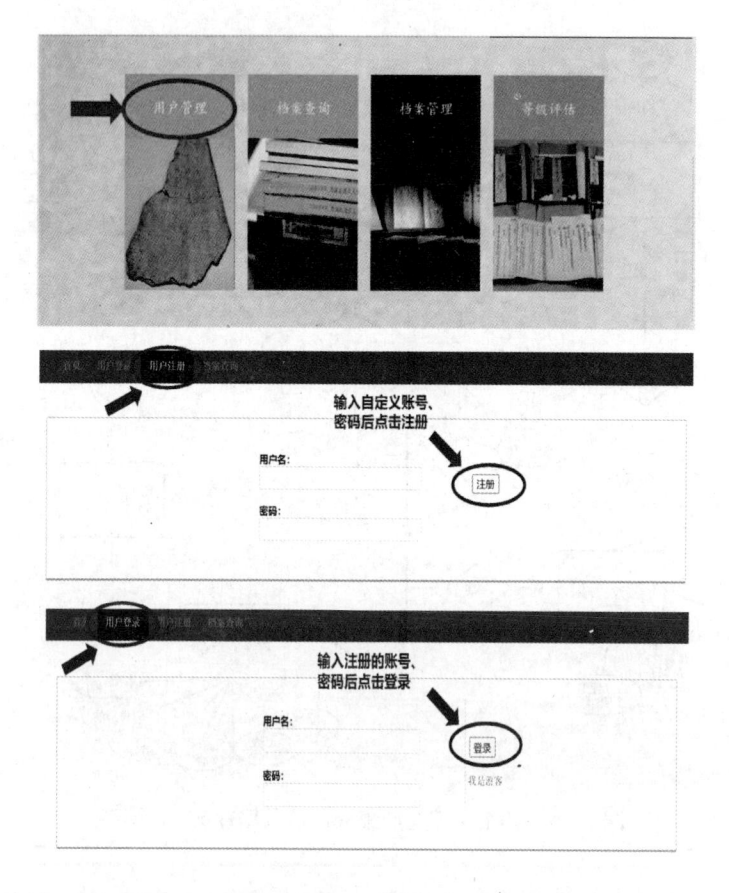

图 7 - 6 档案文献遗产集成评估系统登录流程

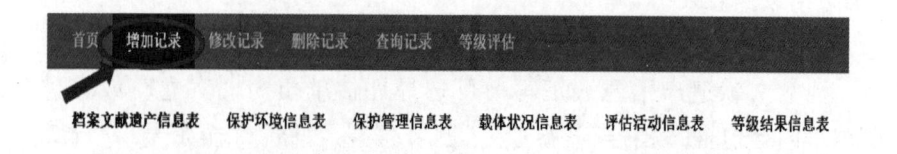

图 7 - 7 档案文献遗产集成评估系统增加记录模块

面的 8 个评估要素进行评估，同时必须满足其中一项意义的要求。信息填写完毕后点击"提交"。提交成功后（如图 7 - 9 提示）返回即可填写下一张表，以此类推。

第七章 基于评估的档案文献遗产精准保护模式实现

所有带*号的都为必填项

请选择评估单位*：
件
确定

档号*：
1007

题名*：
一号档案

全宗号：
107

全宗名称：
107所

关键词：
经济

保存地址索引：
10071

地点注解：
档案文献是否与特定的地点或地域相关？有关地点或地域是否为文化起源地、重要革命根据地、某朝代都城？
否

民族：
填写档案文献涉及的民族
汉族

民族注解：
档案文献是否反映中华民族或某一特定民族或族群的形成、发展、消亡的历史过程？是否反映中华民族或某一特定民族或族群的生活习俗、文化艺术、民族宗教印等特色？
否

主题：
填写档案文献的内容主题
经济制度演变

主题注解：
档案文献涉及国家或地方政治、经济、军事、文化、科技、教育、艺术、社会、生态的某一方面？与哪一特定的重大变化、活动、工程、事件相关，其在描述或促进理解该变化、活动、工程、事件当中的重要程度如何？
经济方面记录

*时间、人物、地点、民族、主题、形式风格至少选填一项

时间：
填写形成时间或时期
1979

时间注解：
形成年代是否久远，是否形成与重要或特殊历史时期？
较为久远

人物：
填写档案文献涉及的个人或群体
张三

人物注解：
档案文献是否与特定个人或群体有关？是否反映个人或群体在与政治、科技、文化等相关的历史事件中产生的重要影响？
否

地点：
填写档案文献涉及的地点或地域
成都

形式风格：
填写档案文献的形式/风格
公文

形式风格注解：
档案文献在形式上是否为已失传或濒临消失的书写技术和载体？在美学、考古学、文献学上是否具有独特风格和典型意义？书写文字是否具有书法、文字学研究价值？
否

稀有性：
是否特别罕见、稀有或濒危？
否

系统性：
在同类题材中或在形态方面是否显示出高度的系统性？
是

意义简述*：
介绍成都20世纪80年代经济制度演变

意义级别*：
一级为珍品档案文献遗产，二级为重要档案文献遗产，三级为永久保存档案文献遗产

三级

图7-8 档案文献遗产信息表填写示例

图7-9 档案文献遗产信息表填写成功提示界面

②填写保护环境信息表

保护环境信息表以档案馆内某一库房为单位进行填写。所填写内容包含"保存地址索引""档号/案卷号""物理力量""火""水""有害生物""污染物""光和紫外线""不恰当的温度""不恰当的相对湿度""罪犯破坏""管理疏忽"十二项。表内带*号的项为必填项。信息填写完毕后点击"提交"。填写示例如组图7-10所示。

③填写保护管理信息表

保护管理信息表以档案馆内某一卷/件为单位进行填写。所填写内容包含"管理号""档号/案卷号""缩微号""电子文档号""保护状态""已有技术""抢救时间""抢救效果""管理人员"九项。表内带*号的项为必填项。

其中,管理号是每一卷/件档案文献遗产相关管理活动的描述号,可设置与档号类似。保护状态是指目前评估对象是"正常在馆""待修复""已修复"或"馆外送修"等状态,可由管理人员填写。已有技术与抢救时间指档案文献遗产是否曾经历过抢救活动,什么时间进行抢救、用了什么修复技术和材料等具体情况。填写示例如图7-11所示。

④填写载体状况信息表

载体状况信息表以档案馆内某一卷/件为单位进行填写。所填写内容包含"载体号""档号""材料""尺寸""记录形式""装帧形式""物理性能""化学性能""机械性能""光学性能""破损种类数量""破损种类""破损描述""破损照片""修复照片""破损性质"十六项。表内带*号的项为必填项。

其中,载体号是档案文献遗产对应的载体和记录形式的描述号,可

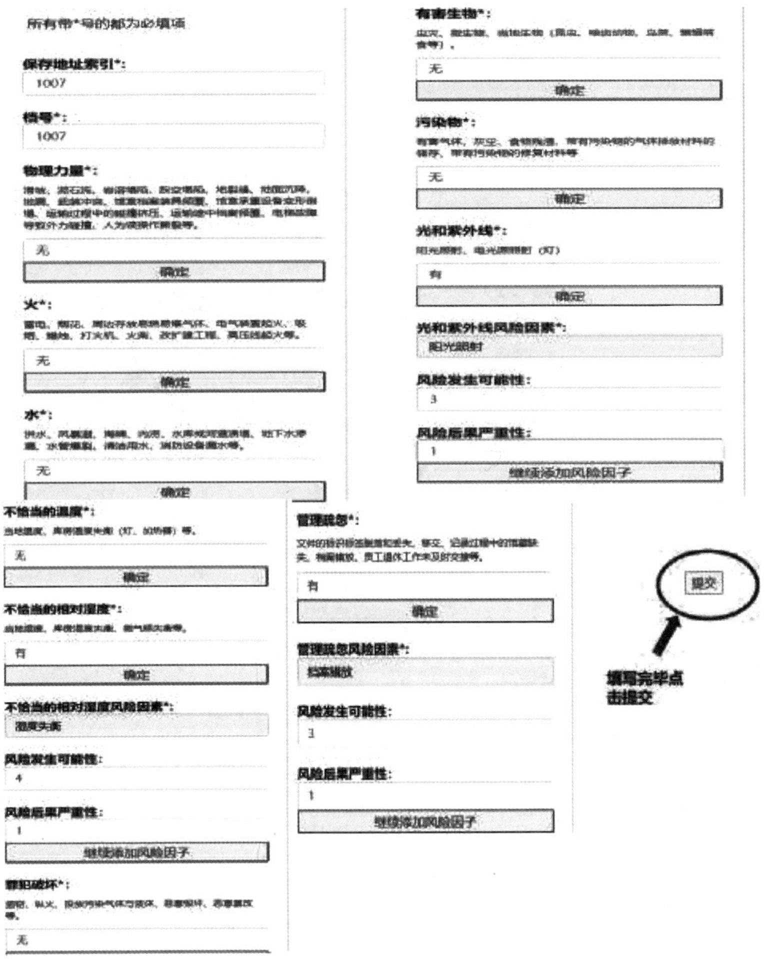

第七章　基于评估的档案文献遗产精准保护模式实现　　　215

图 7-10　保护环境信息表填写示例

设置与档号类似。化学性能可填写载体的 pH 值。物理性能、机械性能、光学性能等字段根据不同载体可填写不同的特征描述。

其中，破损种类数量需进行选择，共设置 15 种破损种类。结合观察或检测到的档案文献遗产破损种类的总数量进行选择。

当选择 1 种破损种类数量时，下方出现 1 个破损种类选择字段。当选择 2 种破损种类数量时，下方出现 2 个破损种类选择字段。以此类推。在破损种类选择字段可选择"酸化""老化""锈蚀""字迹酸蚀""霉

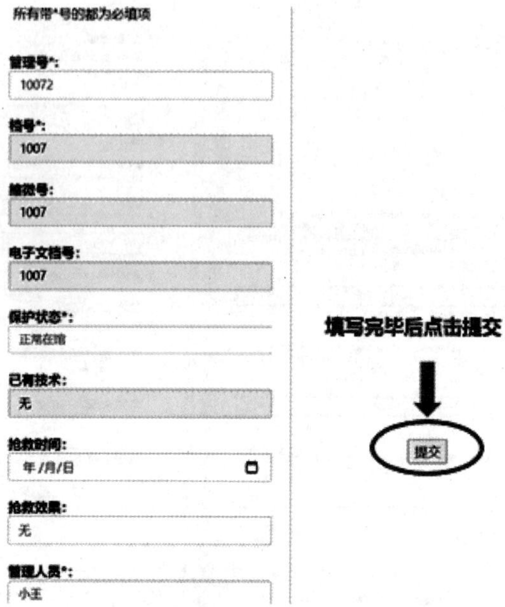

图 7 – 11　保护管理信息表填写示例

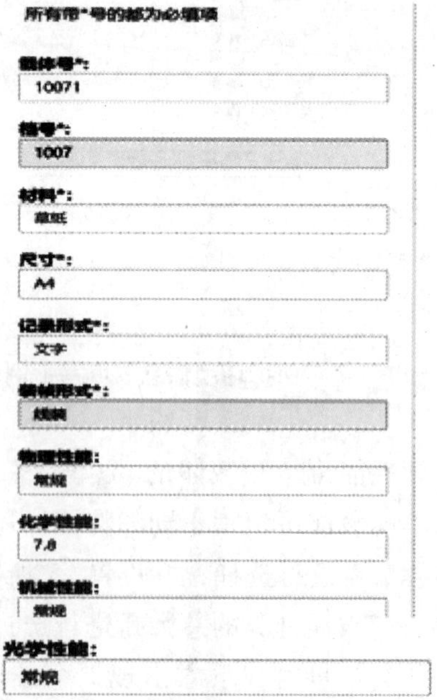

图 7 – 12　载体状况信息表填写示例

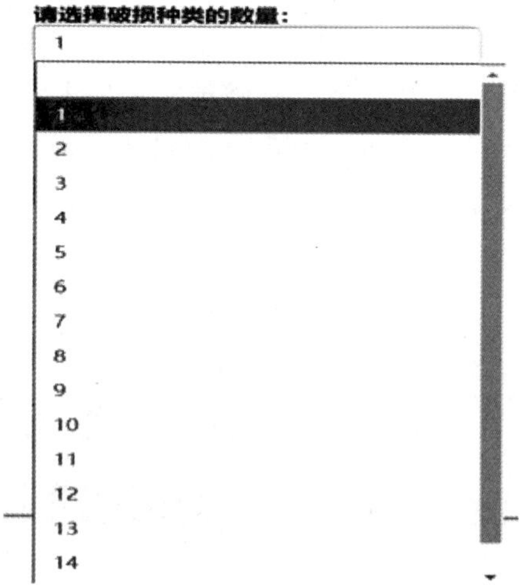

第七章　基于评估的档案文献遗产精准保护模式实现　　　　　　　　　　217

图 7-13　破损种类数量字段选择示意

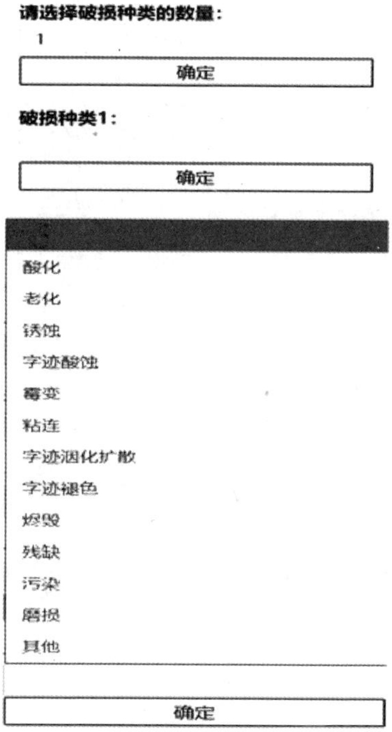

图 7-14　破损种类数量字段示意

变""粘连""字迹洇化扩散""字迹褪色""烬毁""残缺""污染""磨损""其他"(如图 7-14 所示)。"其他"主要面向装帧形式的破损,如撕裂、折痕等,以及未与已有破损字段重复的破损种类。选定破损种类字段后,下方出现具体破损种类的描述,如图 7-15 所示。信息填写完毕后点击"提交"。

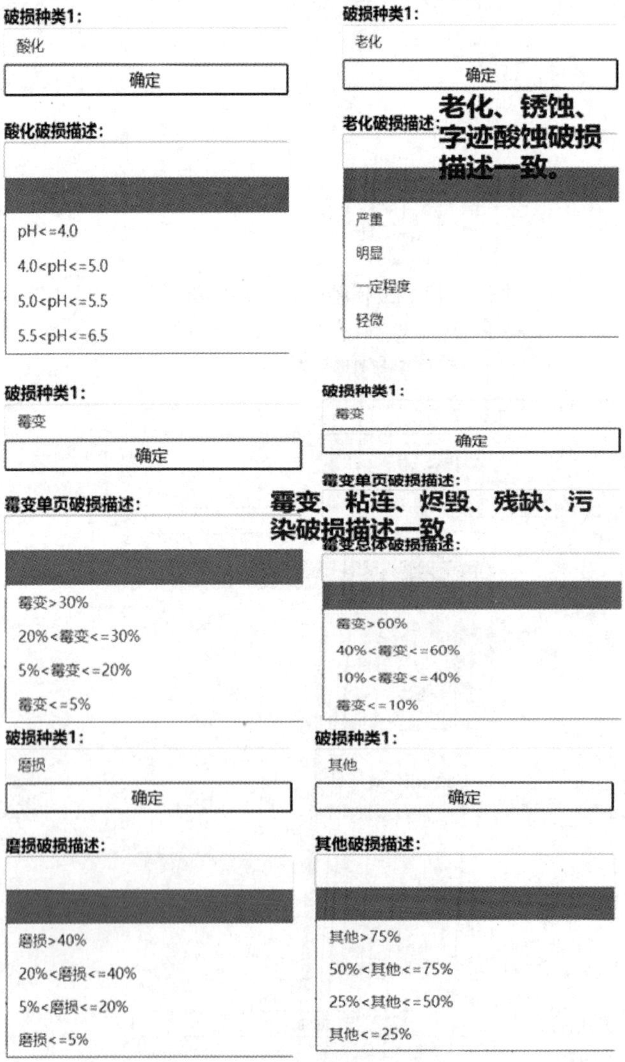

破损种类1: 酸化	破损种类1: 老化
确定	确定
酸化破损描述:	老化破损描述:
	老化、锈蚀、字迹酸蚀破损描述一致。
pH≤4.0	严重
4.0<pH≤5.0	明显
5.0<pH≤5.5	一定程度
5.5<pH≤6.5	轻微

破损种类1: 霉变	破损种类1: 霉变
确定	确定
霉变单页破损描述:	霉变、粘连、烬毁、残缺、污染破损描述一致。
	霉变总体破损描述:
霉变>30%	霉变>60%
20%<霉变≤30%	40%<霉变≤60%
5%<霉变≤20%	10%<霉变≤40%
霉变≤5%	霉变≤10%

破损种类1: 磨损	破损种类1: 其他
确定	确定
磨损破损描述:	其他破损描述:
磨损>40%	其他>75%
20%<磨损≤40%	50%<其他≤75%
5%<磨损≤20%	25%<其他≤50%
磨损≤5%	其他≤25%

图 7-15 破损种类描述示意

第七章 基于评估的档案文献遗产精准保护模式实现

⑤填写评估活动信息表

评估活动信息表以档案馆内某一卷/件为单位进行填写。所填写内容包含"评估号""档号/案卷号""保存地址索引""评估时间""人员姓名""单位部门"六项。表内带 * 号的项为必填项。信息填写完毕后点击"提交"。如图 7-16 所示。

图 7-16　评估活动信息表填写示意

⑥填写等级结果信息表

等级结果信息表以档案馆内某一卷/件为单位进行填写。所填写内容包含"描述号""档号/案卷号""意义级别""修复难度""预防性保护建议""治疗性保护建议""破损级别""风险级别""修复次序建议"九项，表内带 * 号的项为必填项。信息填写完毕后点击"提交"。如图 7-18 所示。

其中，"修复难度"是由于修复资源有限，档案馆依据馆内修复治理技术水平做出的主观性经验判断，设置为"非常困难""一般困难"

"困难较小"三个等级。如图 7-18 所示。

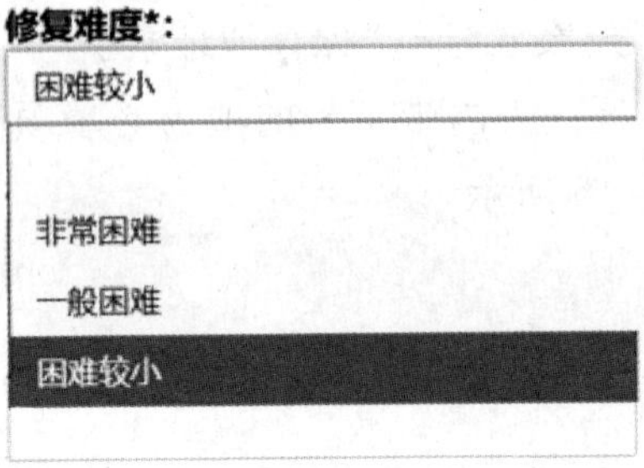

图 7-17 修复难度字段选择示意

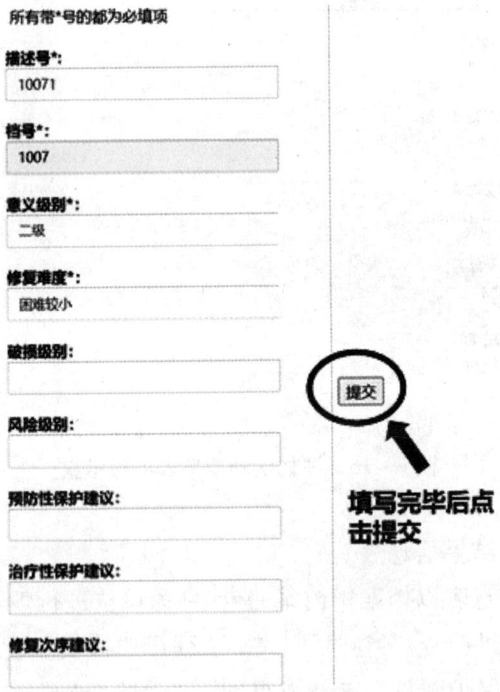

图 7-18 等级结果信息表填写示意

"预防性保护建议"主要指对于尚未出现破损或有破损征兆的档案文献遗产所处的保护环境、所应用的保护制度等提出的建议，"治疗性

第七章 基于评估的档案文献遗产精准保护模式实现　　*221*

保护建议"主要指对于已出现破损的档案文献遗产的修复技术的选择等提出的建议,此两项可按需填写。"破损级别""风险级别""修复次序建议"可先不填写,以"等级评估"功能的结果自动填充。

3. 修改记录

用户登录后,若需修改档案文献遗产评估记录,首先点击"档案管理"功能进行档案文献遗产记录的修改。点击"档案管理"功能,进入"修改记录"模块,依次修改"档案文献遗产信息表""保护环境信息表""保护管理信息表""载体状况信息表""评估活动信息表""等级结果信息表"的记录信息。

图 7 – 19　修改记录模块示意

在"档案文献遗产信息表""保护环境信息表""保护管理信息表""载体状况信息表""评估活动信息表""等级结果信息表"下的每项记录项前,点击"更新",进入修改页面,修改信息后点击"提交"即可完成修改。流程如图 7 – 20 所示。

4. 删除记录

用户登录后,若需修改档案文献遗产评估记录,首先点击"档案管理"功能进行档案文献遗产记录的删除。点击"档案管理"功能,进入"删除记录"模块,依次删除"档案文献遗产信息表""保护环境信息表""保护管理信息表""载体状况信息表""评估活动信息表""等级结果信息表"的记录信息。如图 7 – 21 所示。

在"档案文献遗产信息表""保护环境信息表""保护管理信息表""载体状况信息表""评估活动信息表""等级结果信息表"内的每项记录前,点击"删除",完成整条记录信息的删除。

5. 查询记录

用户登录后,若需查询以往的档案文献遗产评估记录,于首页"档案查询"功能进行记录查询。也可在"档案管理"功能下进入"查询记

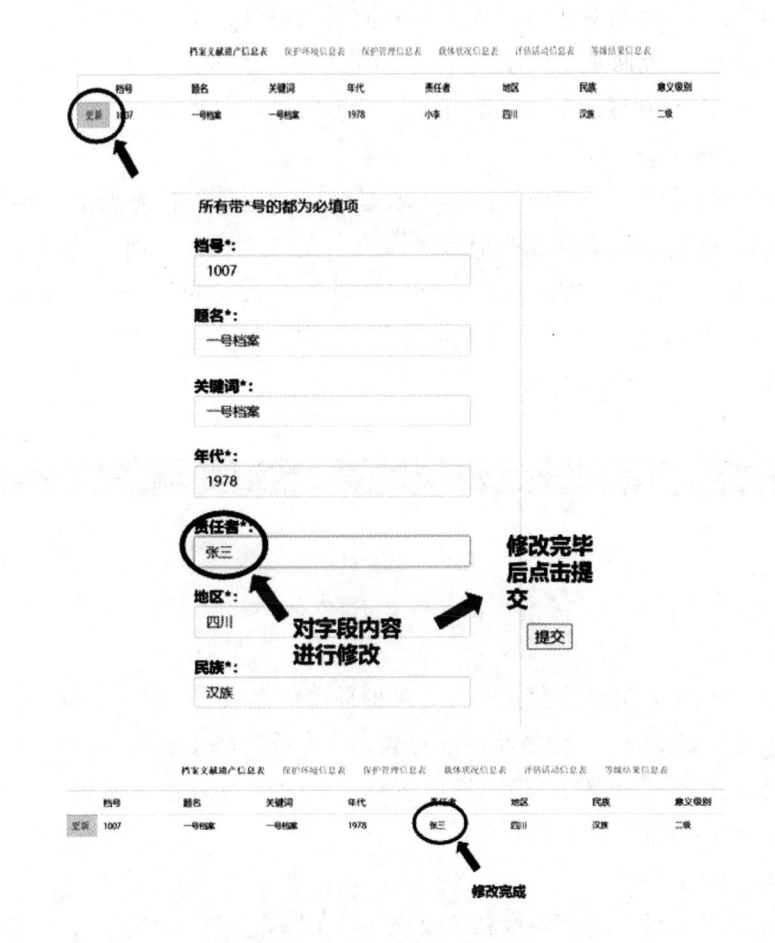

图 7-20　修改记录流程

图 7-21　删除记录模块示意

录"模块进行记录查询。

6. 等级评估

用户登录后,若需对已录入"档案文献遗产信息表""保护环境信

第七章 基于评估的档案文献遗产精准保护模式实现 223

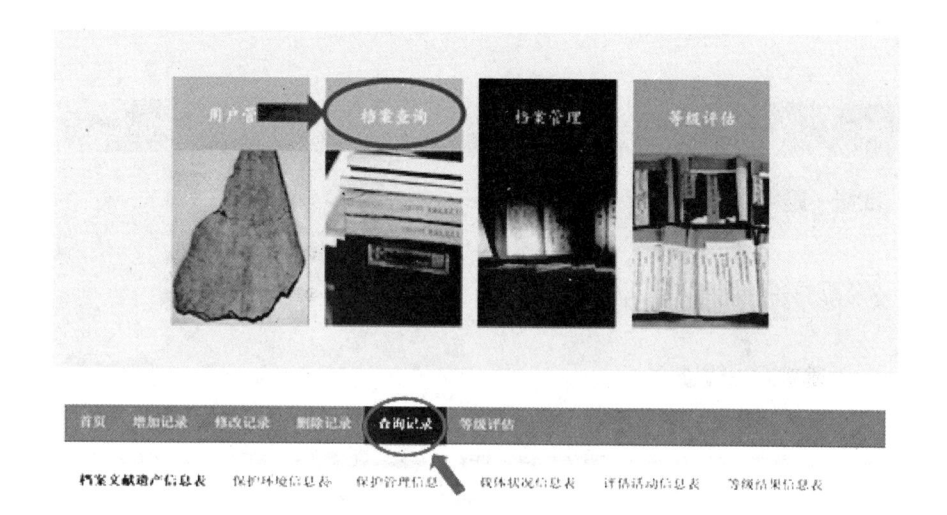

图7-22 档案查询功能与模块入口

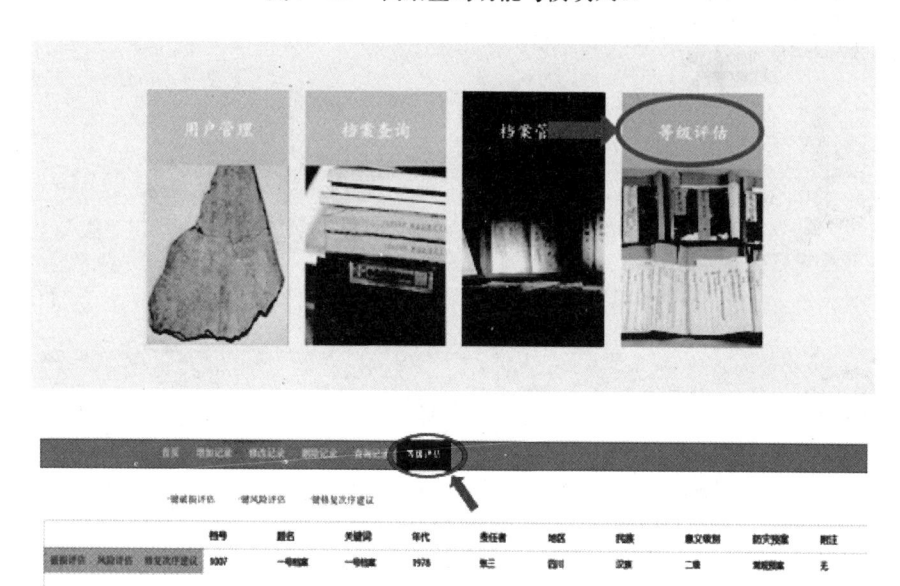

图7-23 等级评估功能与模块入口

息表""保护管理信息表""载体状况信息表""评估活动信息表""等级结果信息表"的档案文献遗产进行评估,可于首页"等级评估"功能处进行评估。也可在"档案管理"功能下进入"等级评估"模块进行评估。

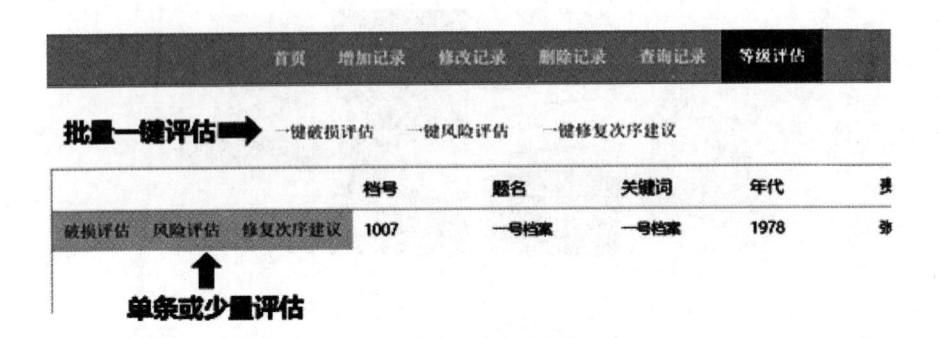

图 7 - 24　评估功能示意

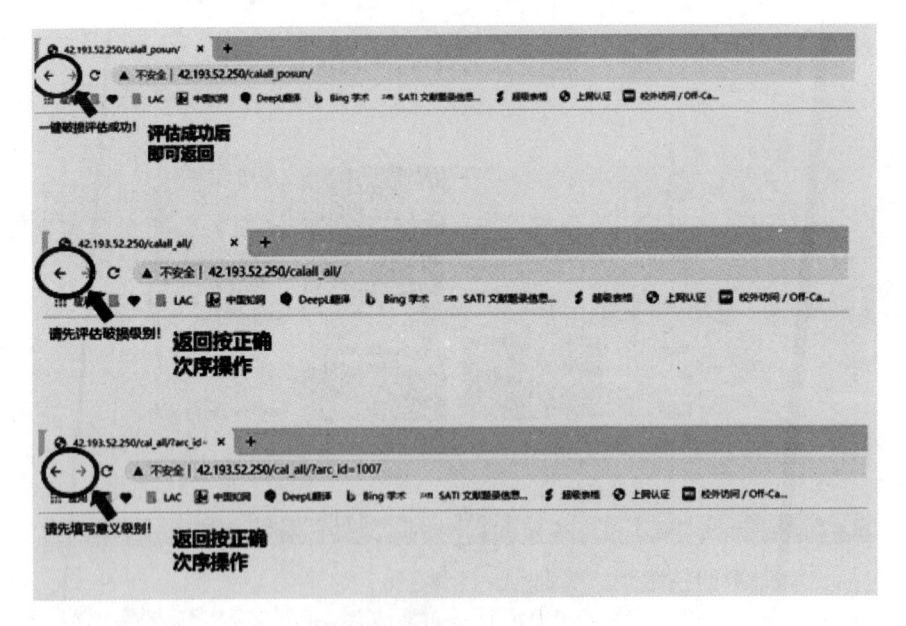

图 7 - 25　评估操作结果提示

评估次序为：填写意义级别—破损评估—风险评估—修复次序建议。对于少量记录信息，依次点击信息表前的"破损评估""风险评估""修复次序建议"进行评估，对于批量记录信息，依次点击记录表上方的"一键破损评估""一键风险评估""一键修复次序建议"进行评估，评估完成则显示为"评估成功"，成功后点击返回即可进行下一项评估。

第七章 基于评估的档案文献遗产精准保护模式实现

若评估次序有误,则返回按相应提示操作。如图7-24和图7-25所示。

评估完成后,可返回至"档案查询"功能或"查询记录"模块,对评估结果进行查看,得到档案文献遗产的最终评估结果,包含"意义级别""破损级别""风险级别"及其保护建议。

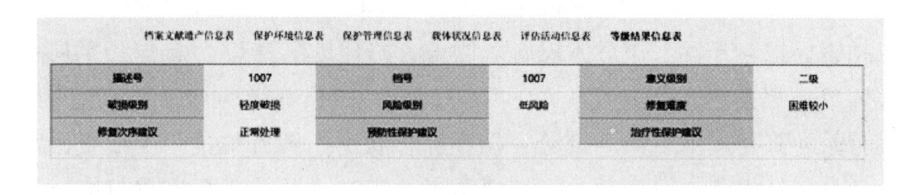

图7-26 评估结果页面示意

第四节 档案文献遗产精准保护模式实现的保障

一 转变观念,提高认识

是否具备档案保护观念以及具备何种保护观念都会直接影响档案保护方法的选择和保护行动的开展。一直以来,我国档案机构在档案保管工作当中始终坚持"以防为主、防治结合"的基本原则。这一原则强调了预防性保护、治疗性保护和修复工作的重要性,同时明确了预防性保护的优先地位。除此之外,周耀林教授还认为,我国档案保护理论经历了半个世纪的发展后,不断地与时俱进,形成了多个重要的发展观念,包括档案保护的技术观、管理观、记忆观、遗产观、安全观、平台观。[1]这些观念为我国档案文献遗产保护实践创新提供了重要思想支撑。

当前,我国档案保护尽管引入了遗产观、安全观等观念,也强调保护技术与保护管理的并进,但实际上,档案保管工作主要依靠库房建筑、设施设备、档案装具,破损档案的治疗、修复、数字化和确保档案安全的相关管理制度,以形成综合性的保护体系,其中以保护技术特别是保

---

[1] 周耀林:《档案保护论纲》,《求索》2018年第5期。

护管理在档案保管中的应用较弱，这种保护体系是建立在"宏观"层面的一种粗放式的保护模式，绝大多数档案机构的档案保管仍然主要以库房为管理单位，部分档案机构尽管有意识地建设特藏库或专库，但仍未能实现以"卷"或"件"为单位的"精细化"保护与管理。

自 2015 年底国家档案局和财政部联合印发《"十三五"时期国家重点档案保护与开发工作总体规划》以来，尤其是在 2017 年国家档案局发布《纸质档案抢救与修复规范　第 1 部分：破损等级的划分》《纸质档案抢救与修复规范　第 2 部分：档案保存状况的调查方法》《纸质档案抢救与修复规范　第 3 部分：修复质量要求》《纸质档案抢救与修复规范　第 4 部分：修复操作指南》（DA/T 64.4 - 2017），2019 年国家档案局印发《档案馆安全风险评估指标体系》之后，我国档案保护工作正朝着"精准保护"的方向发展。2021 年，中央办公厅、国务院办公厅印发的《"十四五"全国档案事业发展规划》进一步强调推进国家重点档案保护与开发工程，并明确了"十四五"期间该工程的主要任务（见表 7 - 23）。

表 7 - 23　《"十四五"全国档案事业发展规划》中国家重点档案保护与开发工程专栏任务

专栏 3	国家重点档案保护与开发工程
项目管理	加强项目遴选论证、完善监督评估机制、加强成果宣传推广、提升项目实施效果，推动档案保护与开发工作再上新台阶
区域保护中心	依托区域性国家重点档案保护中心，对区域内国家重点档案分批进行抢救保护，开展档案保护技术研究、专业技术人员培训和档案保护宣传工作，并与古籍保护、文物保护等机构进行跨行业合作交流
基础工作	统筹组织地方各级综合档案馆开展国家重点档案整理、数字化和编目著录工作，有序推动文件级目录向全国革命历史、民国、明清档案资料目录中心整合汇集，逐步实现目录分类集中保管，为档案资源整合共享和开发利用提供必要基础条件
档案保护开发	引导支持地方各级综合档案馆重点围绕"四史"教育、历史研究、工业遗产保护、历史文化遗产传承、"一带一路"与跨文化交流等进行专题档案开发，通过开发带动保护，更好发挥档案在服务国家治理、传承红色基因、建构民族记忆、文明交流互鉴等方面的独特作用

第七章　基于评估的档案文献遗产精准保护模式实现　　　　227

面对我国档案保护的这种精准化的趋势，档案人员转变观念，提高认识显得尤为重要。这也是本书提出的基于评估的档案文献遗产精准保护模式实现的重要前提。从档案保护到档案文献遗产保护与开发的转变，并非"遗产观"的简单引入，而是要探讨建立以价值为核心的档案文献遗产保护体系。然而，要建立此体系，就必须认识到档案文献遗产评估工作的重要意义，重视调查评估工作的开展，只有基于调查评估获取相关数据，才能促进保护决策的科学化，提升档案文献遗产保护管理水平，实现保护技术与保护管理的融合发展。档案文献遗产调查评估工作不仅仅是一项专业性较强的活动，更是一项需要人力、时间、经费支撑的活动，可以称为"功在当代、利在千秋"的活动，由于很多大型综合性省级以上档案馆馆藏量极其浩大，所以在某种程度上这也是一项非常艰难的工作。这也更加凸显了档案人员，尤其是领导层提高认识的重要性。

二　加强领导，落实责任

以精准保护为目标的档案文献遗产集成评估工作启动后的首要任务便是加强组织，落实责任。加强组织是推进档案文献遗产集成评估工作顺利开展及精准保护目标实现的关键。在档案文献遗产集成评估工作推进过程中，需要以精准保护能力以及综合保护效益有效提升为主要目标，明确集成评估组织设置、职责界定、部门协作与上下级之间的管理、监督、指导等关系，通过全局性、系统性的规划，建立能够强有力推动评估工作开展的领导体制和工作机制。

一方面，切实加强档案文献遗产评估工作的组织领导，建立评估工作的组织领导体系，旨在指导分工合作与沟通工作的顺利开展。各级各类档案馆需结合自身馆藏量、领导分工、部门设置和人员配置等具体情况，建立集成评估工作领导体系和组织体系。在建立集成评估工作领导小组的时候，应由档案馆领导直接负责，办公室以及评估工作涉及保管部门、技术部门、安全部门的相关部门领导参与，梳理横向纵向事权和职责划分，保障不同部门、不同机构、不同级别主体间的信息沟通，传达上级任务，传递工作经验等。在设立评估工作组的时候，必修从定位、职责、运作模式等方面，充分考虑它与原来馆内各部门之间的关系如何处理，这样才能达到小组内既"虚"又"实"，既发挥各部门的主观能动性，又强化各部门之间协同合作的意愿目的。具体而言，可建立跨部门的意义评估小组、破损评估小组和风险评估小组。

另一方面，切实加强档案工作的队伍建设，建立评估工作的队伍责任体制，旨在落实分工进度与监督工作的顺利开展。要提升档案文献遗产精准保护工作效果，应当按照高素质、专业化工作人员队伍的要求，选配专业能力强的领导干部与工作人员。档案文献遗产的保管机构要切实履行责任，优化工作流程，为完成统一安排或自行操作的档案文献遗产精准保护和集成评估提供便利和保障。例如，在组建评估队伍时应要求相关工作人员贯彻落实相关责任，并赋予队伍灵活调整的权利，权责分明，为相关工作的顺利展开夯实根基。此外，建立监督考核机制，把集成评估工作进度和效果纳入绩效考核，落实责任范围或对象，按照能解决的及时解决、超越能力解决范围的及时上报的原则，全面把握档案文献遗产的集成评估工作情况。

三 争取经费，确保投入

经济基础决定上层建筑，档案事业的可持续发展需以经费的持续投入为前提。档案文献遗产集成评估工作能否顺利实施，是否有充足的经费支持是重要的影响因素。目前，我国各级档案馆的经费来源主要是财政拨款，包括两个部分：一是年度预算拨款，二是专项拨款。

各级档案馆的年度预算拨款由各级地方政府支出，主要用在一般公共服务支出、社会保障与就业支出上，其中部门预算项目主要涉及档案馆运行维护经费项目（例如数字档案馆运行维护、安防及消防系统运行维护等）、档案保管保护经费项目（全文数字化外包、文件级和案卷级目录录入外包、档案库房清洁外包、破损档案修复等）、档案馆基础业务建设经费项目（安检系统采购、光盘监测设备采购等）、档案文化宣传经费项目（举办档案文化活动、举办档案展览、编纂档案文化产品、拍摄档案宣传视频等）等，每年的年度预算拨款额度依照各级档案馆人员结构变化与项目进度适当调整。

专项拨款主要以地方各级财政投入为主，中央财政适当补助，用于专项项目建设中。目前专项项目有国家重点档案专项、中西部地区县级综合档案馆建设专项等。其中国家重点档案专项经费主要用于国家重点

第七章 基于评估的档案文献遗产精准保护模式实现

档案目录基础体系建设、国家重点档案开发与区域性国家重点档案保护中心建设费用。具体包括档案清点、整理、著录以及文件级档案目录的补充与完善；国家确定和组织的重大专题开发、围绕社会关切的重点专题开发和其他编研开发，相关档案的保护、翻译、编研、出版、展示、展览和征集；破损严重档案修复、档案去酸、档案高仿真等工作所需设施设备配置及附属设施改造。① 中西部地区县级综合档案馆建设专项经费主要用于支持被纳入《中西部地区县级综合档案馆建设规划》中馆舍面积不足的县级综合档案馆馆舍建设。

近年来，国家及地方对档案馆建设的投入力度不断加大，涌现的专项补助经费也为档案文献遗产保护工作提供了保障，档案事业发展的经济环境不断向好。但也不难看出，我国档案事业的发展经费仍然单纯依赖政府投资，且财政投入大部分优先满足档案馆日常工作活动，使得很多档案创新工作囿于资金压力往往变成纸上谈兵，缺乏实践性与活力。档案文献遗产集成评估作为一项顺应国家重点档案保护与开发需求产生的创新型项目，无论是馆内自主开展评估工作，还是委托或外包给第三方机构，都需要经费支撑，因此，其推进需要多渠道筹措和争取经费，确保重点目标任务实施的投入。

具体而言，各级各类档案馆要尽力争取建立政府投入为主，单位自筹与社会资助为辅的投入机制。首先，各级各类档案馆要将档案文献遗产调查评估工作列入档案事业发展经费预算项目当中（可纳入档案保管保护经费项目当中），规划好、利用好政府财政拨款，切实加强资金监管，提高使用效益，确保财政经费用到实处。其次，各级各类档案馆应积极寻求与社会组织和个人的合作途径，通过与档案服务企业、科研机构合作，共同进行项目研究，获取科研经费支持。此外，各级各类档案馆应该主动探索"一馆两业"的发展路径，即在扎实做好社会公益性服务这一主业的前提下，对某些特殊服务采取有偿服务的方式，发展档案文化产业，开发销售档案文化创意产品等。

---

① 国家档案局：《国家重点档案专项资金管理办法》，［2021－03－13］，https：//www.saac.gov.cn/daj/gfxwj/201910/19ac4cbd67b043e39c7db7e83bd98bd6/files/ccc0fd5f8dd2493a854150e76388194a.pdf。

四　内调外借，保障人力

尽管不像档案修复那样需要"工匠型"专业人才，档案文献遗产集成评估工作由于涉及意义评估、破损评估和风险评估等多个领域的知识，所以同样是一项知识性和专业性较强的工作，当然，由于工作内容多且细，所以，此项工作更是一项劳动力密集型的工作。因此，对于档案机构而言，单靠一个部门是很难独立完成集成评估工作的，基于评估的档案文献遗产精准保护模式的实现，必须做好人员的保障工作。

根据1985年劳动人事部和国家档案局联合颁布的《地方各级档案馆人员编制标准（试行）》，我国地方各级综合档案馆的人员编制明显较少（见表7-24），专业人员的不足，很大程度上制约了档案事业的高质量发展，也成为集成评估工作得以实现的阻碍。当然，为了应对专业人员不足的困境，长期以来，我国档案机构往往通过中层领导甚至全体专业人员的"轮岗"制度，来提升专业人员的整体素质和综合能力，这项举措尽管有利有弊，但总体来看，这对于档案文献遗产集成评估工作的跨部门人员调动和组织领导是有益的。

表7-24　　地方各级档案人员编制标准和人员设置一览

编制标准	人员设置
以馆藏档案10000卷（册，折合上架排列长度约150米，即平均每卷、册1.5厘米，下同）确定编制基数	地、县（区）及县级市档案馆5人，馆藏不足万卷，编制适当减少，但不少于3人
	地区级城市档案馆7人
	省、自治区、直辖市及其他大城市档案馆10人
馆藏档案在10000卷至300000卷之间	其超过部分每5000卷增配1人
超过300000卷	其超过部分每7000卷增配1人
生活后勤工作独立的档案馆	除按上述规定配备业务人员外，可按不超过业务人员的20%增加编制
通行两种以上文字的少数民族地区	由各省、自治区、直辖市编制主管部门，根据实际情况适当增加人员编制
馆藏外文档案、少数民族文字档案较多	
设有后库等特殊情况的档案馆	

当然，档案文献遗产集成评估的人员保障工作仍需要从三个方面去

努力。第一，要充分依靠档案馆内专业人员的跨部门合作，并制定跨部门合作的相关方案。通过评估小组的组建，明确各小组的工作目标、工作方法、任务分工和绩效考核等。第二，要充分借助社会力量，可适当召集社会志愿者参与集成评估工作，可寻求与高校的合作，吸收大学生参与集成评估工作。第三，要做好评估工作开展前的专业培训工作。无论是评估小组成员还是外部社会力量，都需要进行工作前的培训，统一认识，提升评估的质量。

五 制定机制，灵活应对

档案文献遗产集成评估工作并不能一蹴而就，也不是一了了之的一项工作任务，而是需要耗费一定人财物资源的周期性工作，因此，各级各类档案馆开展档案文献遗产集成评估工作应当加强机制建设，灵活应对评估工作中遇到的问题和困境。

首先，协同机制是档案馆集成评估工作组织领导内部控制设计的重点和关键环节。体现在评估小组成员之间的协同和信息沟通的协同两个方面。跨部门协同效应的显现很大程度上依靠组织层面评估小组成员的协同机制。而协同机制的建立，又必须明确各小组的任务分工、工作流程、绩效分配和考核要求，提高小组成员参与的积极性，明确分工的同时相互配合，形成良好的协作关系。当然，由于涉及跨部门协作，还需要建立信息沟通的协同机制，及时、有效地反馈管理和业务工作中存在的问题。建立跨部门协同的领导协调机制，建立例会、小组联络员会议等制度，对于需要共同协调解决的问题进行沟通讨论。

其次，咨询机制，是当前档案馆在解决档案工作难题时寻求馆外专家支持的常见方式，比如召开座谈会或研讨会。部分档案馆开展集成评估工作面临专业化不足或技术阻力，可依托当地高校与企业力量聘请相对应的历史、文物、古籍、档案等领域的专家，建立档案文献遗产集成评估的专家咨询机制，为集成评估工作，提供智力支持，确保评估结果的准确性、客观性和科学性。档案馆应该针对专家的选择以及专家提供咨询的方式、途径、环节等方面做出详细的规定，提升专家咨询的效果，确保专家智囊团作用的发挥。

此外，当档案馆不具备开展评估工作的条件时，可以尝试制定委托或外包机制,将集成评估工作委托给具备评估能力的区域档案保护中心或外包给提供评估服务的第三方档案服务商等。这就意味着,区域档案保护中心和第三方的档案服务商要围绕面向精准保护的集成评估进行服务拓展。目前,我国正在加快建设区域性档案保护中心,区域性档案保护中心作为辐射式、集中式的新型档案保护机构,旨在凝聚档案抢救保护、资源整合、人才培养、技术研究与咨询、知识传播等多方面的功能优势。[①] 第三方服务商需要在专业化、灵活性、高效率的优势下,拓展档案文献遗产集成评估的能力,探索档案文献遗产精准保护解决方案。

[①] 于洁、李跃、赵鲁东等:《省级档案保护中心的建设与运行机制探索》,《北京档案》2019年第12期。

附录　档案馆馆藏评估工作开展情况调查提纲

尊敬的老师：

您好！非常感谢您在百忙之中帮助完成此项目的调查！此调查的目的是了解贵单位馆藏评估工作开展的真实情况。本次调查结果会做匿名处理，且均只作为学术研究使用，请放心填写！

第一部分　价值评估

1. 贵单位馆藏国家重点档案包括哪些，数量、载体类型以及占馆藏比重大概是？
2. 贵单位是否对馆藏档案的价值进行评定与分级？如有，开展价值分级的依据和标准分别是什么？

第二部分　破损评估

3. 贵单位馆藏档案破损总体情况如何？破损档案占馆藏档案比例大概是？
4. 贵单位破损档案的破损类型有哪些？是否有酸化、老化、霉变、虫蛀、撕裂、污染、残缺、粘连、字迹洇化扩散、字迹褪色、字迹酸蚀以外的破损类型？
5. 贵单位破损档案是否在馆内进行修复和处理？

6. 贵单位是否开展针对馆藏档案的保存状况的调查或排查活动，若开展，活动的名称是什么？由哪个部门负责？频率如何？开展方式是？

7. 贵单位是否开展针对馆藏破损程度的评估工作？若开展，评估的依据和标准分别是什么？描述中是否包含定级，若有，如何定级；若否，如何看待破损定级？

8. 贵单位是否对破损档案的表象进行分类（如动态渐进型、相对静止型），以便进行动态监测？

9. 贵单位是否知晓《古籍特藏破损定级标准》和《纸质档案抢救与修复规范》，是否参考执行？

10. 贵单位目前馆内破损评估工作存在什么样的困难？

第三部分　修复工作

11. 贵单位修复人员数量是多少，修复任务总量和预估修复完成需要的时间分别是多少？

12. 贵单位开展破损评估的工作人员是否就是修复人员？

13. 贵单位修复工作的开展是否有修复的优先顺序？若有，如何排列；若否，如何看待"按破损级别确定修复顺序"以及"按破损级别和价值级别确定修复顺序"？

14. 贵单位修复工作中是否建立修复档案？

15. 贵单位目前修复工作中存在哪些困难？

第四部分　风险评估

16. 贵单位是否开展风险评估工作？若有，哪个部门负责风险评估工作？风险评估开展的频率是？

17. 贵单位开展风险评估的依据是什么？有无针对档案风险评估的指导性文件、规章制度等？

18. 贵单位风险评估的对象和内容是什么？（例如评估建筑、档案载

体与信息风险；风险的类型：地震、火灾、偷窃、虫害等）

19. 贵单位在评估档案信息安全风险和其载体的风险时工作流程与评估内容上有什么不同？

20. 贵单位是否有参考《档案馆安全风险评估指标体系》与《信息安全技术　信息安全风险评估规范》（GB/T 2098－2007）对风险评估工作进行完善？具体是如何做的？

21. 贵单位评估风险的数据来源于哪里？（数据统计系统、风险记录台账还是工作人员经验？）

22. 贵单位风险评估的结果是否进行存档并用于制定决策？

23. 贵单位当前风险评估中存在哪些问题？

24. 如果建立起这样一套定性定量结合的风险评估模型贵单位是否愿意尝试应用？

参考文献

外文参考文献

Ashley – Smith J., Risk assessment for object conservation, Oxford: Butterworth – Heinemann, 1999.

Bell N., The Oxford Preservation Survey. 2: A Method for surveying Archives, The Paper Conservator, 1993, 17 (1): 53 –55.

Bülow A. E., Collection management using preservation risk assessment, Journal of the Institute of Conservation, 2010, 33 (1): 65 –78.

Bülow A. E., Stitt J., Brokerhof A. W., I can see further now: preventive conservation in a changing heritage world, Studies in Conservation, 2018, 63 (sup1): 35 –42.

Conway M. O. H., Proffitt M., Taking Stock and Making Hay: Archival Collections Assessment, OCLC Research, 2011.

Cunha G. D. M., What an institution can do to survey its conservation needs, New York: New York Library Association, Resources and Technical Services Section, 1979.

De Graaf T., Endangered Languages And The Use Of Sound Archives And Fieldwork Data For Their Documentation AndRevitalisation: Voices From Tundra And Taiga, International Journal of Asia – Pacific Studies, 2011, 7 (1): 27 –46.

Di Turo F., Mai C., Haba – Martínez A., et al., Discrimination of papers used in conservation and restoration by the means of the voltammetry of immobilized microparticles technique, Analytical Methods, 2019, 11 (35): 4431 –4439.

Eden P., Dungworth N., Bell N., et al., A model for assessing preservation needs in libraries, London: British Library Research and Innovation Centre, 1998.

Edmondson R., Memory of the World: General guidelines to safeguard documentary heritage, Paris: UNESCO, 2002.

Elkin L. K., Fenkart-Froeschl D., Nunan E., et al., A Database Tool for Collections Risk Evaluation and Planning, ICOM-CC 16th Triennial Meeting Preprints, Lisbon, Portugal, 2011: 19–23.

Fitri I., Ahmad Y., Ratna N., Local Community Participation in Establishing the Criteria for Heritage Significance Assessment of the Cultural Heritage in Medan, Kapata Arkeologi, 2019, 15 (1): 1–14.

Fleischer S. V., Heppner M. J., Disaster planning for libraries and archives: What you need to know and how to do it, Library & Archival Security, 2009, 22 (2): 125–140.

Ford B., Smith N., The development of a significance-based lighting framework at the National Museum of Australia, AICCM bulletin, 2011, 32 (1): 80–86.

Fredheim L. H., Khalaf M., The significance of values: heritage value typologies re-examined, International Journal of Heritage Studies, 2016, 22 (6): 466–481.

Gkinni, Zoitsa, A preservation policy maturity model: a practical tool for Greek libraries and archives, Journal of the Institute of Conservation, 2014, 37 (1): 55–64.

Gunselman C., Assessing preservation needs of manuscript collections with a comprehensive survey, The American Archivist, 2007, 70 (1): 151–169.

Harvey D. R., Mahard M. R., The preservation management handbook: a 21st-century guide for libraries, archives, and museums, New York: Rowman & Littlefield Publishers, 2020.

Harvey R., Preservation in Libraries: Principles, Strategies and Practices, London: Bowker, 2003.

Iyishu V. A., Nkanu W. O., Ogar F. O., Preservation and conservation of library materials in the digital age, Information Impact: Journal of Information and Knowledge Management, 2013, 4 (2): 36 – 45.

Jimerson R. C., Deciding what to save, OCLC Systems & Services: International digital library perspectives, 2003, 19 (4): 135 – 140.

Kaminyoge G., Chami M. F., Preservation of archival heritage in Zanzibar Island National Archives, Tanzania, Journal of the South African Society of Archivists, 2018, 51: 97 – 122.

Keene S., Managing conservation in museums, Oxford: Butterworth – Heinemann, 2002.

Kuzucuoglu A. H., Risk management in libraries, archives and museums, IIB International Refereed Academic Social Sciences Journal, 2014, 5 (15): 277 – 294.

Larsen R., Improved Damage Assessment of Parchment: IDAP: Assessment, Data Collection and Sharing of Knowledge, Luxembourg: Office for Official Publications of the European Communities, 2007.

Lee K., Castles D., Collections risk assessment at the Royal BC Museum and Archives, Collections, 2013, 9 (1): 9 – 27.

Lithgow K., Thackray D., The National Trust's approach to conservation, Conservation Bulletin, 2009 (60): 16 – 19.

Lowe C. V., Partnering Preservation with Sustainability, The American Archivist, 2020, 83 (1): 144 – 164.

Matthews G., Surveying collections: the importance of condition assessment for preservation management, Journal of Librarianship and Information Science, 1995, 27 (4): 227 – 236.

Michalski S., An overall framework for preventive conservation and remedial conservation, ICOM Committee for Conservation, 9th triennial meeting, Dresden, German Democratic Republic, 26 – 31 August 1990: preprints. 1990: 589 – 591.

Michalski S., Karsten I., The Cost – effectiveness of Preventive Conservation Actions, Studies in Conservation, 2018, 63 (s1): 187 – 194.

Michalski S., MacDonald M., Strang T. J. K., et al., A systematic approach to the conservation (care) of museum collections: with technical appendices, Ottawa: Canadian Conservation Institute, 1992.

Morris B., Optimizing collections care: configuring preservation strategies for unique art library collections, Art Documentation: Journal of the Art Libraries Society of North America, 2015, 34 (2): 301 - 320.

Ogden B. W., PRISM: Software for risk assessment and decision - making in libraries, Collections, 2012, 8 (4): 323 - 329.

Ogden B. W., PRISM: Software for risk assessment and decision - making in libraries, Collections: A journal for museum and archives profession, 2012, 8 (4): 323 - 330.

Ogden S., Preservation of Library & Archival Materials: amanual, Andover, Mass: Northeast Document Conservation Center, 1999.

Orlandini V., L. E. Thomé, Toledo F. L., et al., Preserving Iron Gall Ink Objects in Collections in South and Central America and the Caribbean, Part 1: Assessing Preservation Needs of Ink - Corroded Materials, Restaurator. International Journal for the Preservation of Library and Archival Material, 2008, 29 (3): 163 - 183.

Patkus B., Assessing Preservation Needs: A Self - Survey Guide, Massachusetts: Northeast Document Conservation Center, 2003: 19 - 24.

Pinheiro A. C., Macedo M. F., Risk assessment: A comparative study of archive storage rooms, Journal of Cultural Heritage, 2009, 10 (3): 428 - 434.

Pinheiro A. C., Moura L., Sequeira S., et al., Risk Analysis in a Portuguese Archive What Has Changed in Five Years?, Altamira, 2013: 53 - 70.

Ramalhinho A. R., Macedo M. F., Cultural Heritage Risk Analysis Models: An Overview, International Journal of Conservation Science, 2019, 10 (1): 39 - 58.

Robertson G., Disaster planning for libraries: process and guidelines, Kidlington: Chandos Publishing, 2014.

Ross S., Anderson I., Duffy C., et al., The NINCH guide to good practice in the digital representation and management of cultural heritage materials, Washington, D. C. : National Initiative for a Networked Cultural Heritage, 2002.

Russell R. , significance: a guide to assessing the significance of cultural heritage objects and collections, [2020 - 07 - 18], https: //significanceinternational. com/Portals/0/Documents/ (significance) 2001. pdf.

Russell R. , Winkworth K. , Significance 2. 0: A guide to assessing the significance of collections, [2020 - 07 - 18], https: //www. arts. gov. au/sites/g/files/net1761/f/significance - 2. 0. pdf.

Segaetsho T. , Preservation risk assessment survey of the University of Botswana Library, African Journal of Library, Archives & Information Science, 2014, 24 (2): 175 - 186.

Southward J. , Thorwald H. , Muething G. , et al. , Collections risk assessment at the Denver Museum of Nature & Science, Collections, 2013, 9 (1): 71 - 92.

Starmer M. E. , McGough S. H. , Leverette A. , Rare condition: Preservation assessment for rare book collections, RBM: a journal of rare books, manuscripts, and cultural heritage, 2005, 6 (2): 91 - 107.

Taylor J. , An integrated approach to risk assessments and condition surveys, Journal of the American institute for Conservation, 2005, 44 (2): 127 - 141.

Teper J. H. , Collections Assessment in Libraries, Archives, and Museums: The Challenges and Advantages of Universal Condition Assessment Tools and Language, Collections, 2019, 15 (2 - 3): 178 - 189.

Teper T. H. , Atkins S. S. , Building Preservation: The University of Illinois at Urbana - Champaign's Stacks Assessment, College & Research Libraries, 2003, 64 (3): 211 - 227.

Walker A. , Foster J. , Knowing the need: a report on the emerging picture of preservation need in libraries and archives in the UK, National Preservation Office, 2006.

Waller R. R. , Conservation risk assessment: a strategy for managing resources for preventive conservation, Studies in Conservation, 1994, 39 (s2): 12-16.

Waller R. R., Cultural property risk analysis model: development and application to preventive conservation at the Canadian Museum of Nature, Göteborg: Göteborg University, 2003.

Walters T., Contemporary archival appraisal methods and preservation decision-making, The American Archivist, 1996, 59 (3): 322-338.

Wong Y. L., Green R., Disaster planning in libraries, Journal of Access Services, 2007, 4 (3-4): 71-82.

中文参考文献

陈红彦、刘家真:《我国古籍保护事业可持续发展思考》,《中国图书馆学报》2012年第2期。

段东升:《历史档案定级管理与馆藏档案的分级管理》,《中国档案》1997年第6期。

范道津、陈伟珂:《风险管理理论与工具》,天津大学出版社2010年版。

方昀、刘守恒:《档案馆档案安全风险评估内容分析和评估指标研究》,《档案学研究》2011年第6期。

傅荣校:《档案鉴定理论与实践透视:基于效益和效率思路的研究》,中国档案出版社2007年版。

郭莉珠、唐跃进、张美芳等:《我国濒危历史档案的抢救与保护研究》,《档案学通讯》2009年第2期。

华林、刘大巧、许宏晔:《西部散存民族档案文献遗产集中保护研究》,《档案学通讯》2014年第5期。

黄丽华、张美芳:《纸质档案抢救与修复规范 第2部分:档案保存状况的调查方法解读》,《中国档案》2018年第4期。

黄明玉:《文化遗产的价值评估及记录建档》,复旦大学出版社2009年版。

解说:《图书馆建立古籍破损档案的必要性》,《图书馆论坛》2007年第4期。

李鸿健:《档案保护技术学》,中国档案出版社1984年版。

李玉华、管先海:《关于地市级档案馆馆藏永久档案分级管理的思考》,《档案管理》2012年第6期。

梁爱民:《关于古籍分级保护的思考》,《图书馆学刊》2012年第9期。

林明、周旖、张靖:《文献保护与修复》,中山大学出版社2012年版。

刘家真、廖茹:《我国古籍、纸质文物与档案保护比较研究》,《中国图书馆学报》2012年第4期。

刘钧:《风险管理概论》,清华大学出版社2008年版。

罗琳:《对〈古籍特藏破损定级标准〉的实践——以中国科学院国家科学图书馆为例》,《图书情报工作》2007年第11期。

马翀:《濒危档案文献遗产保护策略研究》,博士学位论文,中国人民大学,2008年。

马翀:《历史档案分级保护体系构建初探》,《档案学研究》2007年第3期。

米顺:《档案馆安全风险评估研究》,硕士学位论文,西安建筑科技大学,2018年。

聂曼影:《档案保护技术的起因、内容、要求及发展趋势》,《档案学研究》2016年第2期。

裴成发、刘娜、席志德:《图书馆引入风险管理的必要性研究》,《图书馆理论与实践》2007年第3期。

彭远明:《档案文献遗产保护与利用的方法论研究》,博士学位论文,复旦大学,2008年。

彭远明:《我国档案安全风险评价指标的建立与实现方式研究》,《档案学研究》2012年第1期。

史尚元:《论图书馆的风险管理》,《图书情报工作》2005年第8期。

仝艳锋:《云南少数民族档案文献遗产保护研究》,博士学位论文,云南大学,2011年。

王秀伟、黄文川:《试论博物馆危机管理中的风险识别与评估》,《博物馆研究》2014年第1期。

吴江华:《文献遗产"重要性"评估及其标准》,《档案学研究》2011年第2期。

吴芹芳:《古籍定级和古籍破损定级在编目系统中的著录》,《图书馆论坛》2011 年第 3 期。

向立文、欧阳华：《论加强档案风险管理的必要性与可行性》，《档案学通讯》2015 年第 4 期。

徐文哲、郑建明：《图书馆风险管理多主体认知地图构建》，《图书情报工作》2014 年第 9 期。

杨立人：《试论馆藏档案分级标准的选择与运用——兼与馆藏文物分级标准比较》，《档案学研究》2015 年第 6 期。

杨茜茜：《文化战略视角下的文献遗产保护与活化策略》，《图书馆论坛》2020 年第 8 期。

张春梅：《民国文献分级保护策略研究》，硕士学位论文，复旦大学，2014 年。

张美芳、唐跃进：《档案保护概论》，中国人民大学出版社 2013 年版。

张美芳、张松道：《文献遗产保护技术管理理论与实践》，吉林文史出版社 2009 年版。

张平：《关于〈古籍特藏破损定级标准〉的编制》，《国家图书馆学刊》2006 年第 3 期。

张雪、张美芳：《档案实体分级分类保护方法研究》，《北京档案》2016 年第 12 期。

周耀林：《档案文献遗产保护的理论与实践》，武汉大学出版社 2008 年版。

周耀林、姬荣伟：《文献遗产精准保护：研究缘起、基本思路与框架构建》，《图书馆论坛》2020 年第 6 期。

周耀林：《可移动文化遗产保护策略》，北京图书馆出版社 2006 年版。

周耀林、李姗姗：《可移动文化遗产保护体系研究》，武汉大学出版社 2017 年版。

后　记

　　2017年，我的导师武汉大学周耀林教授获批国家社科基金重大项目"边疆民族地区濒危少数民族档案文献遗产保护及数据库建设"，作为在校博士生的我有幸参与了该项目的论证，论证过程中我受益匪浅，不仅对档案文献遗产保护领域有了更加系统的了解，也对项目中提到的"精准保护"等创新性观点颇感兴趣。2018年下半年到四川大学就职之后，我围绕档案文献遗产的精准保护做了初步研究，并在与周老师以及西北大学李姗姗师姐，安徽大学戴旸师姐的交流当中得到了积极反馈。此后，我便毅然带着几名学生启动了档案文献遗产精准保护模式的研究工作，其间也顺利获得了四川省社会科学规划项目的资助，在该项目结题材料的基础上，我决定进一步研究，并将最终研究成果形成著作公开出版。

　　本书的研究方案与写作框架由赵跃编制。章节分工如下：第一章由赵跃、陈怡、马晓玥和李艺执笔，陈怡、马晓玥和李艺分别参与价值评估、破损评估和风险评估部分的初稿撰写；第二章由石郦冰、赵跃执笔；第三章由马晓玥、赵跃执笔；第四章由李艺、赵跃执笔；第五章由赵跃、陈怡、马晓玥、李艺执笔，陈怡、马晓玥和李艺分别参与价值评估模型、破损评估模型和风险评估模型部分的初稿撰写；第六章由赵跃执笔；第七章由赵跃、马晓玥、刘鳗蝶、李艺执笔，马晓玥和刘鳗蝶参与了集成评估要素设计、流程设计、工具开发等部分初稿撰写，李艺参与了保障部分的初稿撰写。此外，马晓玥和李艺同学参与了现状调查部分问卷的设计与调查工作，陈怡、代林序、张玉洁、杨梓钒和颜金梅参与了意义评估部分中外文文献的搜集、整理工作，马晓玥、朱一好、马艾、倪静和张浚源参与了破损评估中外文文献的搜集、整理工作，李艺、杜玥錡、阳依倩、高怡然和次仁吉宗参与了破损评估中外文文献的搜集、整理工

后 记

作，潘雪萍、孙寒晗、刘玮晗进行了文稿的校对工作，李艺负责全书部分图表的绘制。在此，对所有参与本书撰写工作的同学们表示感谢。

本书从最初的一个研究设想到最终的定稿出版，经历了一个较为漫长且艰辛的过程，特别感谢导师周耀林教授一直以来的鼓励与支持。感谢成都市档案馆保护技术处王芳处长对本书前期调研和后期集成评估系统优化改进工作的大力支持，感谢配合支持我们前期调查工作的各位档案界同仁。感谢中国社会科学出版社姜阿平女士、许琳女士等对本书出版的辛勤付出。本书的写作过程中，借鉴和参考了大量国内外研究成果，在此对所有引文和参考文献作者一并感谢。

提出档案文献遗产精准保护概念并构建档案文献遗产精准保护模式的初衷是促进档案机构通过更加精细化的保护管理来实现有限保护资源的合理优化配置，推动档案文献遗产保护的可持续发展。围绕着这一"理想化"的目标，本书进行了基于评估的档案文献遗产理论模式的构建以及实现策略的设计，能够为档案保管保护领域的践行者们提供一定的启示和参考，但由于本人水平有限，加上实证研究尚存不足，对于档案文献遗产精准保护模式修正及其实现路径策略仍有待进一步探讨。本书存在的错漏之处，也恳请读者批评指正。

赵　跃
2020 年 1 月